新编21世纪职业教育精品教材
适用于职业院校、技工院校汽车类专业

汽车电工电子基础

（微课版）

主　编◎刘　洁　王顺锋　刘　聪
副主编◎刘志飞　封焕云　吴　凯
王东旭　孙晓燕　范淑娟

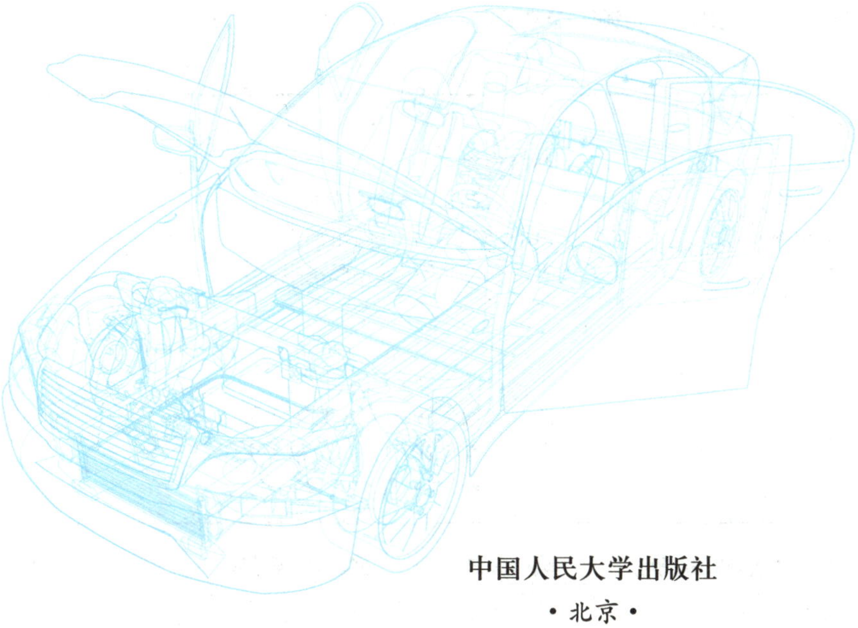

中国人民大学出版社
·北京·

图书在版编目（CIP）数据

汽车电工电子基础：微课版 / 刘洁，王顺锋，刘聪主编. -- 北京：中国人民大学出版社，2025.1
(新编21世纪职业教育精品教材). -- ISBN 978-7-300-33331-1

Ⅰ.U463.6
中国国家版本馆CIP数据核字第2024JP6897号

新编21世纪职业教育精品教材
适用于职业院校、技工院校汽车类专业
汽车电工电子基础（微课版）
主　编　刘　洁　王顺锋　刘　聪
副主编　刘志飞　封焕云　吴　凯　王东旭　孙晓燕　范淑娟
Qiche Diangong Dianzi Jichu（Weikeban）

出版发行	中国人民大学出版社		
社　　址	北京中关村大街31号	**邮政编码**	100080
电　　话	010－62511242（总编室）		010－62511770（质管部）
	010－82501766（邮购部）		010－62514148（门市部）
	010－62515195（发行公司）		010－62515275（盗版举报）
网　　址	http://www.crup.com.cn		
经　　销	新华书店		
印　　刷	北京密兴印刷有限公司		
开　　本	787 mm×1092 mm　1/16	**版　　次**	2025年1月第1版
印　　张	17.75	**印　　次**	2025年1月第1次印刷
字　　数	425 000	**定　　价**	49.80元

前言

PREFACE

本书是职业院校汽车类专业教材，根据教育部最新颁布的职业院校汽车运用与维修专业课程设置中对汽车电工电子基础的教学要求，参照相关国家职业技能标准，结合近几年职业教育的实际教学情况编写而成。

为了更好地适应职业院校汽车类专业教学要求，全面提升教学质量，培养汽车运用与维修专业学生分析实际问题的能力，同时培养学生将理论与实际相结合的能力，本书针对汽车运用与维修专业学生应掌握的电工电子技术方面的内容，对电工电子技术知识进行了筛选，选取了最基本的概念、技能及其在汽车上应用的内容，让学生初步具备识读电路、测试元器件、连接与检测故障的能力，为后续专业化方向课程的学习打好基础。

本书在总体结构设计上按照职业院校学生的学习规律和认知特点，把知识、技能、素养有机地整合为一体，旨在培养汽车运用与维修专业学生分析实际问题的能力。根据教学大纲把该课程学习分为六个项目，即课程基础、汽车电路基础知识与基本测量、汽车常用元器件及其检测、汽车直流电路、汽车电子电路、磁场与电磁感应。

本书在编写过程中，为了适应新的教学需求，努力体现以下特色：

1. 以应用为主线，加强技能训练，培养学生与岗位对接的职业能力

教学内容更贴近生产生活实际，与工作岗位对接，教学中加入了实践操作性强、应用性强的内容作为各项目的重点，如项目二任务一中，将理论知识比较强的汽车电路的组成与实车相结合，安排了“汽车电路与电路图的认知”的任务实施，让学生通过在实车上探索与认知，找出实车中的电源、负载和各种开关等。

2. 突出“做中学，做中教”的职业教育教学特色

为了使教学过程尽可能地与生产过程对接，教学中设置了教学环境与载体，并为今后的电路维修做好准备。本书在每一个任务中都穿插了与实际内容相关的实训项目，引导教学过程按照“做中学，做中教”的方式展开，让学生在实训中进一步强化相关知识与技能，提高实践操作能力。通过探究、合作，学生提升了自我学习意识和团队合作能力，培养了职业素养，并及时总结反思，在训练中积累经验。

3. 具有鲜明的汽车专业特色，创新教材表现形式

本书编写以汽车及其零部件为任务导入，激发学生的学习兴趣，在每一个任务知识介绍结束时又以汽车小知识或者素养元素作为结尾，首尾呼应，强化了专业特点。为了增强本书的表现效果，无论是理论还是实操，都用了大量高质量的实物图片，图文并茂，提高了可读性。

4. 充分利用信息化技术，提高学生的学习效果

为方便教师教学和学生学习，本书配套提供了电子课件和习题集，书中大部分的实训内容配有相应的二维码学习资源，开发制作了微视频，可使用移动设备扫描书中二维码进行在线观看。

本书由浙江省余姚技师学院刘洁老师、王顺锋老师以及汽车企业刘聪专家担任主编，由刘志飞、封焕云、吴凯、王东旭、孙晓燕、范淑娟担任副主编。

由于时间紧、任务重，书中难免有不足之处，敬请读者提出宝贵的意见和建议，以不断改进和完善。

目　录

CONTENTS

项目一

课程基础

任务一　认识汽车电工电子实验实训室

任务二　常用电工仪器仪表和电工工具

任务三　认识正弦交流电

任务四　安全用电常识

学习目标

知识目标

1. 认识汽车电工电子实验实训室，认识交、直流电源。

2. 认识电工基本仪器仪表，了解常用电工工具的使用方法。

3. 理解正弦交流电的解析式、波形图等表现形式及其对应关系，掌握正弦交流电的三要素。

4. 理解有效值和最大值的概念及其关系；理解频率、角频率和周期的概念及其关系；理解相位、初相和相位差的概念及其关系。

5. 了解防止触电的常用保护措施、触电现场的正确处理办法及电气火灾的防范与扑救方法。

技能目标

1. 能够连接照明灯电路，并能对其进行测量、分析。

2. 学会正确使用电工电子仪器仪表和工具。

3. 掌握基本触电处理、急救技能，能使触电者尽快脱离电源，会进行现场急救的基本处理。

素养目标

1. 遵守操作规程，培养规范操作的意识。

2. 在训练中树立安全意识，养成严谨的科学态度。

3. 及时总结反思，在训练中积累经验，形成精益求精的学习作风。

4. 严格执行7S现场管理，养成良好的职业习惯，提升职业素养。

知识框架

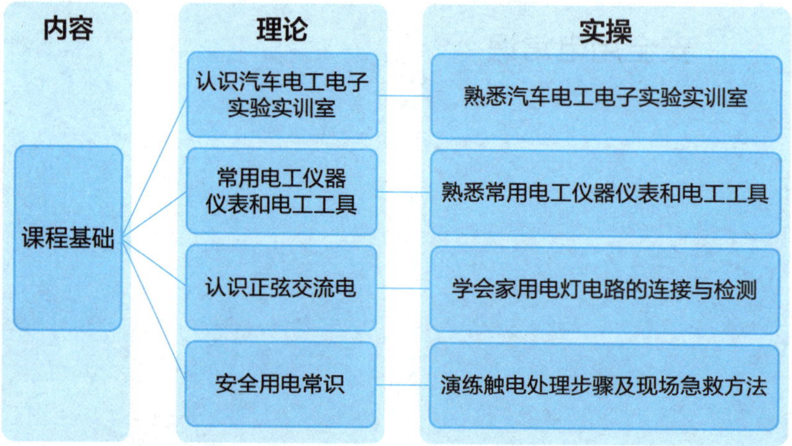

建议学时

10 学时。

项目导入

本课程是中等职业学校汽车类专业的一门基础课程。其主要任务是：使学生掌握汽车类专业必备的电工电子技术基础知识和基本技能，为后续专业课程的学习及职业生涯的发展奠定基础。在实际的学习中，学生不但要学习一定的理论知识，还要学习相关的电工电子操作实践技能，会经常与电工电子实验实训室打交道。

本项目将通过现场观察和讲解，使学生认识和了解汽车电工电子实验实训室及安全用电的相关知识。通过本项目的学习，学生树立安全用电与规范操作的职业意识，对本课程有初步认识。

任务一 认识汽车电工电子实验实训室

任务导入

走进汽车电工电子实验实训室，你将会看到如图 1-1-1 所示的汽车电工电子实验实训操作台和汽车电工电子实验箱，电工电子实验实训操作一般都可以在操作台上完成。不同学校的实验实训室可能会有所不同，但其配置与功能基本相同。

图 1-1-1 汽车电工电子实验实训操作台和汽车电工电子实验箱

知识介绍

一、汽车电工电子实验实训室电源配置

电源是提供电能的装置，汽车电工电子实验实训室一般都配有多组电源，以满足不同的电工电子实验实训需要。电源通常有直流电源和交流电源两大类。

（一）直流电源

直流电源用字母“DC”或符号“=”表示。

1. 可调直流稳压电源

可调直流稳压电源如图 1-1-2 所示。通过调节电压调节旋钮，调节直流稳压电源输出电压在 0～24V 之间变化。

图 1-1-2　可调直流稳压电源

2. 各类电池

电池种类有很多，如汽车使用的 12V 蓄电池、万用表使用的 9V 干电池、遥控器使用的 1.5V 干电池等，如图 1-1-3 所示。

图 1-1-3　汽车用蓄电池及各种型号的干电池

（二）交流电源

交流电源用字母“AC”或符号“～”表示。常见的交流电源为单相交流电源，如图 1-1-4 所示。普通的两孔、三孔插座或插线排都可输出 220V、50Hz 的交流电，三孔插座或插线排还带有接地线。

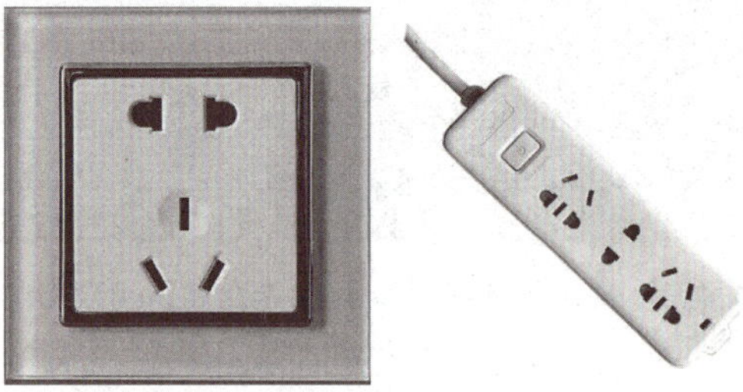

图 1-1-4　单相交流电源

二、汽车电工电子实验实训室操作规程

每一位进入汽车电工电子实验实训室的学生，都应严格遵守电工电子实验实训室的各项操作规程，学会安全操作、文明操作。具体要求如下：

（1）实验实训前必须做好准备工作，按规定的时间进入实验实训室，到达指定的工位，未经同意，不得私自调换工位。

（2）不得穿拖鞋进入实验实训室，不得携带食物进入实验实训室，不得在室内喧哗、打闹、随意走动，不得乱摸乱动有关电气设备。

（3）任何电气设备内部未经验明无电时，一律视为有电，不准触及，任何接、拆线都必须切断电源后方可进行。

（4）实验实训前必须检查工具、测量仪表和防护用具是否完好，如发现不安全情况，应立即报告指导教师，以便及时采取措施。电气设备安装检修后，需经检验后方可使用。

（5）实践操作时，思想要高度集中，操作内容必须符合教学内容，不准做任何与实验实训无关的事。

（6）要爱护实验实训工具、仪器仪表、电气设备和公共财物。

（7）凡因违反操作规程或擅自动用其他仪器设备造成损坏者，由事故人做出书面检查，视情节轻重进行赔偿，并给予批评或处分。

（8）保持实验实训室整洁，每次实验实训后要清理工作场所，做好设备清洁和日常维护工作，经指导教师同意后方可离开。

创新强国

国内首颗汽车智能SBC芯片量产
光谷"芯"闪耀国产汽车芯片"无人区"

在汽车智能化和电动化的浪潮中，芯片已然成为全行业高度关注的话题。

2020年全球"缺芯潮"的余悸中，国产汽车芯片在智能驾驶、智慧座舱、传感器、电源等细分赛道快速追赶，整体国产化率从不到5%提升到10%，但多个领域仍待补位。

国内首款汽车智能SBC芯片已正式量产出货。该产品由武汉芯必达微电子有限公司（以下简称"芯必达"）设计，这家成立仅22个月的芯片公司，已陆续发布8款相关芯片，其中6款实现量产。

国产汽车芯片的"无人区"里，又增添一颗闪耀的光谷"芯"。

根据中国汽车工业协会数据，每辆电动汽车所需芯片数量将提升至1 600颗，数倍于传统燃油车，而更高级别智能汽车的芯片需要量有望提升至3 000颗/辆。

越来越多芯片的应用，既为驾乘人员提供了高级辅助驾驶、影音娱乐等一系列炫酷的新功能，也对汽车的电力控制、信息传输、空间布置提出了更高的要求，能集成多项功能的智能系统基础芯片（SBC）应运而生。

"入行后，我们曾像孤军独行般摸索十多年，坐着'冷板凳'默默研发。近年来，受益于中国汽车行业的蓬勃发展，我们欣喜地看到了国产汽车芯片快速发展与崛起的大好机会。"芯必达创始人感慨。

占比高达80%的研发人员，拥有15年以上的汽车芯片研发与量产经验核心研发团队，令芯必达在短短22个月时间内，快速突破了微控制处理器、电源管理及通信接口的关键IP，深度掌握智能SBC所需的各项关键技术，最终实现"入局即破局"。

"别小看这片手掌大的SBC载板，上面集成了微控制器、功率芯片和通信接口芯片。相比单个芯片，不仅能达到车规级的安全需求，其综合成本更具优势。小到开门、关窗，大到动力管理，它处理起来都游刃有余，应用场景十分丰富。"

包括智能SBC在内，芯必达还瞄准模拟功率类芯片、计算控制类芯片领域的产品，不断加速汽车芯片设计的国产化替代。当下，该公司6款实现量产的芯片，出货量已近千万颗。

汽车芯片的量产上市并非一蹴而就，产品研发只是其中的一环。“如何通过严格的车规级芯片认证测试，保证芯片生产与交付质量，做好技术服务，从而获得车企认可，让芯片走向量产，才是真正的挑战所在。”

弗若斯特沙利文的报告显示，全球汽车芯片市场增势仍将持续，预计于 2030 年前，整个市场规模将超过 6 000 亿元。然而，一款芯片从诞生到上车，动辄需要两三年的验证周期，而海外厂商早就建立起与车企的长期合作关系，若没有产品使用与试错的机会，国产汽车芯片很难破局。

同时，汽车芯片类型繁多，为保持供应链安全，车企对芯片厂商的实力，包括产品丰富度和长期迭代创新能力，有着很高要求，但国内企业因起步较晚、品类较少，自然无法媲美海外巨头厂商丰富的产品矩阵。

为打动供应链厂商和车企，交付解决方案成了芯必达打造竞争力与“护城河”的绝招。在公司光谷办公室内，工位上常常见不到人影。“近百位研发、工艺工程师早就奔赴全国各地的车机厂，在一线对接技术细节。”

“当前，我们已和武汉及外省的多家品牌车企、近百家汽车零部件厂商建立起三方合作，并一道规划布局未来的技术和产品。”芯必达负责人说，武汉既有深厚的汽车产业积淀，又有完善的半导体供应链，“光车协同”发展下，本地智能网联汽车产业有望实现跨越发展。

“光芯屏端网”加速“上车上路”的背景下，芯必达正翩然起舞智能汽车“芯”国潮。

任务实施

一、实训目标

（1）熟悉汽车电工电子实验实训室。

（2）熟悉交流电源及直流电源。

（3）熟悉汽车电工电子实验箱。

用万用表测量直流（蓄电池）电压

二、实训准备

（1）仪器准备：交流电源、直流电源、汽车电工电子实验箱。

（2）工具准备：测电笔、万用表。

（3）材料准备：蓄电池、干电池若干。

用万用表测量交流（插座）电压

三、实训步骤

（一）熟悉汽车电工电子实验实训室及电源

按步骤熟悉汽车电工电子实验实训室及电源，并将完成情况记录到表 1－1－1 中。

表 1-1-1 熟悉汽车电工电子实验实训室及电源的步骤

序号	步骤	图示	完成情况
1	观察汽车电工电子实验实训室，并按指定工位就座		
2	认识汽车电工电子实验实训操作台，认识汽车电工电子实验箱	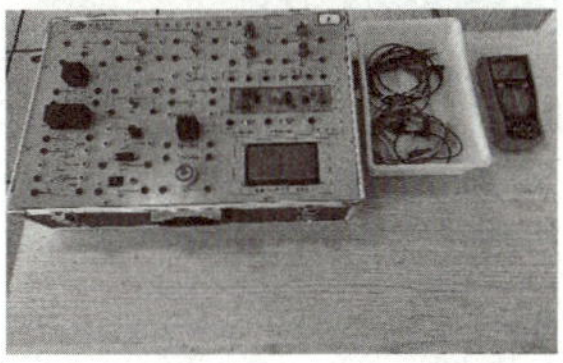	
3	认识测电笔，认识交流电源（插座、插线排等）	  	
4	用测电笔测量交流电源，判断其是否带电［将手指触及笔尾的金属部分，将笔尖插入待测孔中，观察氖管是否亮。氖管亮，说明该孔线连接相线（火线），带电］	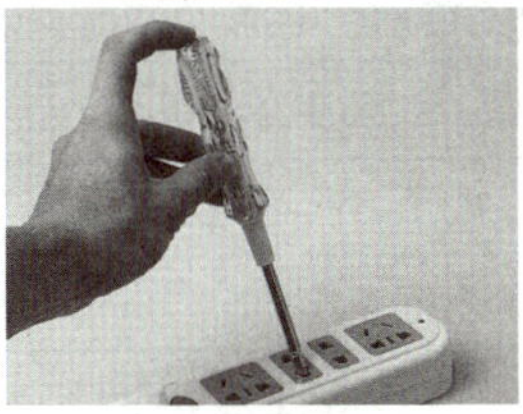	
5	用数字万用表测量交流电源，判断是否有电（万用表选交流电压 750V 挡或最高挡，红黑表笔可以不用区分相线、零线，直接插入电源孔内，读数。生活用电的有效值为 220V）	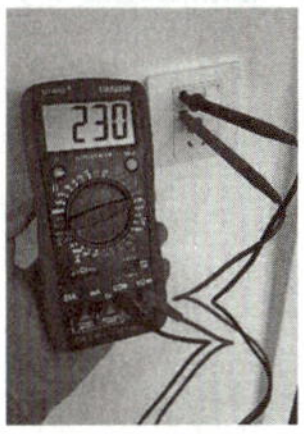	
6	熟悉汽车电工电子实验箱，连接实验箱的电源线，观察电源指示灯是否亮，判断是否通电	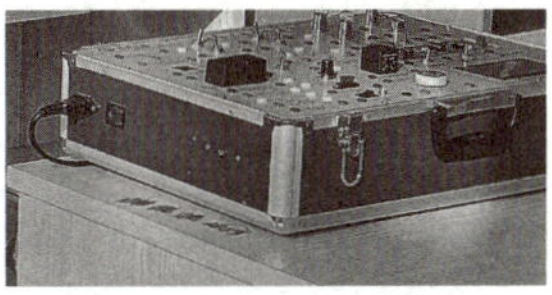	
7	认识直流电源（稳压电源、各类型号干电池等），了解电源的正负极	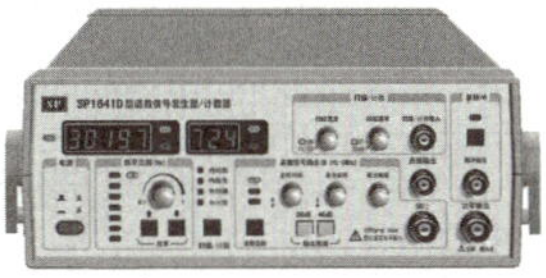	

续表

序号	步骤	图示	完成情况
8	用数字万用表测量直流电压，判断电量是否充足（万用表选直流电压挡，红表笔接电源正极，黑表笔接电源负极，读数。如1.5V干电池，其电压值大于等于1.5V时，说明电量足；其电压值小于1.5V时，说明电量不足）	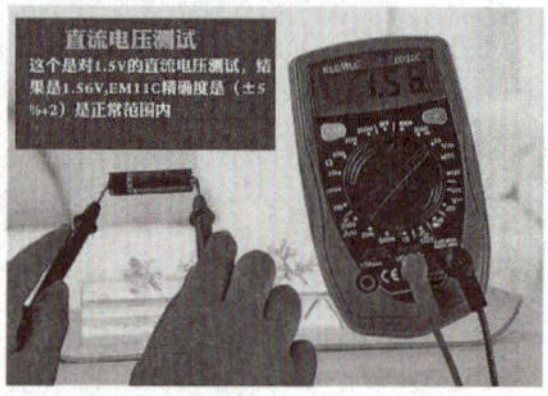	

（二）记录过程及数据

在表1-1-2中记录过程及数据。

表1-1-2　熟悉汽车电工电子实验实训室实训工单

实训内容：熟悉汽车电工电子实验实训室					
班级		姓名		学号	
日期		成绩			
序号	实训步骤	所用工具	操作要点	注意事项	结果判断
1	测交流电源：插座				
2	测交流电源：插线排				
3	测直流电源：干电池				
4	测直流电源：稳压直流电源				
5	测汽车电工电子实验箱电源				
6	安全规范操作				
7	整理及打扫				

（三）现场整理

整理工具、材料、实验箱、实训操作台，打扫实训室。

任务评价

对本学习任务进行评分，标准如表1-1-3所示。

表1-1-3　熟悉汽车电工电子实验实训室评分标准

考核项目及内容	评分标准	分数	学生自评	小组互评	教师评价	小计
团队合作	是否和谐	5				
活动参与	是否积极主动	5				
安全生产	有无安全隐患	10				
现场7S	是否做到	10				

续表

<table>
<tr><th colspan="2">考核项目及内容</th><th>评分标准</th><th>分数</th><th>学生自评</th><th>小组互评</th><th>教师评价</th><th>小计</th></tr>
<tr><td colspan="2">任务方案</td><td>是否正确、合理</td><td>15</td><td></td><td></td><td></td><td></td></tr>
<tr><td rowspan="6">操作过程</td><td>前期准备</td><td>整理工位及工位布置，设备的外观检查</td><td>5</td><td></td><td></td><td></td><td></td></tr>
<tr><td>测交流电源：插座</td><td>用测电笔测插座，会判断是否带电</td><td>5</td><td></td><td></td><td></td><td></td></tr>
<tr><td>测交流电源：插线排</td><td>用测电笔测插线排，会判断是否带电</td><td>5</td><td></td><td></td><td></td><td></td></tr>
<tr><td>测直流电源：干电池</td><td>用数字万用表测干电池，判断电量是否充足</td><td>5</td><td></td><td></td><td></td><td></td></tr>
<tr><td>测直流电源：稳压直流电源</td><td>用数字万用表测稳压直流电源，判断是否通电</td><td>5</td><td></td><td></td><td></td><td></td></tr>
<tr><td>测汽车电工电子实验箱电源</td><td>用数字万用表测汽车电工电子实验箱电源，判断是否通电</td><td>5</td><td></td><td></td><td></td><td></td></tr>
<tr><td colspan="2">任务完成情况</td><td>是否圆满完成任务</td><td>5</td><td></td><td></td><td></td><td></td></tr>
<tr><td colspan="2">工具和设备使用</td><td>是否规范、标准</td><td>10</td><td></td><td></td><td></td><td></td></tr>
<tr><td colspan="2">劳动纪律</td><td>是否严格遵守</td><td>5</td><td></td><td></td><td></td><td></td></tr>
<tr><td colspan="2">实训工单填写</td><td>是否完整、规范</td><td>5</td><td></td><td></td><td></td><td></td></tr>
<tr><td colspan="3">总分</td><td>100</td><td></td><td></td><td></td><td></td></tr>
<tr><td colspan="4">教师签名：　　　　　　　　年　　月　　日</td><td colspan="2">得分</td><td colspan="2"></td></tr>
</table>

任务二 常用电工仪器仪表和电工工具

任务导入

汽车电工电子实验实训中会用到各种仪器仪表及工具，它们都有不同的作用和操作方法，必须规范操作，才能确保安全。你知道哪些电工仪器仪表及工具呢？你会使用它们吗？接下来我们来认识一下它们吧。

知识介绍

一、常用电工仪器仪表

常用电工仪器仪表包括数字万用表、指针万用表、汽车专用万用表、兆欧表、毫伏表、示波器等，如图 1 - 2 - 1 所示。

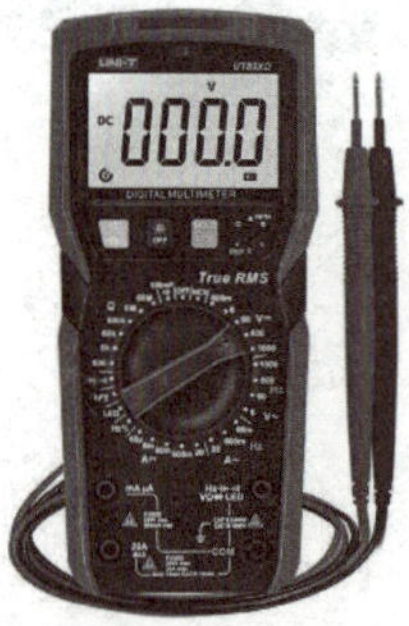

（a）数字万用表

（b）指针万用表

（c）汽车专用万用表

（d）兆欧表

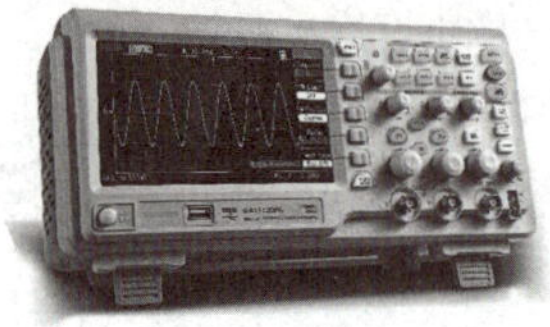

（e）毫伏表

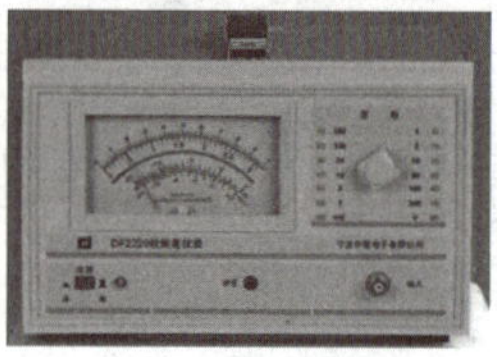

（f）示波器

图 1 - 2 - 1　部分常用电工仪器仪表

二、常用电工工具

常用电工工具包括钢丝钳、尖嘴钳、斜口钳、剥线钳、螺丝刀、电工刀、测电笔、电烙铁等，如图 1 - 2 - 2 所示。

（a）钢丝钳

（b）尖嘴钳

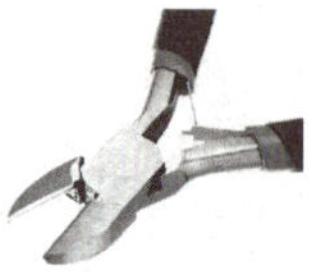

（c）斜口钳

（d）剥线钳

（e）螺丝刀

（f）电工刀

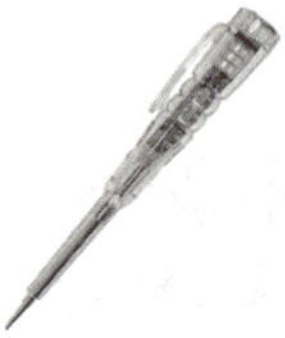

（g）测电笔

（h）电烙铁

图 1 - 2 - 2　部分常用电工工具

常用电工工具的介绍，如表 1 - 2 - 1 所示。

表 1-2-1　常用电工工具的介绍

工具名称	工具介绍	图示
钢丝钳	钢丝钳可以用来弯绞或钳夹导线线头、剪切导线或剖切软导线的绝缘层、铡切钢丝和铅丝等较硬的金属线材。钳柄上必须套有绝缘管，钳头的轴销上应经常加机油润滑	
尖嘴钳	尖嘴钳适合在狭窄的空间中使用，它的头部尖锐，可以用于弯曲或钳夹导线线头	
斜口钳	斜口钳主要用于剪切金属薄片和线径较细的金属线，非常适合清除接线后多余的线头和飞刺	
剥线钳	剥线钳的作用是剥离 $6mm^2$ 以下的塑料或橡皮电线的绝缘层。钳头上有多个大小不同的切口，以适用于不同规格的导线。使用时导线必须放在稍大于线芯直径的切口上切剥，以免损伤线芯	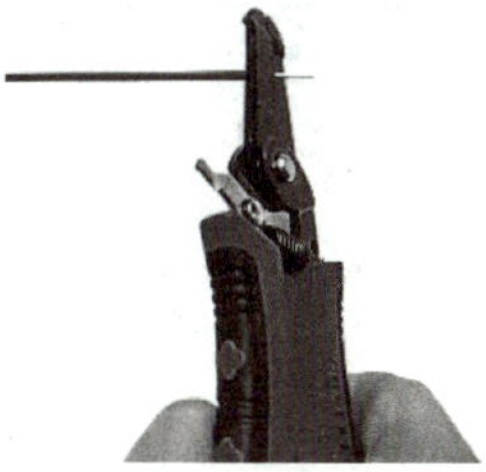
螺丝刀	螺丝刀有不同的类型，如一字形和十字形，以及大小不同的规格。使用螺丝刀时，应根据螺钉的大小选择合适的型号。大螺丝刀通常用于紧固较大的螺钉，而小螺丝刀则用于紧固电气装置接线桩头上的小螺钉。在使用长螺丝刀时，应采取正确的姿势和方法，以防止螺丝刀滑脱	
电工刀	电工刀主要用于切割电线绝缘层，使用时应将刀口朝外剥、削，并注意避免伤害手指。剥、削时，应使刀面与导线成较小的锐角，以免割伤导线	

续表

工具名称	工具介绍	图示
测电笔	测电笔是用来检测电线是否有电的工具，使用时需要将手指触及笔尾的金属部分，并且使氖管小窗背光且朝向自己，以便观测氖管的亮暗程度。当带电体与大地之间的电位差超过 60V 时，测电笔中的氖管就会发光。低压验电器可以检测的电压范围是 60～500V	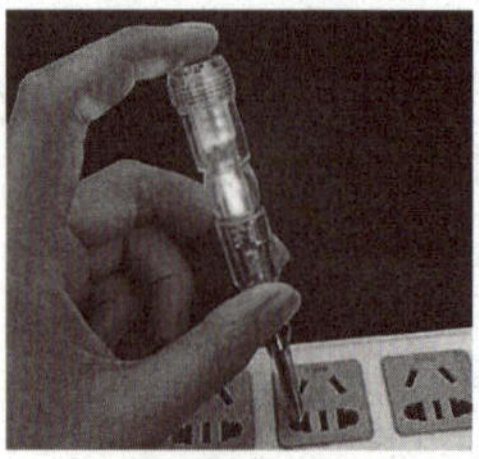
电烙铁	电烙铁是烙铁钎焊的热源，有内热式和外热式两种	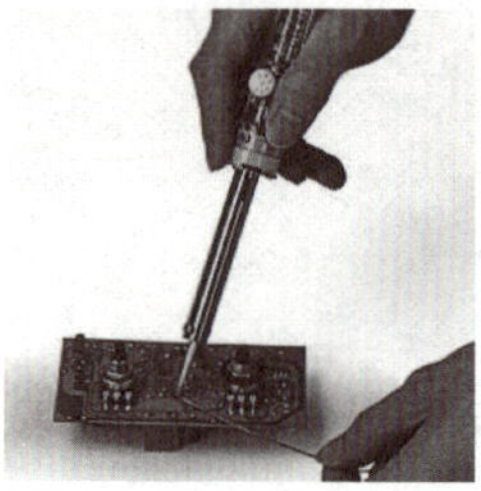

汽车小知识

检修新能源汽车时的安全防护措施

在现代社会，新能源汽车的发展已经得到了广泛关注。在检修这些汽车的过程中，我们必须时刻注意安全问题。那么，检修新能源汽车时有哪些安全防护措施，应该要注意哪些事项呢？

1. 穿戴好个人防护用品

在检修新能源汽车的过程中，需要穿戴适当的个人防护用品（见图 1-2-3），如安全帽、安全鞋、防护手套等，这可以有效减少在检修过程中因为不慎触碰到导电线路等造成的伤害。

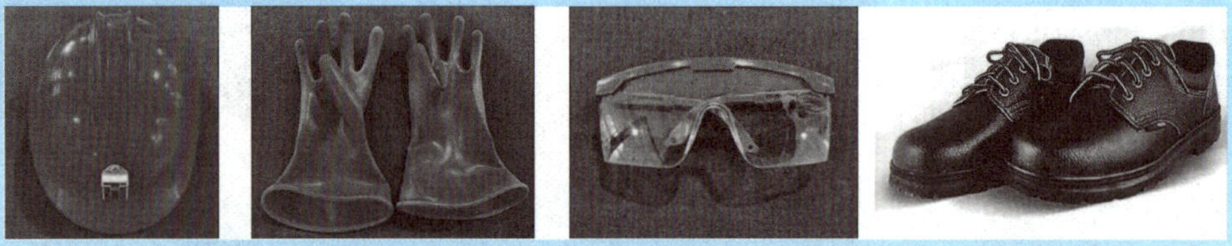

图 1-2-3　新能源汽车个人防护用品

2. 检查电池

在进行检修工作时，需要注意新能源汽车的电池（见图 1-2-4）。电池可能带有高电压，因此需要特别注意防范触电事故的发生。

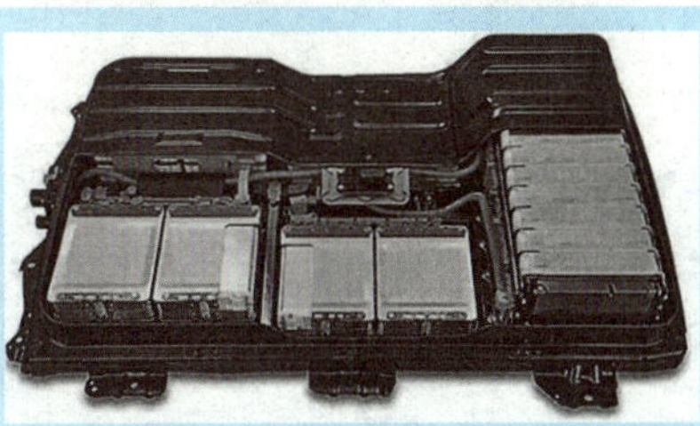

图 1-2-4　新能源汽车的电池

3. 先断电后检修

在检修新能源汽车时，一定要先切断电源，再开始进行检修工作。这样可以避免在检修过程中发生触电事故，使检修工作更加安全。

4. 使用专业工具

在检修新能源汽车时，必须要使用专业工具（见图 1-2-5），如万用表、电池检测仪、气压表、绝缘电阻测试仪等。这些工具可以保证检修工作的安全性和准确性，避免在检修过程中使用不当工具造成危险。

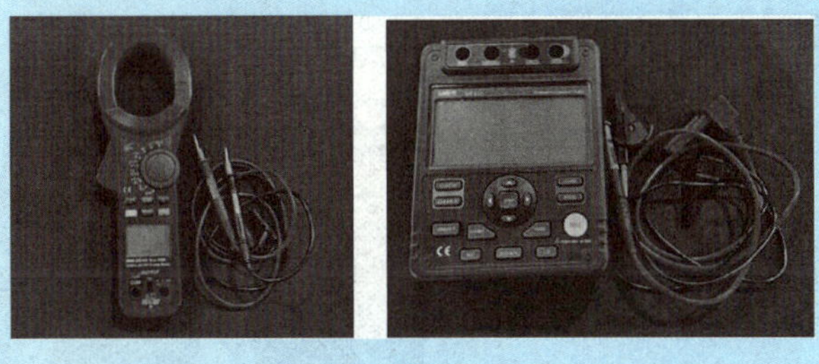

图 1-2-5　新能源汽车检修专业工具

5. 遵循操作规程

在检修新能源汽车时，必须遵循操作规程。这样可以保证检修工作的顺利进行，并且避免在操作过程中出现偏差，造成不必要的危险。

任务实施

一、实训目标

（1）熟悉电工仪器仪表。

（2）熟悉常用电工工具。

（3）会用常用电工工具进行简单操作。

认识万用表

二、实训准备

（1）仪器准备：示波器、稳压电源、汽车电工电子实验箱。

（2）工具准备：数字万用表、尖嘴钳、斜口钳、剥线钳、螺丝刀、电工刀、测电笔等。

（3）材料准备：螺钉、电线若干。

三、实训步骤

（一）熟悉汽车电工电子实验实训室、常用电工仪器仪表和电工工具

按步骤熟悉汽车电工电子实验实训室、常用电工仪器仪表和电工工具，并将完成情况记录到表 1-2-2 中。

表 1-2-2　熟悉汽车电工电子实验实训室、常用电工仪器仪表和电工工具的步骤

序号	步骤	图示	完成情况
1	进入汽车电工电子实验实训室，并按指定工位就座		
2	认识数字万用表		
3	熟悉数字万用表的面板	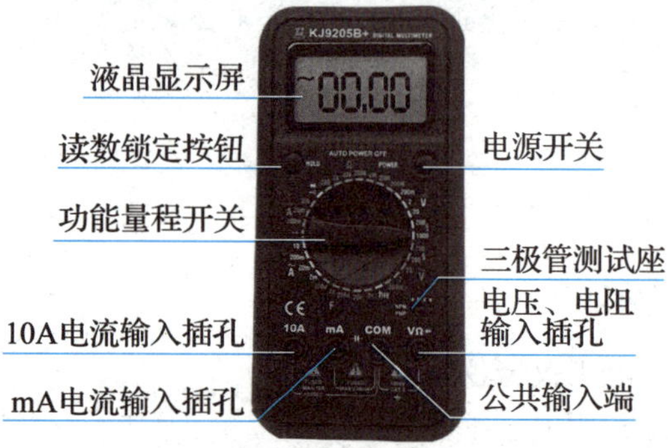	
4	认识示波器	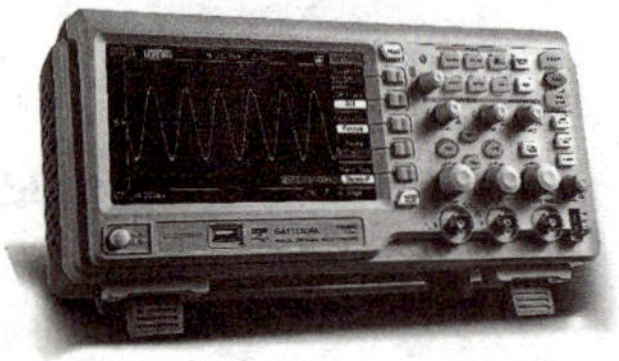	

续表

序号	步骤	图示	完成情况
5	认识常用电工工具：尖嘴钳、斜口钳、剥线钳、螺丝刀、电工刀等，了解其功用		
6	用常用电工工具进行剪线、剥线、接线、旋拧螺钉等	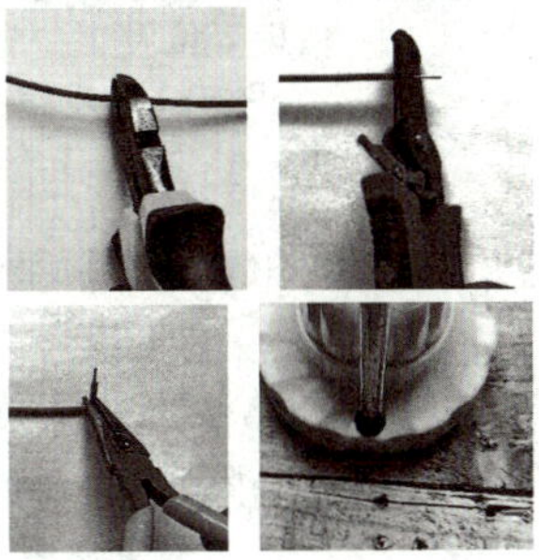	

（二）记录过程及数据

在表 1-2-3 中记录过程及数据。

表 1-2-3　熟悉常用电工仪器仪表和电工工具实训工单

实训内容：熟悉常用电工仪器仪表和电工工具					
班级		姓名		学号	
日期		成绩			
序号	实训步骤	所用工具	操作要点	注意事项	结果判断
1	认识数字万用表				
2	熟悉数字万用表的面板				
3	认识示波器				
4	认识常用电工工具				
5	常用电工工具的基本操作				
6	安全规范操作				
7	整理及打扫				

（三）现场整理

整理工具、材料、实验箱、实训操作台，打扫实训室。

任务评价

对本学习任务进行评分，标准如表 1-2-4 所示。

表 1-2-4　熟悉常用电工仪器仪表和电工工具评分标准

<table>
<tr><th colspan="2">考核项目及内容</th><th>评分标准</th><th>分数</th><th>学生自评</th><th>小组互评</th><th>教师评价</th><th>小计</th></tr>
<tr><td colspan="2">团队合作</td><td>是否和谐</td><td>5</td><td></td><td></td><td></td><td></td></tr>
<tr><td colspan="2">活动参与</td><td>是否积极主动</td><td>5</td><td></td><td></td><td></td><td></td></tr>
<tr><td colspan="2">安全生产</td><td>有无安全隐患</td><td>10</td><td></td><td></td><td></td><td></td></tr>
<tr><td colspan="2">现场 7S</td><td>是否做到</td><td>10</td><td></td><td></td><td></td><td></td></tr>
<tr><td colspan="2">任务方案</td><td>是否正确、合理</td><td>15</td><td></td><td></td><td></td><td></td></tr>
<tr><td rowspan="6">操作过程</td><td>前期准备</td><td>整理工位及工位布置，设备的外观检查</td><td>5</td><td></td><td></td><td></td><td></td></tr>
<tr><td>认识万用表</td><td>会区分几种万用表</td><td>5</td><td></td><td></td><td></td><td></td></tr>
<tr><td>熟悉数字万用表面板</td><td>熟悉数字万用表面板上各个功能</td><td>5</td><td></td><td></td><td></td><td></td></tr>
<tr><td>认识示波器</td><td>熟悉示波器面板</td><td>5</td><td></td><td></td><td></td><td></td></tr>
<tr><td>认识常用电工工具</td><td>能说出常用电工工具的名称及作用</td><td>5</td><td></td><td></td><td></td><td></td></tr>
<tr><td>常用电工工具的基本操作</td><td>能正确使用常用电工工具</td><td>5</td><td></td><td></td><td></td><td></td></tr>
<tr><td colspan="2">任务完成情况</td><td>是否圆满完成任务</td><td>5</td><td></td><td></td><td></td><td></td></tr>
<tr><td colspan="2">工具和设备使用</td><td>是否规范、标准</td><td>10</td><td></td><td></td><td></td><td></td></tr>
<tr><td colspan="2">劳动纪律</td><td>是否严格遵守</td><td>5</td><td></td><td></td><td></td><td></td></tr>
<tr><td colspan="2">实训工单填写</td><td>是否完整、规范</td><td>5</td><td></td><td></td><td></td><td></td></tr>
<tr><td colspan="3">总分</td><td>100</td><td></td><td></td><td></td><td></td></tr>
<tr><td colspan="4">教师签名：　　　　　　　　年　　月　　日</td><td colspan="2">得分</td><td colspan="2"></td></tr>
</table>

任务三　认识正弦交流电

任务导入

在现代汽车和日常生活中，除常用直流电供给各类电器使用以外，也使用交流电（见图 1-3-1），如电动汽车中的动力设备电路、家庭中的照明电路等都是正弦交流电路。与直流电相比，交流电有许多优点：交流电可以用变压器改变电压，便于输送、分配和使用；交流电动机结构简单、成本低、使用维护方便，大多数设备的动力都使用交流电动机。那么，交流电与直流电相比有哪些特点？交流电的表示方法与直流电有什么不同？如何观察和测量交流电？本任务将学习正弦交流电的基本概念、表示方法、表征交流电的物理量和基本测量。

图 1-3-1 交流电的应用

知识介绍

一、正弦交流电

在交流电路中，电压、电流的大小和方向都随时间做周期性变化，这样的电压、电流分别称为交变电压、交变电流，统称交流电。大小和方向都随时间按正弦规律做周期性变化的交流电称为正弦交流电，如图 1-3-2(a) 所示。大小和方向随时间不按正弦规律变化的交流电称为非正弦交流电，常见的有矩形波［见图 1-3-2(b)］、三角波［见图 1-3-2(c)］等。

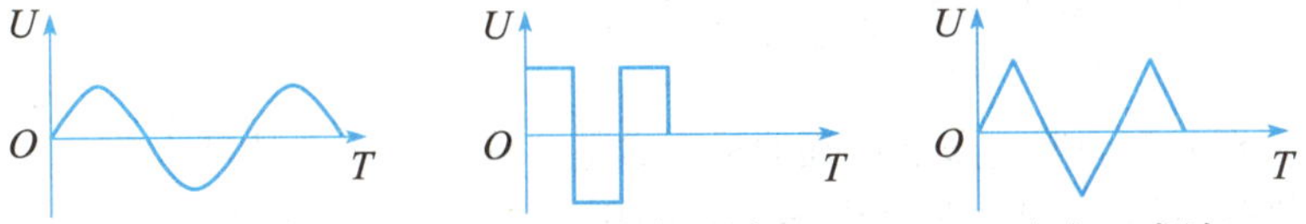

（a）正弦交流电　（b）矩形波　（c）三角波

图 1-3-2 几种常见的交流电波形图

交流电是由交流发电机产生的。

二、正弦交流电的表示方法

（一）解析式表示法

交流电的电流、电压、电动势在变化过程的任一瞬间，都有确定的大小和方向，称为交流电的瞬时值，分别用小写字母 i、u、e 来表示。

用正弦函数式表示正弦交流电随时间变化的关系的方法称为解析式表示法。正弦交流电的瞬时值表达式就是交流电的解析式，电流、电压、电动势的解析式分别为：

$$i(t)=I_{\mathrm{m}}\sin(\omega t+\varphi_{i0})$$
$$u(t)=U_{\mathrm{m}}\sin(\omega t+\varphi_{u0})$$
$$e(t)=E_{\mathrm{m}}\sin(\omega t+\varphi_{e0})$$

式中，I_{m}、U_{m}、E_{m} 分别叫作交流电的电流、电压、电动势的振幅（也叫作峰值或最大值），电流的单位为安培（A），电压和电动势的单位为伏特（V），ω 叫作交流电的角频率，单位为弧度/秒（rad/s），它表征正弦交流电的电流每秒内变化的电角度；φ_{i0}、φ_{u0}、φ_{e0} 分别叫作电流、电压、电动势的初相位或初相，单位为弧度（rad）或度（°），它表示初始时刻（$t=0$ 时）正弦交流电所处的电角度。

振幅、角频率、初相三个参数称为正弦交流电的三要素。

（二）波形图表示法

在直角坐标系中，用横坐标表示时间 t，纵坐标表示交流电的瞬时值，把某一时刻 t 和与之对应的 u 或 i 作为平面直角坐标系中的点，用光滑的曲线把这些点连接起来，就得到交流电 u 或 i 随时间变化的曲线，即波形图。正弦交流电的电压波形图如图 1-3-3 所示。

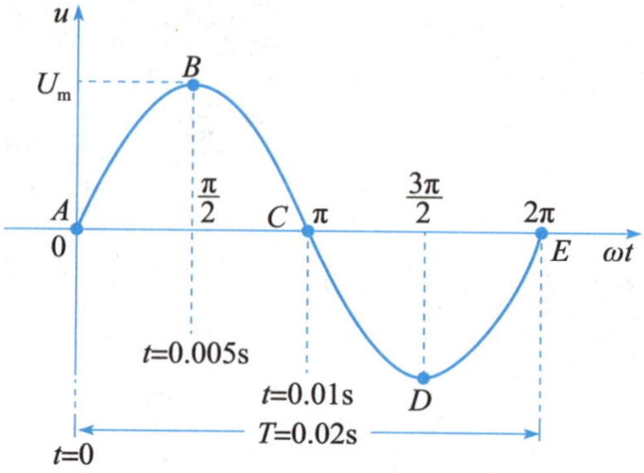

图 1-3-3　正弦交流电的电压波形图

通过波形图可以直观地了解电压或电流随时间变化的规律。另外，在交流电路中，随时间变化的量用小写字母表示，如随时间变化的电压、电流、电动势和功率的瞬时值，分别用 u、i、e、p 表示；不随时间变化的量用大写字母表示，如电压、电流、电动势的有效值和有功功率，分别用大写字母 U、I、E、P 表示。

三、表征交流电的物理量

（一）最大值与有效值

1. 最大值

正弦交流电在一个周期内所能达到的最大数值，称为交流电的最大值，又称振幅、幅值或峰值，通常用带下标 m 的大写字母表示，如用 I_m、U_m、E_m 分别表示电流、电压、电动势的最大值。最大值可以用来表示正弦交流电变化的范围。最大值在实际应用中有重要意义。例如，在讨论电容器的耐压时，若电容器是应用在正弦交流电路中，则其耐压就一定要高于交流电压的最大值，否则电容器可能被击穿。但在研究交流电的功率时，用最大值表示不够方便，它不适合表示交流电产生的效果。因此，在实际工作中通常用有效值来表示交流电的大小。

2. 有效值

交流电的有效值是根据电流的热效应来规定的。将交流电和直流电分别通过同样阻值的电阻，如果它们在同一时间内产生的热量相等，就把这一直流电的数值称为这一交流电的有效值，分别用 I、U、E 来表示电流、电压、电动势的有效值。

设正弦交流电流 $i(t)$ 在一个周期时间 T 内，使一电阻 R 消耗的电能为 Q_R，另有一相应的直流电流 I 在周期时间 T 内也使该电阻 R 消耗相同的电能，即 $Q_R=I^2RT$。

就平均对电阻做功的能力来说，这两个电流（i 与 I）是等效的。理论与试验均可证明，正弦交流电的电流 i 的有效值 I 等于其振幅（最大值）I_m 的 0.707 倍，即

$$I=0.707I_m$$

正弦交流电的电压的有效值为：$U=0.707U_m$。

正弦交流电的电动势的有效值为：$E=0.707E_m$。

而交流电的最大值则是有效值的$\sqrt{2}$倍。

（二）周期、频率与角频率

1. 周期

正弦交流电完成一次周期性变化所需要的时间，称为正弦交流电的周期，常用字母 T 表示，

单位是 s（秒）。如图 1－3－3 所示，从 0 时刻起到 0.02s 时刻止，正弦交流电完整地变化了一周。

2. 频率

正弦交流电在 1s 内完成周期性变化的次数，称为正弦交流电的频率，通常用 f 表示，单位是 Hz［赫（兹）］。频率的常用单位还有 kHz（千赫）和 MHz（兆赫）。

$$1\text{kHz}=10^3\text{Hz},1\text{MHz}=10^6\text{Hz}$$

根据定义，周期与频率的关系是

$$T=\frac{1}{f}\text{或}f=\frac{1}{T}$$

周期和频率都是用来表示正弦交流电变化快慢的物理量。

3. 角频率

正弦交流电变化的快慢，除用周期和频率表示外，还可以用角频率表示。通常正弦交流电变化一周可用 2π 弧度或 360°来计量。把正弦交流电 1s 内所变化的角度（电角度）称为正弦交流电的角频率，用 ω 表示，单位是 rad/s（弧度/秒）。因为交流电变化一周所需的时间是 T，所以，角频率与周期、频率的关系是

$$\omega=\frac{2\pi}{T}=2\pi f$$

（三）相位与初相

1. 相位

以电压为例，正弦交流电的瞬时值表达式可写为

$$u(t)=U_{\mathrm{m}}\sin(\omega t+\varphi_{u0})$$

从交流电瞬时值表达式可以看出，交流电瞬时值何时为零，何时最大，不是简单地由时间 t 来确定，而是由 $\omega t+\varphi_{u0}$ 来确定。这个相当于角度的量 $\omega t+\varphi_{u0}$ 对于确定交流电的大小和方向起着重要作用，称为正弦交流电的相位。相位的单位同电角度的单位一样，为“rad（弧度）”或“°（度）”，但在计算时需将 ωt 和 φ_{u0} 换成相同的单位。

2. 初相

$T=0$ 时的相位称为初相位，简称初相，用字母 φ_0 表示。初相反映的是正弦交流电起始时刻的状态。如图 1－3－3 所示，正弦交流电的初相为 0。规定初相的变化范围一般为 $-\pi<\varphi_0\leqslant\pi$，即 $-180°<\varphi_0\leqslant180°$。初相的单位与相位的单位一样，为“rad（弧度）”或“°（度）”。

3. 相位差

两个同频率的正弦交流电的相位之差称为正弦交流电的相位差，用 $\Delta\varphi$ 表示。即

$$\Delta\varphi=(\omega t+\varphi_{01})-(\omega t+\varphi_{02})=\varphi_{01}-\varphi_{02}$$

可见，两个同频率的交流电的相位差等于它们的初相之差。在实际应用中，规定相位差的范围一般为 $-180°<\Delta\varphi\leqslant180°$。

因为正弦交流电的有效值与最大值（振幅值）之间有确定的比例系数，所以有效值、频率和初相三个参数也可以合在一起称为正弦交流电的三要素。

（四）举例

已知某正弦交流电的电压的解析式为 $u=311\sin(314t+60°)\text{V}$，求这个正弦交流电的

电压的最大值、有效值、角频率、频率、周期和初相。

解： 最大值

$$U_m = 311\text{V}$$

有效值

$$U = \frac{U_m}{\sqrt{2}} = \frac{311}{\sqrt{2}} = 220(\text{V})$$

角频率

$$\omega = 314\text{rad/s}$$

频率

$$f = \frac{\omega}{2\pi} = \frac{314}{2 \times 3.14} = 50(\text{Hz})$$

周期

$$T = \frac{1}{f} = \frac{1}{50} = 0.02(\text{s})$$

初相

$$\varphi_0 = 60°$$

创新强国

中国光伏撑起全球产业“半边天”

国家能源局数据显示，2023 年全球可再生能源新增装机 5.1 亿千瓦。其中，中国的贡献超过 50%。对光伏产业而言，中国在研发技术储备、制造能力提升、产业链完善等方面具有领先优势。

全国人大代表、隆基绿能科技股份有限公司董事长钟宝申说：“‘中国光伏’作为新时代的中国名片，将充分发挥全球领先优势，在能源变革、科技创新、人才培养等领域搭建合作桥梁，为推进共建‘一带一路’高质量发展贡献更多力量。”前不久，乌兹别克斯坦 1 吉瓦光伏项目一期 400 兆瓦实现并网发电，项目全部选用隆基绿能科技股份有限公司提供的光伏组件。光伏发电如图 1-3-4 所示。

图 1-3-4　光伏发电

除了乌兹别克斯坦，在 2022 年卡塔尔世界杯足球赛场上，在南非开普敦三溪熏鱼厂的屋顶上，都有隆基的身影。

在“走出去”的过程中，中国光伏企业常常组团出现，在当地长期深耕。协鑫集成科技股份有限公司连续中标印度、西班牙等多国的海外大单。公司总裁表示，他们在布局全球渠道，提升电池、组件效率方面实现了重大突破，有效保障了全球订单的高质量交付。

科技创新成为推动中国光伏高质量发展的重要支撑。在陕西西安，素有“光伏大脑”

美称的隆基中央研究院首次制造出高柔韧性、高功率重量比的晶硅异质结太阳能电池。此前，他们先后打破晶硅单结电池和晶硅-钙钛矿叠层电池两大赛道电池效率的世界纪录，在新型电池和组件技术、新材料技术、高端装备技术等方面不断取得创新成果。

任务实施

家用电灯线路的连接

一、实训目标

（1）根据家用电灯电路图（见图 1-3-5），连接实物电路并且满足以下功能要求：

①开关 S 控制灯泡 EL 的亮灭。

②按安全用电要求，开关 S 接于相线端，即开关断开时，用电器不带电。

注意：如果采用螺口灯头，相线应接在与中心铜片相连的接线柱上，零线接在与螺口相连的接线柱上；如果接反，容易出现触电事故。

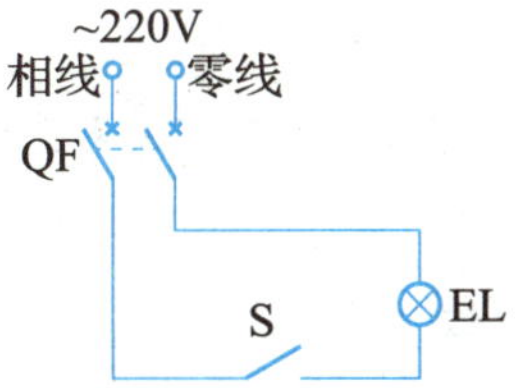

图 1-3-5 家用电灯电路图

（2）能够用万用表和测电笔测量电源电压。

（3）能够通过测电笔测试简单分析电路故障。

二、实训准备

（1）工具准备：剥线钳、尖嘴钳、螺丝刀（十字形、一字形）、测电笔（见图 1-3-6）、电工鞋（见图 1-3-7）、数字万用表等。

图 1-3-6 测电笔

图 1-3-7 电工鞋

（2）材料准备：漏电断路器、开关、灯泡、螺口灯座、导线（$1mm^2$ 单芯铜导线）、木板（约 40cm×60cm）等材料，如表 1-3-1 所示。

表 1-3-1 实训材料准备

序号	材料名称	实物图及电气符号
1	漏电断路器	 

续表

序号	材料名称	实物图及电气符号
2	开关	
3	灯泡	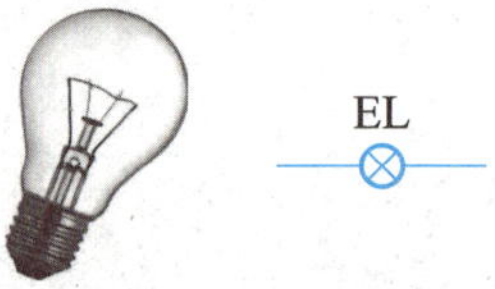
4	螺口灯座	
5	导线	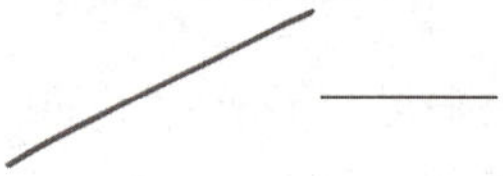

三、实训步骤

（一）检查元器件

（1）用数字万用表“20MΩ”和“200Ω”电阻挡检查漏电断路器的通断，如图 1－3－8 所示。

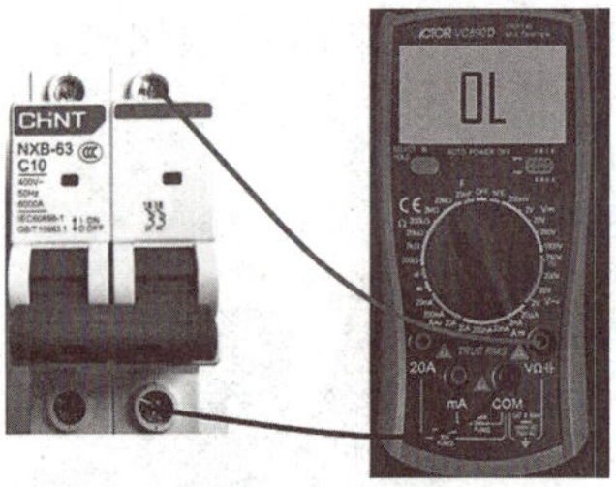

（a）用“20MΩ”电阻挡测量漏电断路器，电阻无穷大

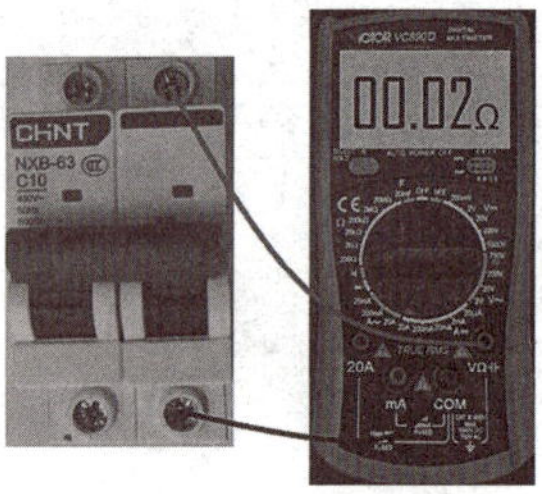

（b）用“200Ω”电阻挡测量漏电断路器，电阻接近零

图 1－3－8 用数字万用表检查漏电断路器的通断

（2）用数字万用表“200Ω”和“20MΩ”电阻挡检查灯泡的好坏、开关的通断，如图 1－3－9 和图 1－3－10 所示。

图 1－3－9 用数字万用表检查灯泡的好坏

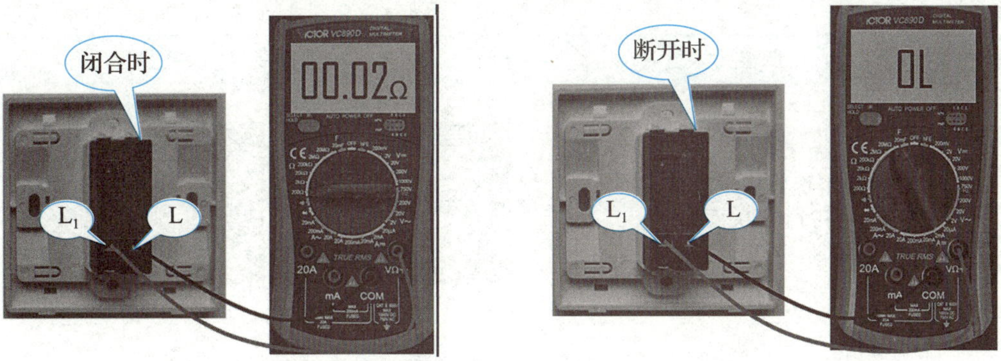

（a）用“200Ω”电阻挡测量闭合的开关，电阻接近零 （b）用“20MΩ”电阻挡测量断开的开关，电阻无穷大

图 1-3-10　用数字万用表检查开关的通断

（二）电路连接

电路连接步骤如表 1-3-2 所示。

表 1-3-2　电路连接步骤

序号	步骤	图示
1	将开关底座固定在木板上	
2	剪取所需长度的导线，并将其拉直	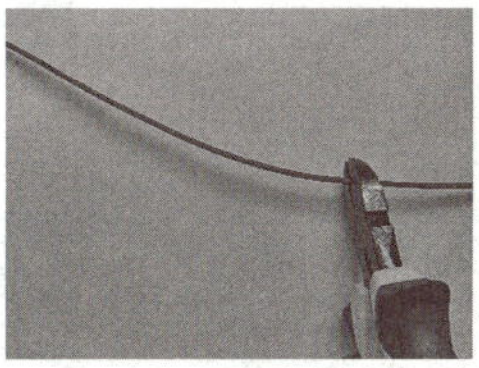 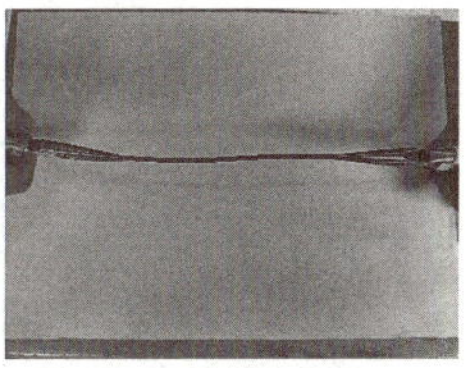
3	将导线剥皮，并折出直角	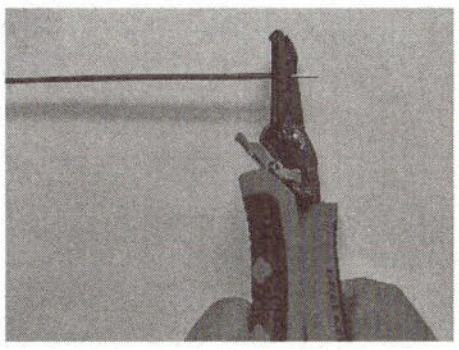 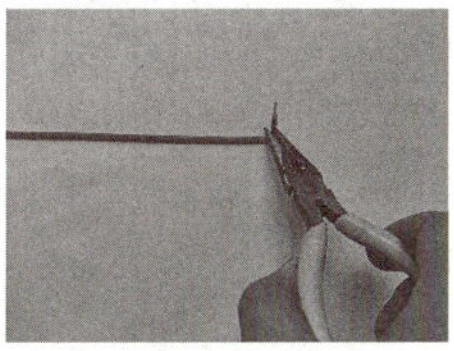
4	将导线接入开关的 L 端和 LA 端	 

续表

序号	步骤	图示
5	将开关用螺钉固定到开关底座上，并扣上开关面板	 
6	将开关接出端导线与灯泡底座中心铜片端接线柱连接	 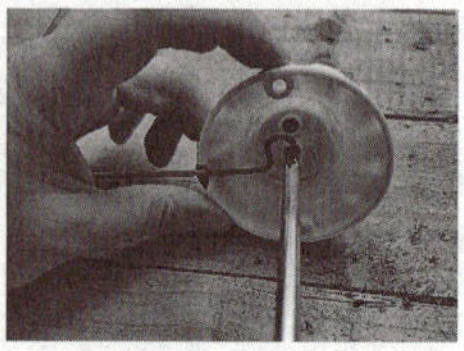
7	从灯泡底座螺口接线端接出一根电线，并将灯泡底座用螺钉固定在木板上	 
8	将灯泡底座接出端电线折成直角，并拧上灯泡	 
9	将开关接入端电线与漏电断路器的接出端左接线柱相连接，将灯泡底座螺口端接出的电线与漏电断路器的接出端右接线柱相连接	 
10	将插头与漏电断路器接入端两个接线柱相连	

续表

序号	步骤	图示
11	用数字万用表检测电路总电阻（红黑表笔接插头的两个金属片），当电路断路（漏电断路器与开关均断开）时，总电阻为无穷大； 当电路通路（漏电断路器与开关均闭合）时，总电阻为100Ω左右	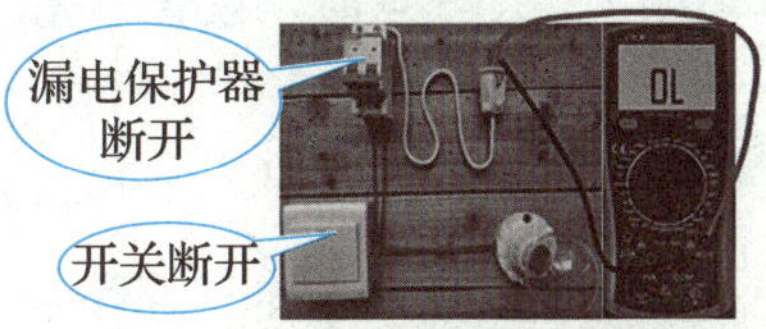 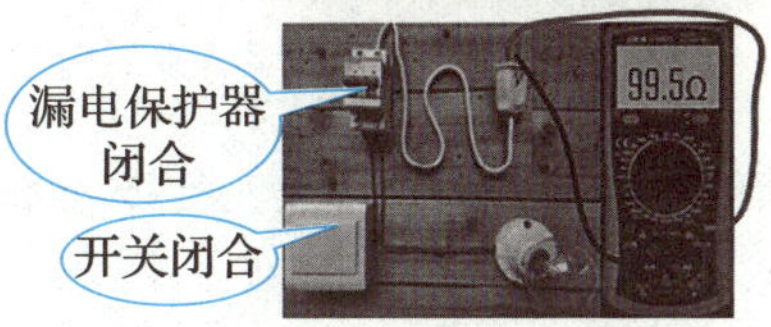
12	通电检验，将插头插入插座，闭合漏电断路器与开关，灯泡亮	

注意：操作前，穿上电工鞋。

（三）电路测量

（1）用数字万用表交流电压“750V”挡测量电源、灯泡两端的电压，如图1-3-11所示。

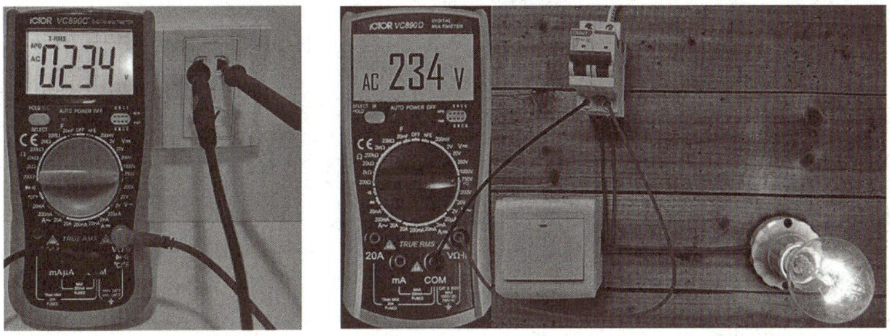

图1-3-11 用数字万用表测量电源、灯泡两端的电压

（2）用测电笔检测各测试点是否带电。测电笔测试点位置标识如图1-3-12所示。

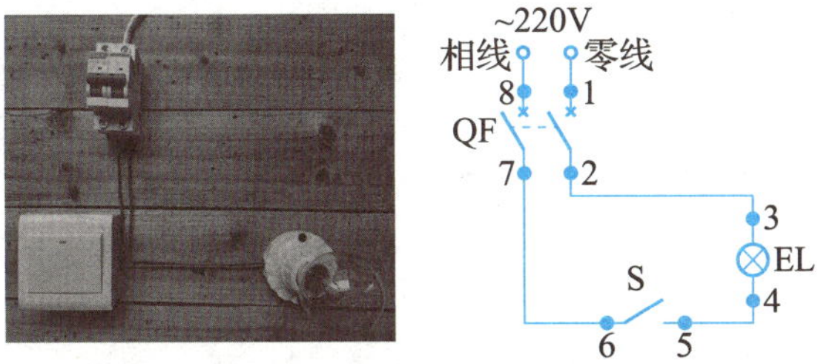

图1-3-12 测电笔测试点位置标识

闭合漏电断路器，开关断开时，测电笔测 6、7、8 点时，氖管亮，测电笔测 1、2、3、4、5 点时，氖管不亮；闭合漏电断路器，开关闭合时，测电笔测 4、5、6、7、8 点时，氖管亮，测电笔测 1、2、3 点时，氖管不亮。

任务评价

对本学习任务进行评分，标准如表 1-3-3 所示。

表 1-3-3　家用电灯电路的连接与检测评分标准

考核项目及内容		评分标准	分数	学生自评	小组互评	教师评价	小计
团队合作		是否和谐	5				
活动参与		是否积极主动	5				
安全生产		有无安全隐患	10				
现场 7S		是否做到	10				
任务方案		是否正确、合理	10				
操作过程	前期准备	整理工位及工位布置，设备的外观检查	5				
	检查元器件	用万用表检查漏电断路器、灯泡、开关，判断是否正常	5				
	电路连接	各元器件连接是否正常，走线是否科学，布局是否合理	20				
	通电前检验	检查电路总电阻，判断是否正常，有没有短路	5				
	通电验证	功能是否正常	5				
任务完成情况		是否圆满完成任务	7				
工具和设备使用		是否规范、标准	7				
劳动纪律		是否严格遵守	6				
总分			100				
教师签名：　　　年　　月　　日				得分			

任务四 安全用电常识

任务导入

张某家新买了一台饮水机，因家中的三孔插座被其他家用电器占满，只剩下两孔插座，张某就把饮水机自带的三线插脚改装成两线插脚使用。接上电源，饮水机开始工作。在使用过程中，有一天，张某的儿子用手触摸到饮水机外壳时触电身亡。张某儿子触电的原因是什么？如何才能预防此类事故的发生？

使用者缺乏安全用电常识是造成触电事故的主要原因。本例发生的触电事故的原因之一是，三线插脚中的一个插脚是用于接地线的，张某把三线插脚改成两线插脚后，饮水机的保护接地就不起作用了。因此，当饮水机外壳漏电时，就容易发生触电事故；原因之二是，未安装漏电保护装置，当触电事故发生时，没有自动切断电路。因此，为减少和避免触电事故的发生，应该认真学习安全用电相关知识。

知识介绍

一、安全电压

（一）电流对人体的伤害

当人体的某一部位接触到带电的导体（裸导体、开关、插座的铜片等）或触及绝缘损坏的用电设备时，人体便成了一个通电的导体，电流通过人体会造成伤害，这就是触电。人体触电时，决定人体伤害程度的主要因素是通过人体电流的大小。当较小电流通过人体时，如 0.6～1.5mA 的电流会使触电者感到微麻和刺痛。当通过人体的电流超过 50mA 时，便会引起心力衰竭、血液循环终止、大脑缺氧而导致死亡。因此，电工操作时，应特别注意安全用电、安全操作。

（二）安全电压等级

通过人体的电流大小与作用到人体上的电压及人体电阻有关。人体的电阻通常为 800 欧至几万欧不等。当皮肤出汗，有导电液或导电尘埃时，人体电阻将下降。根据《特低电压（ELV）限值》（GB/T 3805—2008）规定，按操作人员、操作方式和操作环境，安全电压等级分为 42V、36V、24V、12V 和 6V。

为了对人体安全不构成威胁，通常规定 36 V 以下的电压为安全电压，还规定安全电压在任何情况下均不得超过 50V 有效值。当使用大于 24V 的安全电压时，必须有防止人身直接触及带电体的保护措施。在高温、潮湿场所使用的安全电压规定为 12V。

二、触电防范措施

为减少或避免触电事故的发生，通常采用的触电防范措施有正确安装用电设备、电气设备的保护接地、电气设备的保护接零、装设漏电保护装置及采用各种安全保护用具。

（一）正确安装用电设备

电气设备要根据说明书的要求正确安装，不可马虎。电气设备带电部分必须有防护罩或放到不易接触到的高处，必要时要用联锁装置，以防触电。

（二）电气设备的保护接地

将正常情况下电气设备不带电的金属外壳或构架，用足够粗的导线与大地可靠地连接在一起，称为保护接地。

（三）电气设备的保护接零

将正常情况下电气设备不带电的金属外壳或构架与供电系统的中性线（零线）连接，称为保护接零，如图 1－4－1 所示。

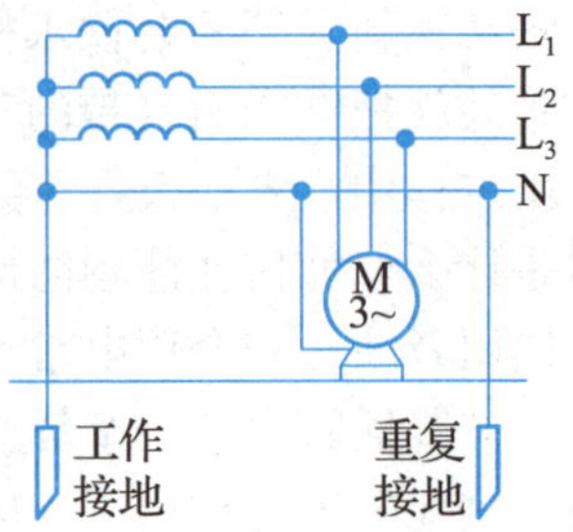

图 1－4－1　保护接零

电气设备采用保护接零后，当电气设备发生“碰壳”故障时，金属外壳将相线与中性线直接接通，单相接地故障变成单相短路。短路电流的大小足以使安装在线路上的熔断器或其他过流保护装置动作，从而切断电源。

（四）装设漏电保护装置

漏电保护装置是用来防止人身触电和漏电引起事故的一种接地保护装置。当电路或用电设备的漏电电流大于装置的额定值，即人体有发生触电危险时，漏电保护装置能迅速动作，切断事故电源，避免事故扩大，保障人身、设备的安全。

（五）采用各种安全保护用具

为保护工作人员的操作安全，要求操作人员必须严格遵守操作规程，并使用绝缘手套、绝缘鞋、绝缘钳、绝缘垫等安全保护用具。

三、常用用电保护装置

熔断器广泛应用于汽车低压配电系统和控制系统及用电设备中，作为短路和过电流保护，是应用最普遍的保护器件之一。熔断器内的主要部件是熔体，它由熔点较低的合金制成。它串联在被保护电路中，当电路发生短路或严重过载时，熔体因内部通过的电流增大而过热熔断，自动切断电路，以保护电气设备。常用的汽车熔断器如图 1－4－2 所示。

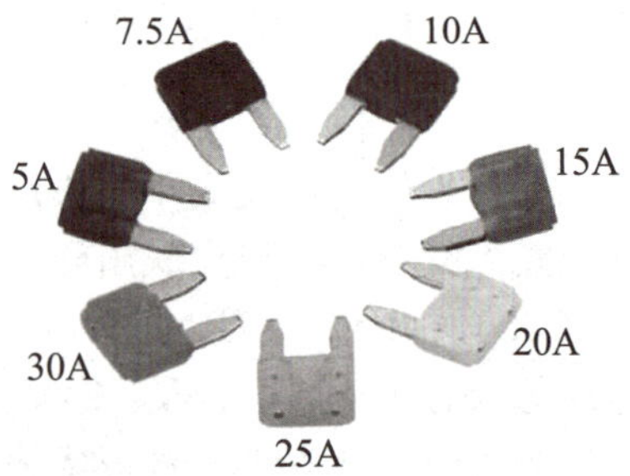

图 1－4－2　常用的汽车熔断器

四、触电类型

常见的触电类型有单相触电、两相触电和跨步电压触电等。

（一）单相触电

当人体的某一部位碰到相线或绝缘性能不好的电气设备外壳时，电流由相线经人体流入大地导致的触电现象称为单相触电，如图 1－4－3 所示。例如，当人体触碰到某一根相线时，发生触电；当人体触碰到掉落在地上的某根带电导线时，发生触电；当人体触碰到由于漏电而带电的电气设备的金属外壳时，发生触电等。

（二）两相触电

当人体的不同部位分别接触到同一电源的两根不同的相线时，电流由一根相线经人体流到另一根相线而导致的触电现象称为两相触电，如图 1－4－4 所示。

图 1－4－3 单相触电

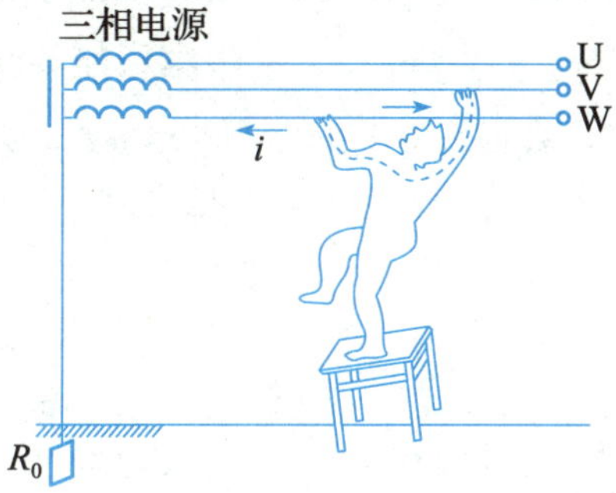

图 1－4－4 两相触电

两相触电时，作用于人体上的电压为 380V 的线电压，两相触电要比单相触电严重得多。

（三）跨步电压触电

如果高压带电体直接接地或电气设备相线外壳短路接地，人体虽没有接触带电导线或带电设备外壳，但当电流流入大地时，电流会在接地点周围土壤中产生电压降，人跨步行走在电位分布曲线的范围而造成的触电称为跨步电压触电，如图 1－4－5 所示。当人行走在掉落在地面上的高压带电导线周围时，会发生跨步电压触电。

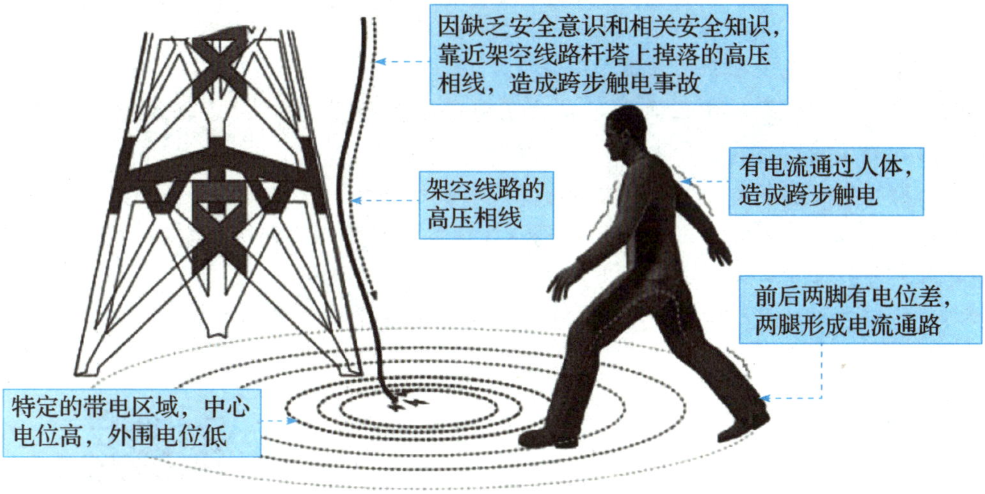

图 1－4－5 跨步电压触电

五、电气火灾的防范与扑救

电气火灾是指由输配电线路漏电、短路、设备过热、电气设备运行中产生明火引燃易燃物、静电火花引燃等引起的火灾。

电气设备发生火灾有两个特点：一是着火后用电设备可能带电，如果不注意，可能引起触电事故；二是有的用电设备本身含有大量油，可能发生喷油或爆炸，会造成更大的事故。因此，电气火灾一旦发生，首先要切断电源，进行扑救，并及时报警。带电灭火时，切忌使用水和泡沫灭火剂，应使用干黄沙、二氧化碳、1211（二氟一氯一溴甲烷）、四氯化碳或干粉等灭火器。

创新强国

中国新能源汽车畅销海外

2023 年，我国汽车产销量双双突破三千万辆，新能源汽车月产销量首次双超百万辆，汽车出口量跃升至全球第一位。

2024 年 2 月 24 日，满载着 153 辆长安汽车的专列从重庆东环铁路古路站驶出，经太仓港换装出境，运往俄罗斯。本次专列采用“铁公水”联运方式，节约时间成本 50% 以上，助力“渝车出海”。今年以来，古路站共计发送“重庆造”汽车 12 列 313 车，商品车 2 890 台。作为西部陆海新通道班列途经关键站，重庆鱼嘴站今年已完成“重庆造”商品车装车 6 200 台。

重庆是国内汽车工业重镇，汽车产量居全国第二。“重庆造”汽车在 2023 年远销 80 多个国家和地区，出口达 36.8 万辆，同比增长 29.8%。长安汽车有关负责人告诉记者，长安汽车自主品牌在 2023 年的海外销量超 23.6 万辆，同比增加 39.23%，创历史新高。2023 年 11 月，长安汽车首个海外生产基地在泰国动工。

“围绕新能源等核心领域，我们已构建起‘六国十地’的全球研发布局，拥有来自 30 个国家和地区的研发团队 1.7 万余人、高级专家近千人。”有关人士向记者介绍，在新能源领域，长安汽车已掌握了多合一高压动力系统、钠离子电池包等 400 余项核心技术；在智能化领域，掌握了智能汽车端云一体通信、智能驾驶实时操作系统、高阶智能驾驶系统等 200 余项关键核心技术。

以长安汽车为代表的中国车企，在政策引导下不断“走出去”，描绘出中国汽车畅销全球的美好图景。

吉利控股集团董事长认为，中国新能源汽车规模扩大，技术和质量提高，成本逐步下降，用户消费体验越来越好。比亚迪 ATTO 3 被英国新闻公司评选为英国 2023 年度最佳电动汽车，吉利旗下几何 E 车型成为卢旺达消费者的性价比之选。

资料来源：王延斌，雍黎，王禹涵．科技力量助“新三样”畅销海外．金台资讯，2024-03-04.

任务实施

一、实训目标

触电急救：胸外心脏按压、口对口人工呼吸

（1）熟悉使触电者尽快脱离电源的方法。

（2）掌握现场急救的基本处理步骤及急救方法。

（3）在触电急救时，严格规范操作，养成安全意识，在小组合作中培养团队合作精神。

二、实训准备

（1）人员分配：学生自主分组（至少 3 人一组）。

（2）工具准备：绝缘手套、绝缘鞋、移动电话。

（3）材料准备：干燥的木棒、干燥的衣物、橡胶垫、干燥的木板。

（4）创设情境：

①学生模拟低压触电案例，扮演“有心跳而呼吸停止”的触电者。

②学生模拟高压触电案例，扮演“有呼吸而心跳停止”的触电者。

③学生模拟高压触电案例，扮演“呼吸和心跳都已停止”的触电者。

三、实训步骤

当发现有人触电时，必须用最快的方法使触电者脱离电源，然后根据触电者的具体情况，进行相应的现场救护。

（一）演示使触电者脱离电源的方法并口述要点

1. 脱离低压电源的方法

对低压用电设备（电压通常为 220V/380V，最大值不超过 1 000V），可以通过断开开关、拔下插头或切断回路实现断电。若发生事故时电源不能断开，可以用不导电的绝缘体把处在电压下的部件分离开。脱离电源的具体方法可用“拉”“拨”“切”三个字来概括，见表 1-4-1。

表 1-4-1 使触电者脱离电源的方法

方法	拉	拨	切
具体操作	迅速拉开闸刀或拔去电源插头、熔断器	用绝缘棒拨开触电者身上的电线	用带有绝缘柄的利器切断电源回路

2. 脱离高压电源的方法

（1）通知供电部门拉闸停电。

（2）戴绝缘手套、穿绝缘鞋，拉开高压断路器或用绝缘操作杆拉开高压跌落式熔断器。

（3）抛挂裸金属软导线，人为造成短路，迫使开关跳闸。

（二）演示现场急救的基本处理步骤并口述要点

当触电者脱离电源后，除及时拨打急救电话联系医疗部门外，还应进行必要的现场诊断和急救。

1. 简单诊断

（1）将脱离电源的触电者迅速移至通风、干燥处，将其仰卧，松开上衣和裤带。

（2）观察触电者的瞳孔是否放大。

（3）观察触电者有无呼吸，摸一摸颈部的颈动脉有无搏动。

2. 急救方法

（1）对“有心跳而呼吸停止”的触电者，应采用“口对口人工呼吸法”进行急救，如图 1-4-6 所示。

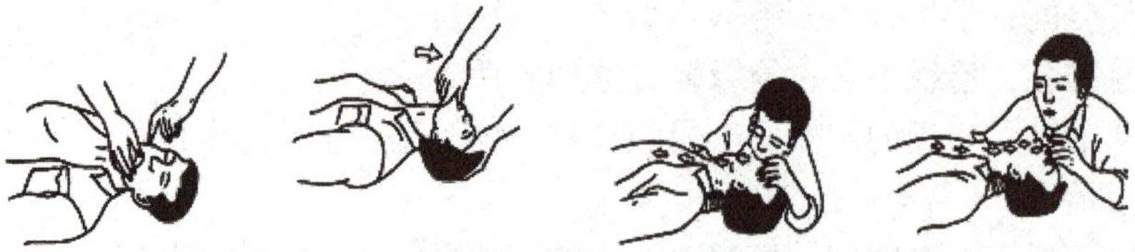

图 1-4-6 口对口人工呼吸法

“口对口人工呼吸法”的口诀是：触电者仰卧平地上，鼻孔朝天颈后仰；首先清理口鼻腔，然后松扣解衣裳；捏鼻吹气要适量，排气应让口鼻畅；吹两秒来停三秒，五秒一次最恰当。

（2）对“有呼吸而心跳停止”的触电者，应采用“胸外心脏按压法”进行急救，如图 1-4-7 所示。

图 1-4-7 胸外心脏按压法

“胸外心脏按压法”的口诀是：触电者仰卧硬地上，松开领口解衣裳；当胸放掌不鲁莽，中指应该对凹膛；掌根用力向下按，压下半寸至一寸；压力轻重要适当，过分用力会压伤；慢慢压下突然放，一秒一次最恰当。

（3）对“呼吸和心跳都已停止”的触电者，应同时采用“口对口人工呼吸法”和“胸外心脏按压法”进行急救。

一人急救：两种方法应交替进行，即吹气 2～3 次，再按压心脏 10～15 次，且速度都应快些。

两人急救：每 5 秒吹气一次，每 1 秒按压一次，两人同时进行。

（三）记录过程及数据

在表 1-4-2 中记录过程及数据。

表 1-4-2 触电急救实训工单

实训内容：触电急救					
班级		姓名		学号	
日期		成绩			
序号	实训步骤	所用工具	操作要点	注意事项	结果判断
1	脱离电源的方法并口述要点				
2	简单诊断触电者伤势				
3	口对口人工呼吸				

续表

序号	实训步骤	所用工具	操作要点	注意事项	结果判断
4	胸外心脏按压				
5	安全规范操作				
6	整理及打扫				

（四）现场整理

整理工具、材料，打扫实验实训室。

任务评价

对本学习任务进行评分，标准如表 1-4-3 所示。

表 1-4-3　触电急救评分标准

<table>
<tr><th colspan="2">考核项目及内容</th><th>评分标准</th><th>分数</th><th>学生自评</th><th>小组互评</th><th>教师评价</th><th>小计</th></tr>
<tr><td colspan="2">团队合作</td><td>是否和谐</td><td>5</td><td></td><td></td><td></td><td></td></tr>
<tr><td colspan="2">活动参与</td><td>是否积极主动</td><td>5</td><td></td><td></td><td></td><td></td></tr>
<tr><td colspan="2">安全生产</td><td>有无安全隐患</td><td>10</td><td></td><td></td><td></td><td></td></tr>
<tr><td colspan="2">现场 7S</td><td>是否做到</td><td>10</td><td></td><td></td><td></td><td></td></tr>
<tr><td colspan="2">任务方案</td><td>是否正确、合理</td><td>15</td><td></td><td></td><td></td><td></td></tr>
<tr><td rowspan="5">操作过程</td><td>前期准备</td><td>准备触电急救相应的工具与材料</td><td>6</td><td></td><td></td><td></td><td></td></tr>
<tr><td>脱离电源的方法并口述要点</td><td>正确演示脱离低、高压电源的方法，并口述要点</td><td>6</td><td></td><td></td><td></td><td></td></tr>
<tr><td>简单诊断触电者伤势</td><td>正确处置触电者，观察其瞳孔是否放大、有无呼吸，摸颈动脉有无搏动</td><td>6</td><td></td><td></td><td></td><td></td></tr>
<tr><td>口对口人工呼吸</td><td>吹气按住口鼻，放气松鼻孔，观察胸口起伏，动作标准</td><td>6</td><td></td><td></td><td></td><td></td></tr>
<tr><td>胸外心脏按压</td><td>定位准确、按压有节奏、动作标准</td><td>6</td><td></td><td></td><td></td><td></td></tr>
<tr><td colspan="2">任务完成情况</td><td>是否圆满完成任务</td><td>5</td><td></td><td></td><td></td><td></td></tr>
<tr><td colspan="2">工具和设备使用</td><td>是否规范、标准</td><td>10</td><td></td><td></td><td></td><td></td></tr>
<tr><td colspan="2">劳动纪律</td><td>是否严格遵守</td><td>5</td><td></td><td></td><td></td><td></td></tr>
<tr><td colspan="2">实训工单填写</td><td>是否完整、规范</td><td>5</td><td></td><td></td><td></td><td></td></tr>
<tr><td colspan="3">总分</td><td>100</td><td></td><td></td><td></td><td></td></tr>
<tr><td colspan="4">教师签名：　　　　　　年　　月　　日</td><td colspan="2">得分</td><td colspan="2"></td></tr>
</table>

项目小结

本项目主要介绍了汽车电工电子实验实训室电源配置、操作规范，常用的电工仪器仪表和工具，正弦交流电、安全电压、触电类型、触电防范措施、用电保护装置、电气火灾的防范与扑救等。为了使教学内容贴近生产生活实际，与工作岗位对接，教学中把实践操作性强、应用性强的内容，如“熟悉汽车电工电子实验实训室”“认识电工仪器仪表和工具”“家用电灯电路的连接与检测”“安全用电常识”等作为本项目的实训内容，并为以后进行各类实训操作做好充足的准备。

同步练习

一、选择题

1. 触电伤人的主要因素是（　　）。

A. 电流　　B. 电压　　C. 电阻　　D. 触电方式

2. 常见的触电形式不包括（　　）。

A. 单相触电　　B. 双相触电

C. 跨步电压触电　　D. 两相触电

3. 在高温、潮湿场所使用的安全电压规定为（　　）。

A. 12V　　B. 24V　　C. 36V　　D. 50V

4. 通常规定（　　）以下的电压为安全电压。

A. 12V　　B. 24V　　C. 36V　　D. 50V

5. 电气设备采用保护接地以后，若外壳因绝缘不好而带电，这时工作人员碰到机壳就相当于人体和接地电阻（　　）。

A. 混联　　B. 串联

C. 并联　　D. 以上都不对

二、判断题

1. 任何电气设备内部未经验明无电时，一律视为有电，不准触及。（　　）

2. 任何接、拆线都必须切断电源后才可进行。（　　）

3. 电气设备的金属外壳必须接地，不准断开带电设备的外壳接地线。（　　）

4. 电气设备的保护接零适用于中性点不接地的低压系统中。（　　）

5. 照明电路中熔断器的熔丝可以用铜丝代替。（　　）

三、简答题

1. 写出汽车维修中常用的电工工具。

2. 为减少或避免触电事故的发生，通常采用的防范措施有哪些？

3. 常见的触电类型有哪些?

四、实训题

常见的触电方式有单相触电、两相触电、跨步电压触电和漏电触电。根据下列触电示意图，将触电方式的名称填入对应的空格内。

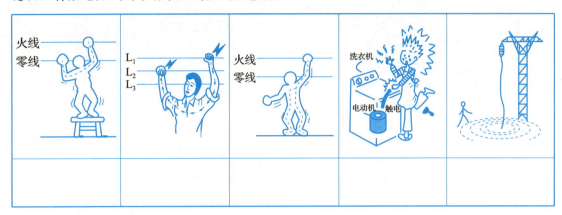

项目二

汽车电路基础知识与基本测量

任务一 汽车电路与电路图的认知

任务二 电阻及其测量

任务三 电压、电位、电动势及其测量

任务四 电流及其测量

任务五 电能与电功率

学习目标

知识目标

1. 了解汽车电路的组成、工作状态及特点。
2. 理解电流、电压、电位、电动势、电阻、电功率、电能等电路的基本概念。
3. 理解电流、电压的实际方向与参考方向及电压与电位之间的关系。
4. 学会用欧姆定律分析和解决实际问题。
5. 掌握使用数字万用表测量电压、电流、电阻等的基本方法与操作步骤。

技能目标

1. 能够正确认识汽车电路的各组成部分。
2. 了解汽车电路的三种状态。
3. 能正确使用数字万用表进行电位、电压、电流、电阻等的测量。

素养目标

1. 形成严谨的科学态度和精益求精的学习作风。
2. 通过探究、合作，培养自我学习意识和团队合作能力，提升职业素养。

知识框架

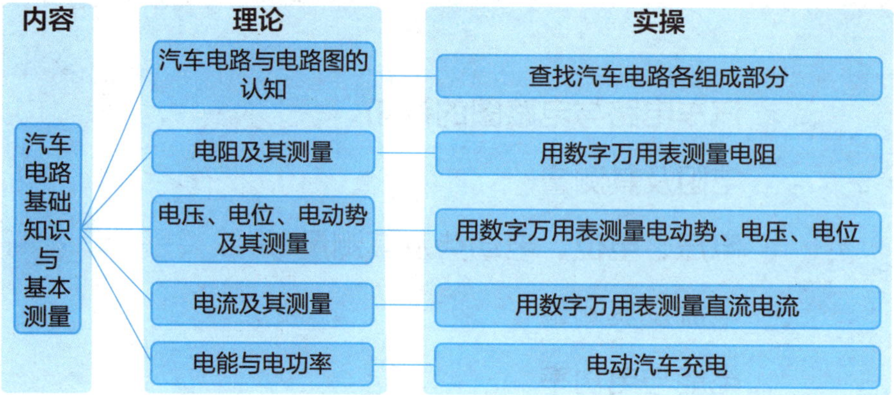

建议学时

10 学时。

项目导入

随着电子技术在汽车上的普遍应用，汽车电路图已成为汽车维修人员必备的技术资料。目前，大部分汽车都装备有较多的电子控制装置，其技术含量高，电路复杂，难以掌握。正确识读汽车电路图，也需要一定的技巧。电路图是了解汽车上各类电气系统工作时使用的重要资料，所以，正确识读、使用电路图尤为重要。

任务一 汽车电路与电路图的认知

任务导入

汽车是日常生活中应用广泛的交通工具。图 2-1-1 所示为电动玩具汽车。把开关拨到“ON”时，车灯会亮；把开关拨到“OFF”时，车灯就不亮了。作为汽车维修人员，你知道电动玩具汽车内部车灯的电路结构吗？你能画出它的电路图吗？

图 2-1-1 电动玩具汽车

可以将电动玩具汽车灯光电路简化成比较简单的直流电路，如图 2-1-2 所示。

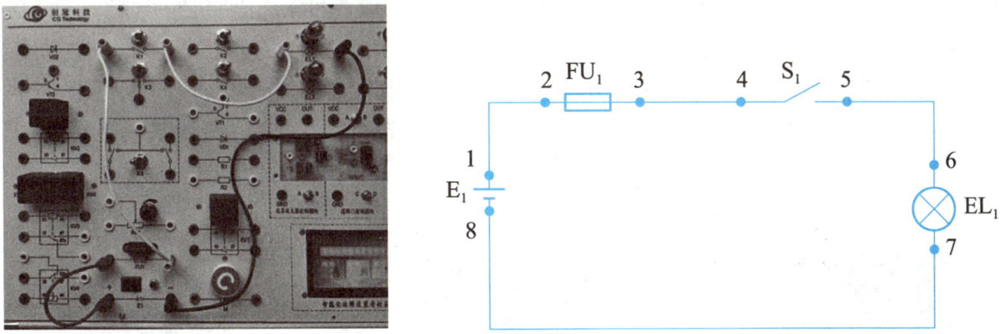

（a）实验电路　　（b）电路原理图

图 2-1-2 电动玩具汽车灯光电路

电路功能解析：

当闭合开关 S_1 时，电路处于通路状态，灯 EL_1 亮；

当断开开关 S_1 时，电路处于断路状态，灯 EL_1 不亮。

通路和断路是电路的两种基本工作状态，你知道另外一种工作状态是什么吗？

知识介绍

一、电路

电路是电流流过的路径。电路主要由电源、负载、中间环节三部分组成。

（一）电源

电源是提供电能的装置，它把其他形式的能量转换成电能。常见的电源有干电池、蓄电池、发电机、光电池等。例如，干电池或蓄电池将化学能转换成电能，发电机将机械能转换成电能，光电池将太阳能（光能）转换成电能。

汽车上的电源主要有蓄电池和发电机两种（见图 2 - 1 - 3）。在汽车未运转时，由蓄电池向有关的电气设备供电；在发动机正常工作后，发电机开始发电，除将电能供给电气设备外，还将其中一部分电能输送给蓄电池储存起来。

（a）蓄电池

（b）发电机

图 2 - 1 - 3　蓄电池和发电机

（二）负载

负载常称为用电器，是消耗电能的装置，它把电能转换成其他形式的能量。常见的负载有电灯、电动机、电热器等。例如，车灯将电能转换成光能，电动机将电能转换成机械能，电热器把电能转换成热能等。

汽车电路中的负载有车灯、车载电动机、风扇、电喇叭、电热丝等，车灯有前照灯、前雾灯、示宽灯、倒车灯、刹车灯、牌照灯、顶灯、仪表灯等，如表 2 - 1 - 1 所示。

表 2 - 1 - 1　汽车上的车灯

 前照灯	 前雾灯、示宽灯	 倒车灯、刹车灯
 牌照灯	 顶灯	 仪表灯

（三）中间环节

中间环节是连接电源和负载所必需的部分，其作用是传输、控制、分配电能，如导线、开关及各种控制、保护装置等。

汽车电路中的中间环节有各类开关、导线、熔断器（也称保险丝）等。汽车开关包括点火开关、车灯总开关、危险警报灯开关等，如图 2-1-4 所示。

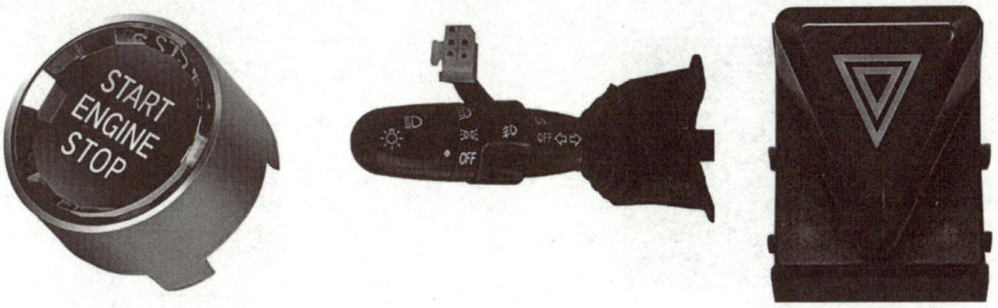

（a）点火开关　（b）车灯总开关　（c）危险警报灯开关

图 2-1-4　汽车开关

汽车导线的分类及用途如图 2-1-5 所示。

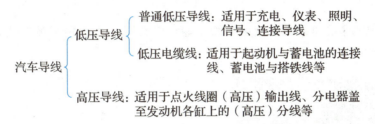

汽车导线
- 低压导线
  - 普通低压导线：适用于充电、仪表、照明、信号、连接导线
  - 低压电缆线：适用于起动机与蓄电池的连接线、蓄电池与搭铁线等
- 高压导线：适用于点火线圈（高压）输出线、分电器盖至发动机各缸上的（高压）分线等

图 2-1-5　汽车导线的分类及用途

二、电路的工作状态

电路的工作状态

电路通常有通路（闭路）、断路（开路）、短路三种工作状态。

（一）通路（闭路）

通路是指电源与负载通过中间环节构成了闭合回路。此时，开关闭合，电路中有电流通过，如图 2-1-6 所示。

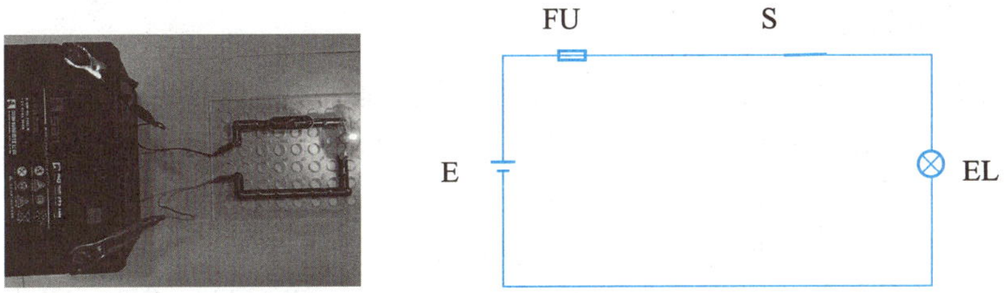

图 2-1-6　通路实物连线图及电路图

电路处于通路时，负载在额定功率下的工作状态叫作额定工作状态或满载；低于额定功率的工作状态叫作轻载；高于额定功率的工作状态叫作过载或超载。过载很容易烧坏电气设备，一般情况下不允许电路出现过载。

（二）断路（开路）

断路是指电源与负载未形成闭合回路。此时，电路中有一处或多处是断开的，没有电流通过，负载不工作，如图 2－1－7 所示。

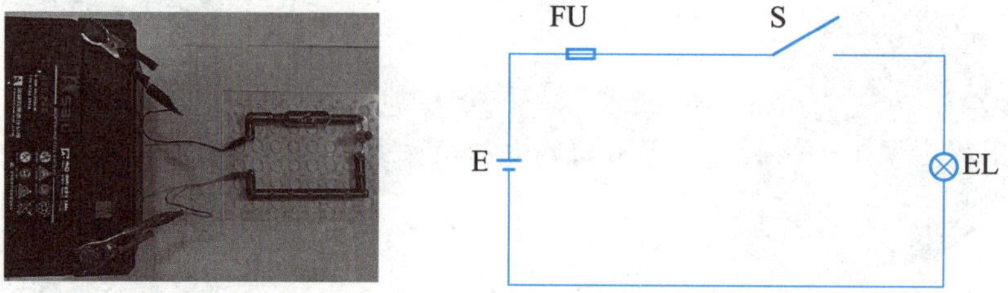

图 2－1－7　断路实物连线图及电路图

若控制开关处于断开状态，使电路断路为正常现象，属于控制性断路。若开关闭合，但电路仍然断路，则属于故障性断路，需对电路进行检查，排除故障。

（三）短路

短路是指电源未经负载而直接由导线接通，或者某一负载两端被导线直接接通，如图 2－1－8 所示。

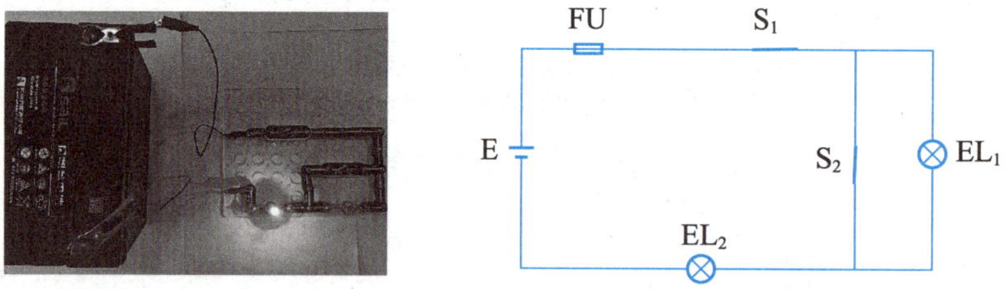

图 2－1－8　灯 EL_1 被短路的实物连线图及电路图

电路处于短路状态时，短路电阻接近于零，因此电路中的电流比正常通路时要大很多倍，可能会烧坏导线、电源或其他设备，严重时还会引起火灾，所以要尽量避免短路。

注意： 电源短路是一种非常危险的状态，在电路中一定要避免。

三、汽车电路图

在设计、安装或维修各种汽车电气设备的实际电路时，常常要使用表示电路连接情况的图。这种用国家标准规定的电气图形符号、文字符号来表示电路连接情况的图，称为电路原理图，简称电路图。

汽车电路原理图是用图形符号方式，把全车用电设备、控制器、电源等按照一定顺序连接而成的。它的特点是将各单元回路依次排列，便于从原理上分析和认识汽车电路。识读电路原理图时，应了解全车电路的组成，找出各单元回路的电流流通，分析回路的工作过程。

汽车电路的特点：双电源单线制，各电器相互并联，继电器和开关串联在电路中。

部分常用元器件的图形符号见表 2－1－2。

表 2-1-2 部分常用元器件的图形符号

名称	字母	图形符号	实物举例
电阻器	R	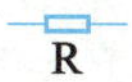 R	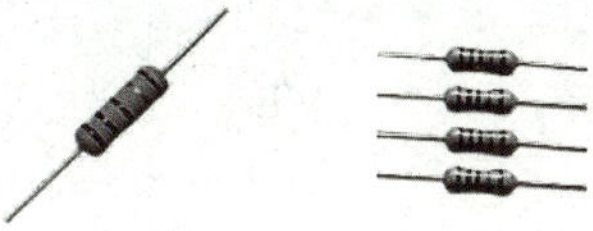
电位器	RP	 RP	
电容器	C		
电灯	EL		
电源	E		
开关	S		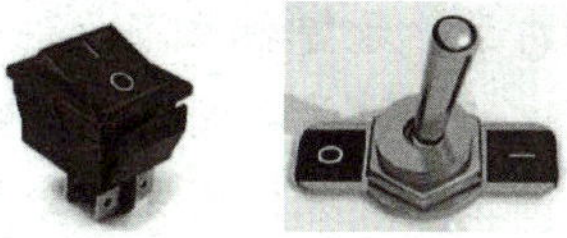
熔断器	FU	 FU	
二极管	VD	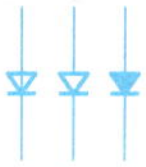	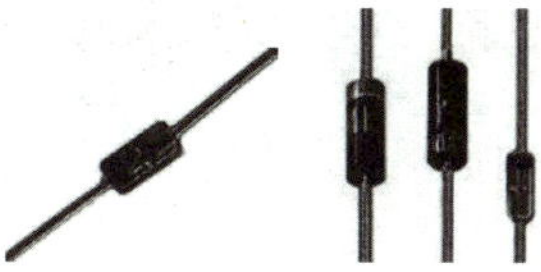
发光二极管	VD		

续表

名称	字母	图形符号	实物举例
三极管	VT		
继电器	KV	 KV	
直流电动机	M̲		
接地或接机壳			

中国汽车

为民族汽车梦奋斗——长城汽车

长城汽车成立于1984年，起初是以制造皮卡汽车为主。2002年中国第一款经济型SUV赛弗上市，长城汽车开启了中国汽车SUV之路。长城汽车之所以能成为国产汽车的标杆企业，离不开它的企业文化。

使命愿景：绿智潮玩嗨世界——进对的圈子，享好玩的社交。智能科技让车更加好玩，更加炫酷，赋予车灵魂内涵，打造圈层阵地，聚拢“发烧友”，享社交乐趣。

核心价值观：廉信创变共分享——廉信指廉洁做人，诚信做事，因自律而自由，对腐败零容忍、公正透明，合规经营、信守契约。

企业精神：每天进步一点点。

随着汽车行业的不断发展，长城汽车在智能互联、智能驾驶、芯片等领域进行重点研发，并在动力电池、氢能、太阳能等清洁能源领域进行全产业链布局，构建了集绿色环保、智能化、全球潮牌潮品、共玩众智众创于一体的出行新生态，为用户提供新型驾驶体验。

任务实施

一、实训目标

（1）找到汽车上的电源：蓄电池和发电机。

（2）找到汽车上的负载（用电器）：前照灯、前雾灯、示宽灯、倒车灯、刹车灯、牌照灯、顶灯、仪表灯等。

（3）找到汽车上电路的中间环节：点火开关、车灯总开关、危险警报灯开关、导线、熔断器等。

二、实训准备

（1）工具准备：常用工具套装。

（2）实训设备：实训车辆。

（3）辅助资料：教材、维修手册。

（4）安全防护：实训着装、车辆防护。

汽车电路的组成

三、实训步骤

（一）准备工作

（1）将车辆停放在实训工位，如图 2－1－9 所示。

（2）安装车轮挡块，如图 2－1－10 所示。

图 2－1－9　将车辆停放在实训工位

图 2－1－10　安装车轮挡块

（3）安装尾气收集器，如图 2－1－11 所示。

（4）安装车内三件套，如图 2－1－12 所示。

图 2－1－11　安装尾气收集器

图 2－1－12　安装车内三件套

(5) 拉紧驻车制动器，如图 2－1－13 所示。

图 2－1－13　拉紧驻车制动器

(二) 具体实施

(1) 找到汽车上的电源：蓄电池和发电机，如图 2－1－14 所示。

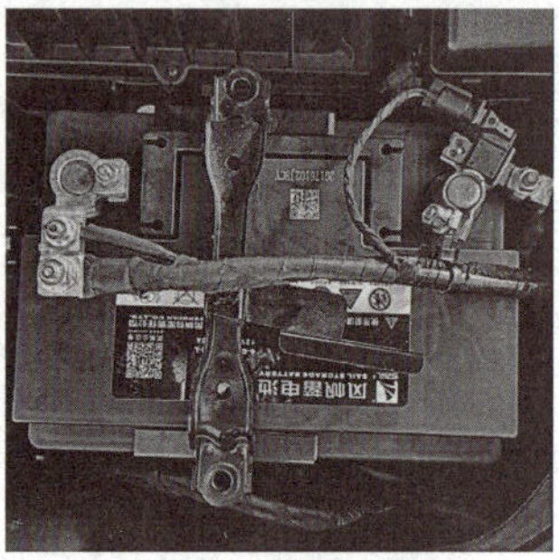

(a) 蓄电池

(b) 发电机

图 2－1－14　汽车上的电源

(2) 找到汽车上的负载（用电器）：在汽车上依次找出前照灯、前雾灯、示宽灯、倒车灯、刹车灯、牌照灯、顶灯、仪表灯等，如表 2－1－3 所示。

表 2－1－3　汽车上的负载（用电器）

 前照灯	 前雾灯、示宽灯	 倒车灯、刹车灯

续表

牌照灯	顶灯	仪表灯

(3) 找到汽车上电路的中间环节。

①找出汽车电路中的开关：点火开关、车灯总开关、危险警报灯开关等，如图 2-1-15 所示。

(a) 点火开关

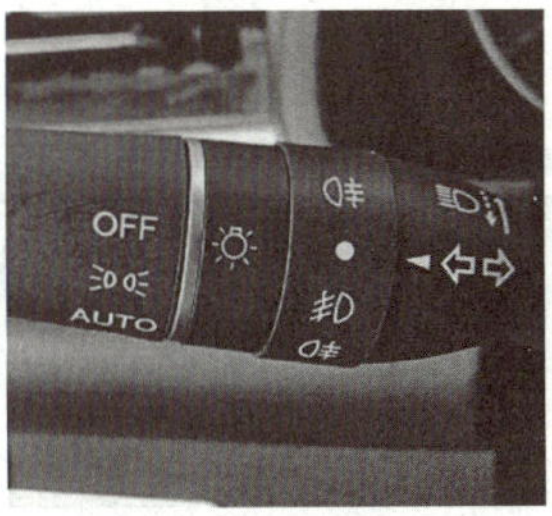

(b) 车灯总开关

(c) 危险警报灯开关

图 2-1-15　汽车电路中的开关

②找出汽车电路中的导线，如图 2-1-16 所示。

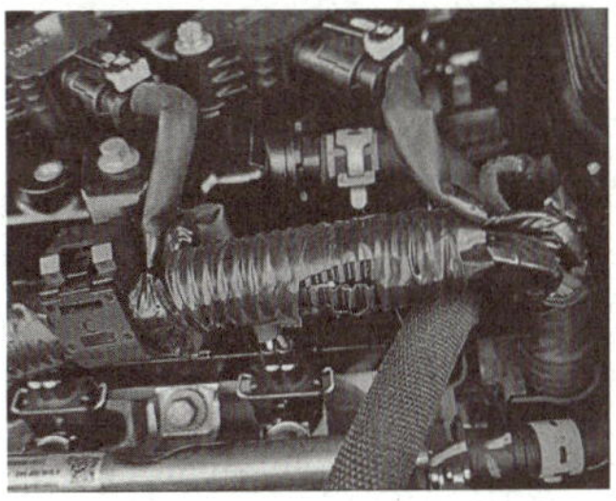

图 2-1-16　汽车电路中的导线

③找出汽车电路中的熔断器（保险丝），如图 2-1-17 所示。

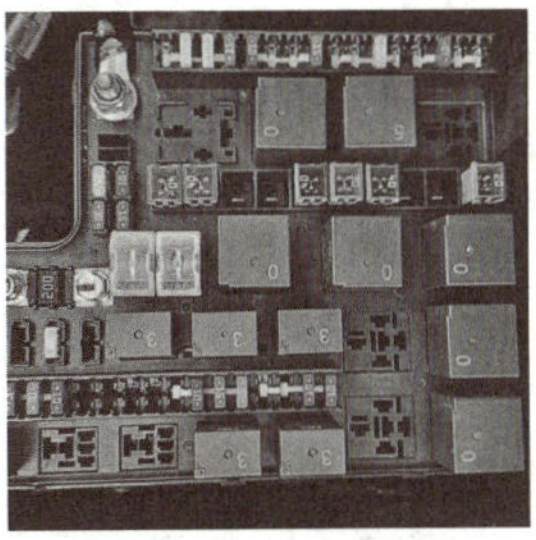

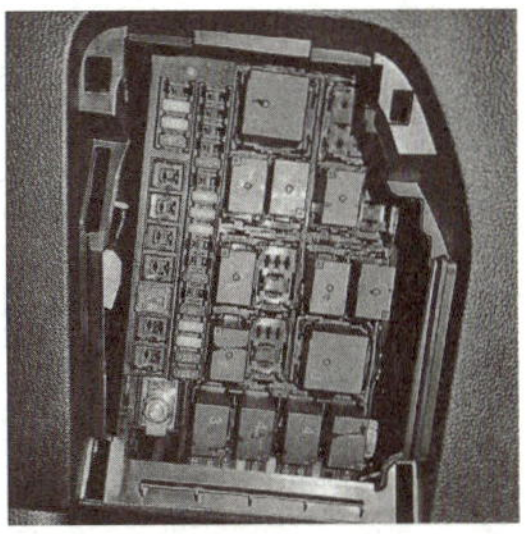

图 2-1-17　汽车电路中的熔断器（保险丝）

（4）清洁场地、工具及设备，如图 2-1-18 所示。

图 2-1-18　清洁场地、工具及设备

任务评价

对本学习任务进行评分，标准如表 2-1-4 所示。

表 2-1-4　查找汽车电路各组成部分评分标准

<table>
<tr><th colspan="2">考核项目及内容</th><th>评分标准</th><th>分数</th><th>学生自评</th><th>小组互评</th><th>教师评价</th><th>小计</th></tr>
<tr><td colspan="2">团队合作</td><td>是否和谐</td><td>5</td><td></td><td></td><td></td><td></td></tr>
<tr><td colspan="2">活动参与</td><td>是否积极主动</td><td>5</td><td></td><td></td><td></td><td></td></tr>
<tr><td colspan="2">安全生产</td><td>有无安全隐患</td><td>10</td><td></td><td></td><td></td><td></td></tr>
<tr><td colspan="2">现场 7S</td><td>是否做到</td><td>10</td><td></td><td></td><td></td><td></td></tr>
<tr><td colspan="2">任务方案</td><td>是否正确、合理</td><td>15</td><td></td><td></td><td></td><td></td></tr>
<tr><td rowspan="4">操作过程</td><td>前期准备</td><td>整理工位及工位布置，
设备的外观检查</td><td>6</td><td></td><td></td><td></td><td></td></tr>
<tr><td>找到汽车电源</td><td>在车上找到蓄电池和发电机</td><td>8</td><td></td><td></td><td></td><td></td></tr>
<tr><td>找到汽车负载</td><td>在车上找到各种灯、
电动机等负载</td><td>8</td><td></td><td></td><td></td><td></td></tr>
<tr><td>找到中间环节</td><td>在车上找到开关、
熔断器等中间环节</td><td>8</td><td></td><td></td><td></td><td></td></tr>
<tr><td colspan="2">任务完成情况</td><td>是否圆满完成任务</td><td>5</td><td></td><td></td><td></td><td></td></tr>
<tr><td colspan="2">工具和设备使用</td><td>是否规范、标准</td><td>10</td><td></td><td></td><td></td><td></td></tr>
<tr><td colspan="2">劳动纪律</td><td>是否严格遵守</td><td>10</td><td></td><td></td><td></td><td></td></tr>
<tr><td colspan="3">总分</td><td>100</td><td></td><td></td><td></td><td></td></tr>
<tr><td colspan="4">教师签名：　　　　　　　　年　　月　　日</td><td colspan="2">得分</td><td colspan="2"></td></tr>
</table>

任务二 电阻及其测量

任务导入

汽车风扇有多个挡位，速度有快有慢，你能说说其中的原理吗？

由图 2-2-1 可知，汽车风扇串联了多个电阻，当总电路的电阻小时，风扇速度就快；而当总电路的电阻大时，风扇速度就慢。那么，什么是电阻？导体的电阻与什么有关？怎么才能测得电阻的阻值呢？

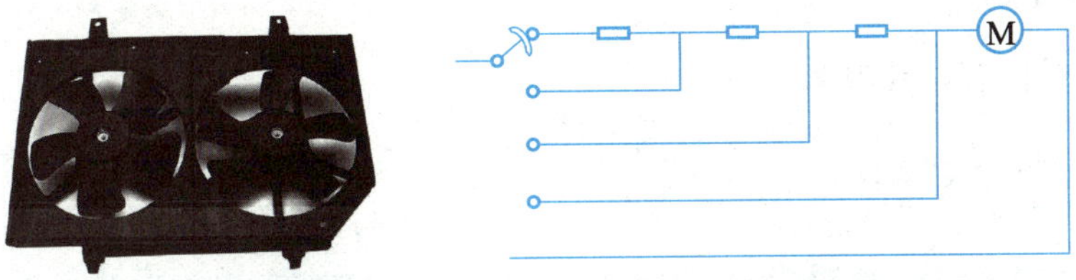

（a）汽车风扇　　（b）等效电路图

图 2-2-1　汽车风扇及其等效电路图

知识介绍

一、电阻

导体对电流的阻碍作用称为电阻，通常用字母 R 表示。任何物体都有电阻，当有电流流过时，都要消耗一定的能量。

在国际单位制中，电阻的单位是 Ω［欧（姆），简称欧］。电阻的常用单位还有 kΩ（千欧）和 MΩ（兆欧），它们之间的关系为

$$1\text{k}\Omega=10^3\Omega, 1\text{M}\Omega=10^6\Omega$$

二、电阻定律

电阻是材料的一种基本性质，与导体的材料、尺寸、温度有关。实验证明，在温度不变时，一定材料制成的导体的电阻与它的长度成正比，与它的横截面积成反比，这就是电阻定律。

用公式可表示为

$$R=\rho\frac{l}{s}$$

式中，R——导体的电阻，单位为 Ω；

ρ——导体的电阻率，反映材料的导电性能，单位为 Ω·m（欧·米）；

l——导体的长度，单位为 m；

s——导体的横截面积，单位为 m^2；

【例】有一根阻值为 2Ω 的电阻丝，将它均匀拉长至原来的 2 倍，则拉长后的电阻丝的阻值为多少？若将其对折，并成一根新电阻丝，则其阻值又为多少？

分析：电阻丝的体积没变，所以，将电阻丝拉长为原来的 2 倍后，长度由 l 变成了 $2l$，横截面积由 s 变成了 $0.5s$；同理，将电阻丝对折后，长度由 l 变成了 $0.5l$，横截面积由 s 变成了 $2s$。

解：由电阻定律 $R=\rho\frac{l}{s}$ 可得

将电阻丝拉长 2 倍后，其阻值

$$R'=\rho\frac{2l}{0.5s}=4R=8\Omega$$

将电阻丝对折后，其阻值

$$R''=\rho\frac{0.5l}{2s}=\frac{1}{4}R=0.5\Omega$$

汽车小知识

汽车冷却液温度传感器

汽车冷却液温度传感器安装在发动机缸体水套或冷却液管路中，与冷却液接触，用来检测发动机的冷却液温度。

发动机冷却液温度传感器细长的头部与冷却液接触，它的内部装有负温度系数的热敏电阻。当发动机冷却液温度逐渐升高时，热敏电阻的阻值将逐渐减小，相反则增大，结果发动机冷却液温度发生变化时传感器的输出电压也相应变化。ECU 接收到冷却液温度传感器传来的信号后，对发动机的喷油时间和点火时间进行修正。

判断冷却液温度传感器工作是否正常，需要测量冷却液温度传感器的电阻值、信号电压值和电源电压值。现以桑塔纳 2000GSi 轿车的冷却液温度传感器为例，介绍其测量方法。

冷却液温度传感器的电阻检测可分为就车检测法和单件检测法两种方法。

1. 就车检测法

点火开关置于“OFF”位置，拆卸冷却液温度传感器导线连接器，用数字高阻抗万用表电阻挡测量传感器 THW 和 E_2 两端子间的电阻值（见图 2-2-2）。其电阻值与温度成反比。

2. 单件检测法

拔下冷却液温度传感器线束插头，然后从发动机上拆下冷却液温度传感器；将冷却液温度传感器置于烧杯的水中，加热烧杯中的水，同时用数字万用表电阻挡测量在不同水温条件下冷却液温度传感器两接线端子间的电阻值，将测得的值与标准值相比较。如果不符合标准，则应更换冷却液温度传感器。

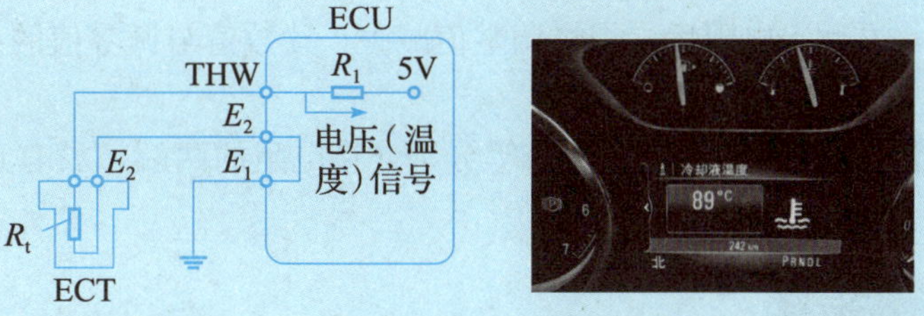

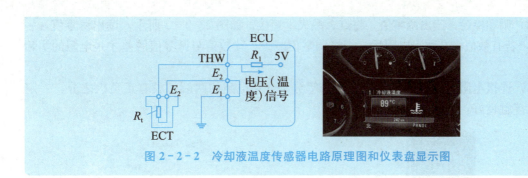

图 2-2-2　冷却液温度传感器电路原理图和仪表盘显示图

任务实施

一、实训目标

（1）掌握用数字万用表测量电阻的方法。

（2）掌握用数字万用表测量电阻的操作规范及注意事项。

二、实训准备

（1）工具准备：数字万用表。

（2）实训材料：色环电阻若干。

（3）辅助资料：教材、实训工单。

（4）安全防护：实训着装、用电安全。

用数字万用表测量电阻

三、实训步骤

（一）用数字万用表测量电阻

（1）连接表笔。红色表笔插入 VΩ 孔，黑色表笔插在 COM 孔，插到底，确保数字万用表正常使用，如图 2-2-3 所示。

（2）选择挡位与量程。旋转数字万用表功能与量程选择开关，测量电阻就要使用电阻挡，如图 2-2-4 所示。如果不确定电阻值是多少，量程从大往小调节，如从 20MΩ 开始，若显示数据太小，则往小选量程，最小为 200Ω。

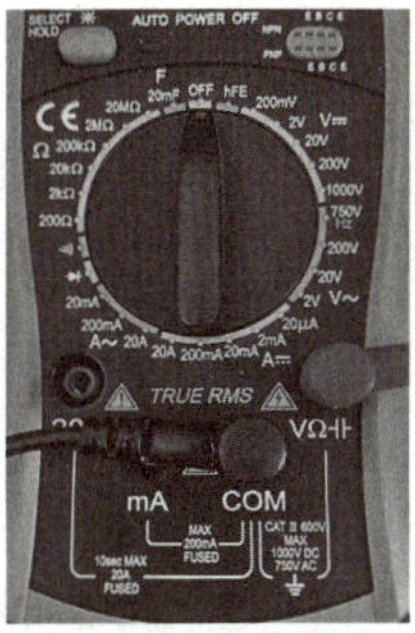

图 2-2-3　红、黑表笔连接

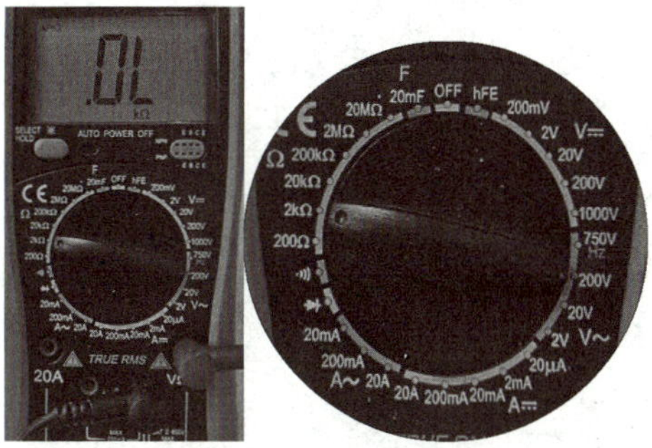

图 2-2-4　选择挡位与量程

(3) 调零检验，读出调零值。将红、黑表笔短接，如图 2-2-5 所示，读出调零值，一般为 0，若有数值，在测完电阻后，需将调零值减去，读数值与调零值的差才是电阻的实际阻值。

(4) 连接电阻，测量阻值。红、黑表笔分别连接电阻的两端，没有正负极之分，一定要确保接触良好，如图 2-2-6 所示。

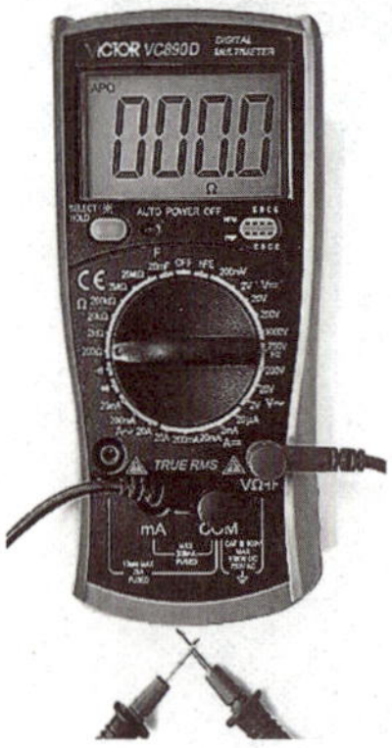

图 2-2-5　调零检验

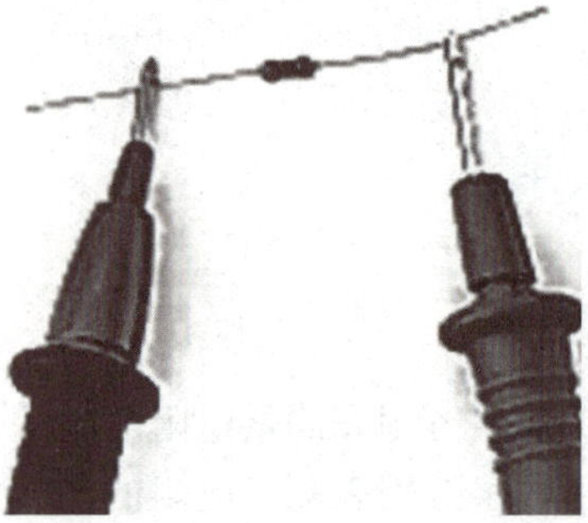

图 2-2-6　红、黑表笔连接电阻的两端

(5) 读出读数。读出数字万用表显示的数据，注意单位，如图 2-2-7 所示。

图 2-2-7　读出读数

(6) 清洁场地、工具及设备。整理好汽车电工电子实验箱，如图 2-2-8 所示。

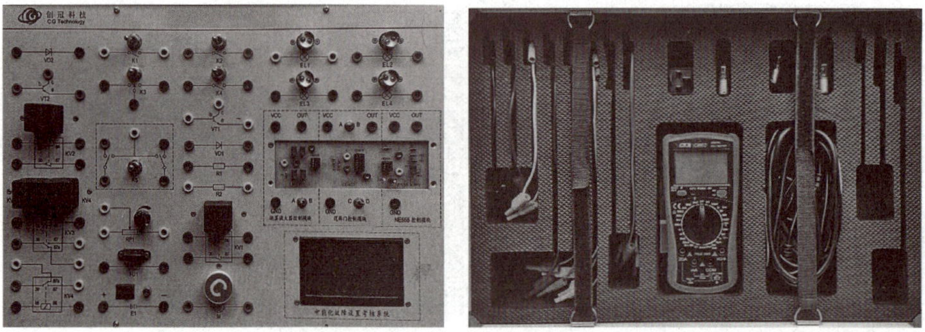

图 2-2-8　整理好汽车电工电子实验箱

（二）用数字万用表电阻挡测量色环电阻

色环电阻：量程根据阻值进行选择，阻值应与色环标识一致，将数据填入表2-2-1。

表2-2-1 测量色环电阻的阻值

色环电阻名称	挡位和量程	调零值	读数值	实际电阻值	是否正常
电阻 $R1$					
电阻 $R2$					
电阻 $R3$					
电阻 $R4$					
电阻 $R5$					
电阻 $R6$					
电阻 $R7$					
电阻 $R8$					

（三）操作规范

（1）选择量程的原则：数字万用表为了精确测量，一般以“能读出数值的最小量程”为最佳量程。

（2）电阻挡调零：对于数字万用表，在200Ω与200MΩ挡位时，红、黑表笔要相互连接一下，读出读数，然后再将被测电阻接在红、黑表笔之间，读出读数，两次读数之差就是该电阻的阻值。

（3）被测电阻应在不带电的情况下进行测量，防止损坏数字万用表。

（4）被测电路不能有并联支路，以免影响精度，即手不得接触表笔的金属部分。

（5）当被测电阻在1MΩ以上时，需数秒后方能稳定读数（数字万用表）。

（6）测量完毕，应将功能与量程选择开关旋至空挡、“OFF”位或者交流电压最大挡，以防止在电阻挡上表笔短接时消耗电池，更重要的是，可防止下次使用时忘记换挡即用电阻挡去测量电压或者电流，从而损坏数字万用表。

任务评价

对本任务进行评分，标准如表2-2-2所示。

表 2-2-2　用数字万用表测量电阻评分标准

考核项目及内容		评分标准	分数	学生自评	小组互评	教师评价	小计
团队合作		是否和谐	5				
活动参与		是否积极主动	5				
安全生产		有无安全隐患	10				
现场 7S		是否做到	10				
任务方案		是否正确、合理	15				
操作过程	前期准备	整理工位及工位布置，设备的外观检查	5				
操作过程	连接表笔	根据所测内容正确连接表笔	5				
操作过程	选择挡位与量程	根据所测电阻选择合适的挡位与量程	5				
操作过程	调零检验	在所测挡位红、黑表笔对接一下，读出读数	5				
操作过程	连接电阻	不带电测量，接触良好，手不接触表笔的金属部分	5				
操作过程	正确读数	测量值与调零值之差就是该电阻的阻值，注意单位	5				
任务完成情况		是否圆满完成任务	5				
工具和设备使用		是否规范、标准	10				
劳动纪律		是否严格遵守	5				
实训工单填写		是否完整、规范	5				
总分			100				
教师签名：		年　月	日	得分			

任务三 电压、电位、电动势及其测量

任务导入

某辆汽车无法起动，打开点火开关，起动无力，打开前照灯，灯光微弱，初步检查时对汽车蓄电池（见图 2-3-1）电压进行测量，发现蓄电池电压低于 12V。那么，什么是电压？与电压相关的物理量还有哪些？你会测量蓄电池电压吗？

图 2-3-1 汽车蓄电池

知识介绍

一、电压

电压，可以类比我们平时生活中的水压。比如，抽水机推动水往高处流，高位和低位的水产生水位差，让水在水管中循环流动，电路中的电源就充当了抽水机的角色——提供电位差（电势差），让电流流动起来，如图 2-3-2 所示。

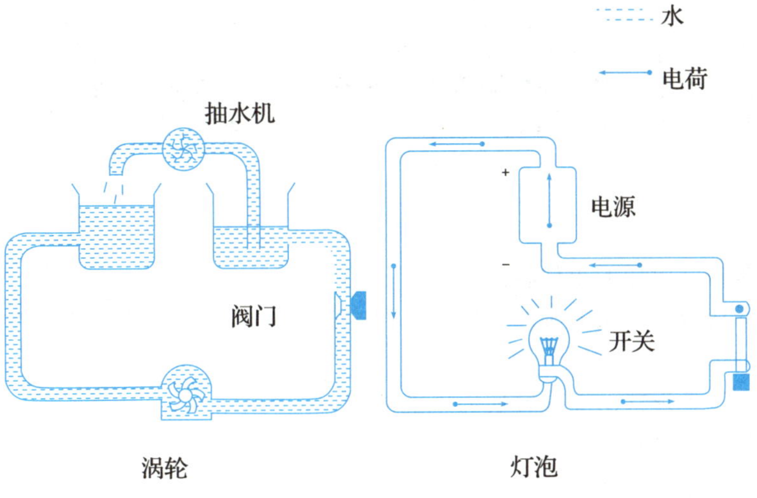

图 2-3-2 水压与电压类比图

在电路中，任意两点之间的电位差称为这两点之间的电压。电压通常用字母 U 表示，单位是 V（伏特，简称伏），公式表示为 $U_{AB}=V_A-V_B$。电压的常用单位还有 kV（千伏）、mV（毫伏）、μV（微伏）。

换算关系是

$$1kV=1\,000V, 1V=1\,000mV, 1mV=1\,000\mu V$$

电压的正方向规定：从高电位指向低电位，即电位降低的方向。因此，电压也常被称为电压降。

电压的大小可用电压表或者万用表测量，具体测量方法见实训内容。

二、电位

在实际应用时，仅知道两点间的电压往往不够，还需要知道这两点中哪一点的电位高，哪一点的电位低。例如，对于半导体二极管来说，只有其正极电位高于负极电位时才导通；对于直流电动机来说，绕组两端的电位高低不同，电动机的转动方向可能是不同的。

电场力将单位正电荷从某点移到参考点（零电位点）所做的功叫作该点的电位，常用带下标的字母 V 表示，如 V_1、V_A 等，单位是 V（伏特，简称伏）。所以，电路中某一点的电位就是该点到参考点之间的电压。公式表示为 $V_A=U_{AO}$，其中，O 为参考点，电位为 0V。

原则上来说，参考点是任意选定的，但汽车电路中常以机壳为参考点，电力中常以大地为参考点，即零电位点，用符号 ⏚（接大地）和 ⊥（接机壳）表示。通常我们将参考点的电位规定为零电位，高于参考点的电位为正电位，低于参考点的电位为负电位。

注意：电位和电压是有区别的。电位是相对值，与参考点的选择有关；电压则是绝对值，与参考点的选择无关。

三、电动势

电源的作用与水泵相似。在电源内部，电场力把正电荷从负极移到正极所做的功 W 与被移动的电量 Q 的比值叫作电源的电动势，用字母 E 表示，公式为

$$E=\frac{W}{Q}$$

电动势的单位与电压的单位相同，有 V、kV、mV、μV。

电动势的方向规定：从电源的负极经电源内部指向正极，即电位升高的方向。电动势的方向与电压方向相反。

电动势是把其他形式的能量转换为电能的能力。

汽车蓄电池的电动势通常为 12V。

榜样力量

陈小龙：20 余年坚守创新　为国产碳化硅“开路”

“要么做真正原创性的基础研究，要么做意义重大、促进产业发展的研究，不能做一些‘两不靠’的工作，这些意义不大，我们的理想是两者兼顾。”这是中国科学院物理研究所研究员陈小龙一直以来坚守的信念。

陈小龙长期从事第三代半导体材料碳化硅晶体制备的基础和应用基础研究。20 多年来，

他带领团队从零开始自主创新，抢占科技制高点，打破国外封锁，实现碳化硅单晶国产化。

2023 年底，陈小龙带领团队另辟蹊径，实现了晶圆级立方碳化硅单晶生长的新突破。该晶体区别于目前应用广泛的六方碳化硅（4H-SiC），有望制备出更高性能的碳化硅基晶体管。这是国际首次获得可量产、可商业化的晶圆级立方碳化硅单晶生长技术。陈小龙获评 2023 年中国科学院年度创新人物。

一、“另辟蹊径”取得新突破

作为第三代半导体材料，碳化硅晶体是新能源汽车、光伏和 5G 通信等行业急需的战略性半导体材料，是材料领域发展最快、国际竞争最激烈的方向之一。

目前已发现的碳化硅类型有 200 多种，其中商业化应用最为广泛的碳化硅晶型之一是六方碳化硅。然而，高质量碳化硅单晶生长极其困难，不仅要满足 2 300℃以上的高温制备条件，其在生长过程中还喜欢“七十二变”，极不稳定，因此，只有少数国家掌握了碳化硅晶体生长技术细节。

陈小龙深知，立方碳化硅晶体生长难点在于其生长过程中很容易发生相变、不稳定，不能获得大尺寸单一晶型的晶体，因此必须探索新的生长方法。2017 年，他决定开辟新赛道，探索液相碳化硅晶体生长新方法。

历时 4 年，陈小龙团队在过去研究的基础上，创新性地提出了调控固—液界面能，在异质籽晶上较同质籽晶优先形核和生长的学术思想。他们以该思想为指导，在高温下测出了熔体和不同晶型立方体晶体的界面能变化规律，利用高温液相法抑制了生长过程中的相变，生长出了直径为 2～4 英寸（1 英寸＝2.54cm）、厚度为 4～10mm 的单一晶型立方碳化硅单晶。这是国际上首次制备出晶圆级、高质量的大块立方碳化硅晶体。

“如果在传统六方碳化硅方面我们还在追赶，那么在新一代立方体碳化硅方面，我们已经走在了世界前列。”陈小龙自豪地说。

二、35 岁“从零开始”“不能放弃”

陈小龙之所以能做出别人没做出的材料，离不开他在这一领域数十年的深耕和坚守。从无到有、从跟跑到并跑甚至开始领跑的过程，需要魄力和耐心。

20 世纪 90 年代，在中国，碳化硅单晶研究是“冷门”方向，而当时美国半导体行业发展迅速，碳化硅开始商业化，美国科学家成功研发的碳化硅衬底 LED 技术更是引发广泛关注。那时，30 多岁的陈小龙在结构分析和物相关系研究领域已颇有成就，当大洋彼岸传来这一消息时，他意识到，宽禁带半导体行业未来的发展不可估量。

“我认为它很有潜力，如果做出来，对中国一定非常有用。”陈小龙回忆。

1999 年，在当时研究所领导和实验室负责人的支持下，35 岁的陈小龙正式“改行”并担任晶体生长组的组长。在事业上升期“从零开始”做研究，非常需要勇气。

经过 7 年的努力，他们将晶体从早期不足 10mm 的生长尺寸扩大到 2 英寸，有了全自主的设备制造和晶体生长完整技术路线，实现了从无到有的重大突破。

陈小龙没有停下脚步，他带领团队逐步实现了高质量的 2～8 英寸碳化硅晶体的稳定生长，并实现了产业应用。此外，他们还发明了等面积多线切割技术、新型研磨液和抛光液，大幅降低了加工成本。

陈小龙很少提及“坐冷板凳”的那段历程，当被问及最难的时候是否想过放弃，他淡淡地回道，“不能放弃，国家已经投入了很多，要有一个交代。”

三、外国已经“卡”不住我们了

基础研究的突破为产业发展带来了强劲的动力和支持。

2006 年，陈小龙在无经验可借鉴的情况下，与有关方面合作创办了国内第一家碳化硅晶体产业化企业——北京天科合达半导体股份有限公司（以下简称“天科合达”），建立了完整的碳化硅晶片生产线。

他们历经 10 年蛰伏，直到 2016 年前后一朝绽放。随着新能源汽车的发展、国家“双碳”目标的提出，碳化硅成为国家新型材料的“宠儿”。

如今，天科合达向国内 100 多家科研机构和企业批量供片，在导电型碳化硅衬底供应商中市场排名国内第一、国际第四。

碳化硅晶体的国产化，满足了国家重大需求，带动了 20 余家国内企业进入下游器件、封装和模块产业，促使国内形成了完整的碳化硅半导体产业链，带动了我国宽禁带半导体产业的发展，促进我国新能源汽车和光伏等产业进入世界前列。

“目前，晶体、衬底基本可以满足国产需求，无论是质量还是产量都实现了自主可控。”陈小龙欣慰地说，“经过多年的努力，外国已经‘卡’不住我们的脖子了。”

“尺寸越来越大，缺陷越来越少，质量越来越好”是陈小龙的梦想。

2017 年，陈小龙带领团队在松山湖材料实验室开展碳化硅同质外延技术的研究，为碳化硅器件的制备提供外延片。他们发展了特色的外延技术，解决了外延片生长厚度和载流子均匀性的问题，并开始推动高质量外延片的产业化。

近年来，陈小龙再次“归零”，他带领团队致力于先进功能材料设计和新物性与新现象的探索。这又是一项“从 0 到 1”、从无到有的工作。

“新颖的结构会带来新的物理性质，我们探索一些新型材料和结构，发掘新现象，深入理解结构和物理性质之间的关联。”陈小龙说。前路还有诸多未知，但这一次，他更有底气和信心。

资料来源：韩扬眉，蒲雅杰．20 余年坚守创新　他为国产碳化硅“开路”．中国科学报，2024－02－05.

任务实施

一、实训目标

（1）会根据电路图，按要求连接线路。

（2）会用数字万用表测量电动势、电压、电位等。

二、实训准备

（1）工具准备：常用工具套装、数字万用表。

（2）实训设备：汽车电工电子实验箱。

（3）辅助资料：教材、实训工单。

（4）安全防护：实训着装。

用数字万用表测量电位、电压

三、实训步骤

（一）元器件选择与线路连接

（1）检查校验所提供的仪器设备。

（2）根据电路图选择合适的元器件，确保汽车电工电子实验箱电源断开，然后按序号识别、测量元器件，进行检测并判断好坏。

（3）根据图 2-3-3，按连线规范要求完成线路连接。

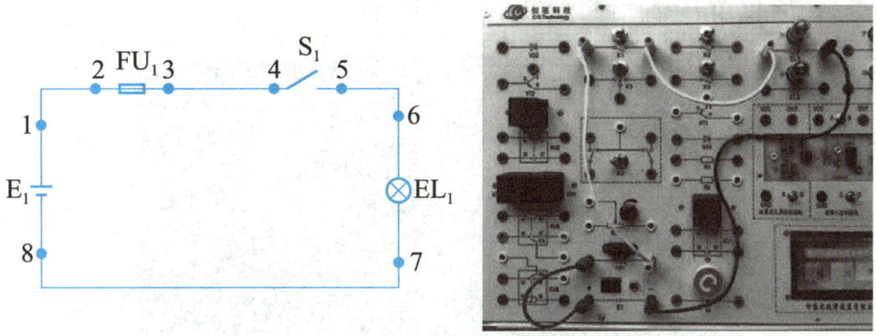

图 2-3-3　基本电路图及实物连线图

（二）具体实施

1. 用数字万用表测量电动势、电压与电位的步骤

（1）连接表笔。红色表笔插入 VΩ 孔，黑色表笔插在 COM 孔，插到底，确保数字万用表能正常使用，如图 2-3-4 所示。

（2）选择挡位与量程。将功能与量程选择开关置于直流电压挡，并根据电压值选择合适的量程，如图 2-3-5 所示；将数字万用表并联接入电路，测电动势、电压和电位值。

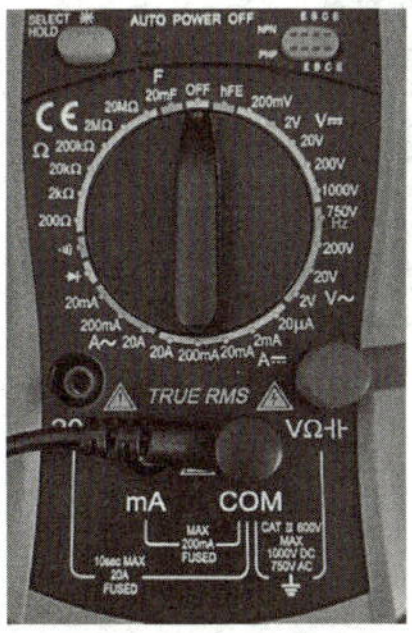

图 2-3-4　连接红、黑表笔

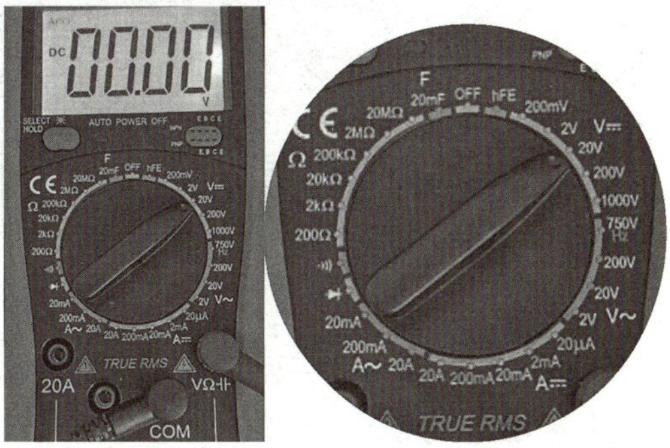

图 2-3-5　选择挡位与量程

①测电动势：以测量汽车电工电子实验箱的电源电动势为例，将红表笔与电源的正极（1 点）连接，黑表笔与电源的负极（8 点）连接，数字万用表显示的电压值即为该电源电动势，如图 2-3-6 所示。

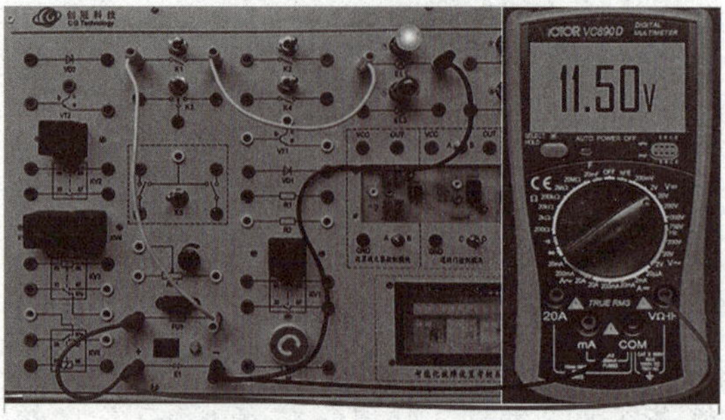

图 2-3-6　测量汽车电工电子实验箱的电源电动势

②测电压：以测量灯泡 EL_1 两端的电压为例，红表笔接高电位点（6 点），黑表笔接低电位点（7 点），读出电压值，如图 2-3-7 所示。

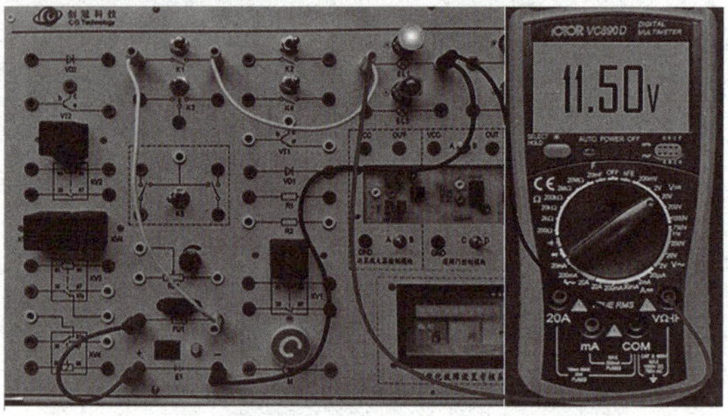

图 2-3-7　测量灯泡 EL_1 两端的电压

③测电位：以测量 3 点电位为例，红表笔接测量点（3 点），黑表笔接电源负极（8 点），数字万用表显示的电压值即为该点的电位，如图 2-3-8 所示。

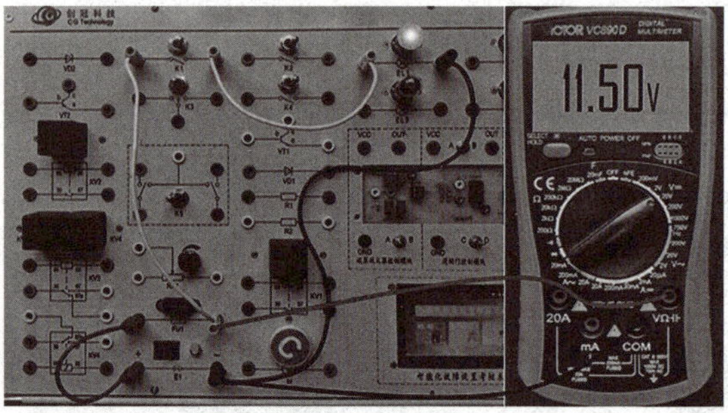

图 2-3-8　测量电路中某点的电位

（3）读出读数：读出数字万用表显示的数据，注意单位。

2. 测量电动势、电压、电位

使用数字万用表检测表 2-3-1 中的内容，并填入表格。

表 2-3-1　用数字万用表测量电动势、电压、电位

测量内容	测量点	S_1 状态		判断结果
		断开	闭合	
电动势/V	U_{E_1} (1—8)			
电压/V	U_{S_1} (4—5)			
	U_{EL_1} (6—7)			
电位/V	1			
	2			
	3			
	4			
	5			
	6			
	7			

3. 结束整理

将功能与量程选择开关置于“OFF”位，拔下表笔，清洁场地、工具，如图 2-3-9 所示。

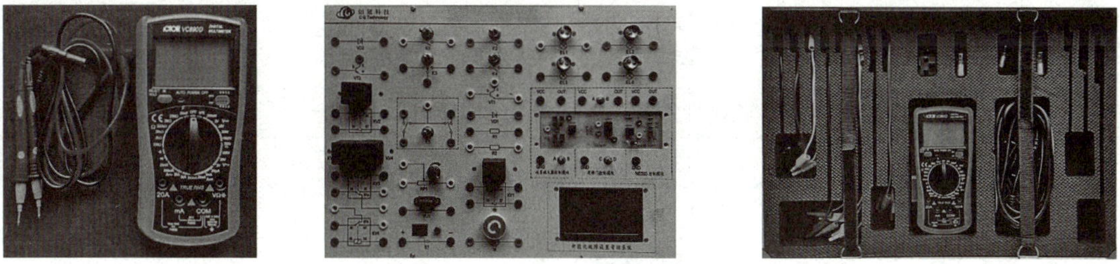

图 2-3-9　结束整理

（三）操作规范

1. 量程选择

应根据被测电压值选择电压挡合适的量程，当被测电压值无法估计时，应选用最大电压量程挡进行粗测，再转换合适的量程进行测量。

2. 测量方法

红、黑表笔应与被测电路并联连接，要测汽车电路中某点的电位，只需将红表笔接在被测点上，黑表笔与汽车外壳连接即可。

3. 操作要点

一般红表笔接正极，黑表笔接负极，对于数字万用表，若读数为负，则说明红表笔接在了低电位点，而黑表笔接在了高电位点，两表笔交换位置即可测得正值。

4. 结束整理

测试完毕，将功能与量程选择开关置于空挡、“OFF”位或者交流电压最高挡位。

任务评价

对本任务进行评分，标准如表 2－3－2 所示。

表 2－3－2　用数字万用表测量电动势、电压、电位评分标准

<table>
<tr><th colspan="2">考核项目及内容</th><th>评分标准</th><th>分数</th><th>学生自评</th><th>小组互评</th><th>教师评价</th><th>小计</th></tr>
<tr><td colspan="2">团队合作</td><td>是否和谐</td><td>5</td><td></td><td></td><td></td><td></td></tr>
<tr><td colspan="2">活动参与</td><td>是否积极主动</td><td>5</td><td></td><td></td><td></td><td></td></tr>
<tr><td colspan="2">安全生产</td><td>有无安全隐患</td><td>10</td><td></td><td></td><td></td><td></td></tr>
<tr><td colspan="2">现场 7S</td><td>是否做到</td><td>10</td><td></td><td></td><td></td><td></td></tr>
<tr><td colspan="2">任务方案</td><td>是否正确、合理</td><td>15</td><td></td><td></td><td></td><td></td></tr>
<tr><td rowspan="5">操作过程</td><td>前期准备</td><td>整理工位及工位布置，设备的外观检查</td><td>6</td><td></td><td></td><td></td><td></td></tr>
<tr><td>选择导线与元器件</td><td>会正确检测导线与元器件</td><td>6</td><td></td><td></td><td></td><td></td></tr>
<tr><td>连接电路</td><td>会根据电路图正确连接电路</td><td>6</td><td></td><td></td><td></td><td></td></tr>
<tr><td>测量电动势、电压与电位</td><td>会测电路中的电动势、电压与电位</td><td>6</td><td></td><td></td><td></td><td></td></tr>
<tr><td>操作规范</td><td>正确使用数字万用表</td><td>6</td><td></td><td></td><td></td><td></td></tr>
<tr><td colspan="2">任务完成情况</td><td>是否圆满完成任务</td><td>5</td><td></td><td></td><td></td><td></td></tr>
<tr><td colspan="2">工具和设备使用</td><td>是否规范、标准</td><td>10</td><td></td><td></td><td></td><td></td></tr>
<tr><td colspan="2">劳动纪律</td><td>是否严格遵守</td><td>5</td><td></td><td></td><td></td><td></td></tr>
<tr><td colspan="2">实训工单填写</td><td>是否完整、规范</td><td>5</td><td></td><td></td><td></td><td></td></tr>
<tr><td colspan="3">总分</td><td>100</td><td></td><td></td><td></td><td></td></tr>
<tr><td colspan="4">教师签名：　　　　　　　　　　年　　月　　日</td><td colspan="2">得分</td><td colspan="2"></td></tr>
</table>

任务四　电流及其测量

任务导入

汽车在夜间行驶时，经常会用到灯光，使驾驶人能辨明 100m 以内道路上的情景。当我们把灯光开关打到近（远）光灯时，汽车前照灯就会亮起来（见图 2－4－1）。前照灯会亮，是因为有电流流过它。远光灯、近光灯亮度不同，是因为电流的大小不同。那么，什

么是电流？电流的大小如何定义？它的方向又是如何规定的？怎样测量电流的大小呢？

图 2-4-1　汽车前照灯

知识介绍

一、电流的形成

电荷有规则地定向移动形成电流。在金属导体中，电流是自由电子在外电场作用下有规则地移动形成的，如图 2-4-2 所示；在电解液中，电流是由正、负离子在电场作用下有规则地移动形成的。

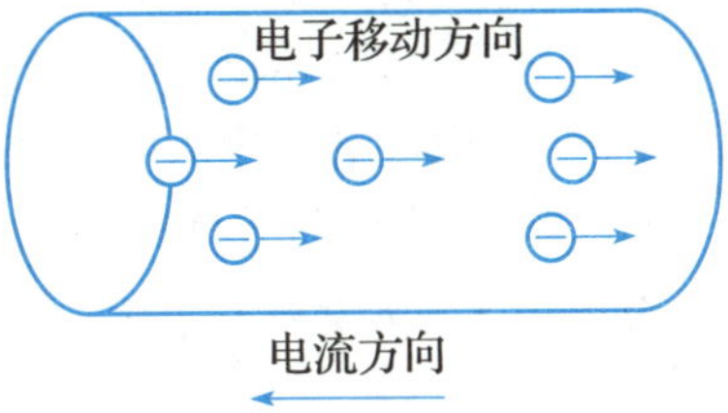

图 2-4-2　金属导体中自由电子的移动

二、电流的方向

习惯上规定正电荷定向移动的方向为电流的方向。因此，金属导体中电流方向与自由电子定向移动方向相反；电解液中电流方向与正离子移动方向相同，与负离子移动方向相反。

电路闭合时，在电源的外部，电流的方向是从电源正极出发经用电器回到电源负极；在电源的内部，电流的方向是从电源负极流向正极。图 2-4-3 中的箭头表示电流方向。

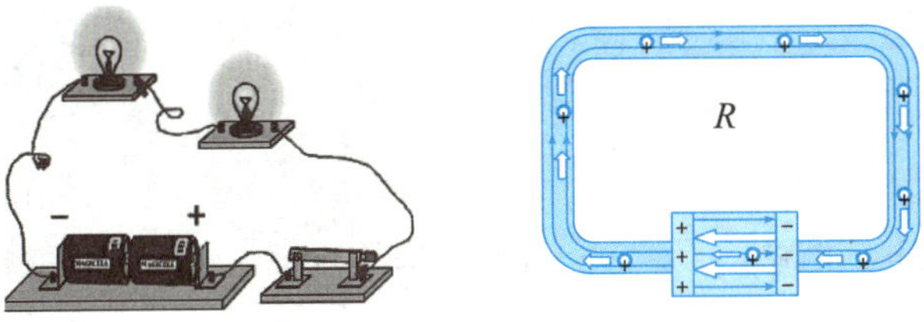

图 2-4-3　闭合电路中的电流方向

在分析与计算电路时，有时事先无法确定电路中电流的实际方向。为了计算方便，常常先假设一个电流方向，称为电流的参考方向，用箭头在电路图中标明。如果计算结果的电流为正值，则说明电流的实际方向与参考方向一致；如果计算结果的电流为负值，则说明电流的实际方向与参考方向相反，如图 2-4-4 所示。若不规定电流的参考方向，则电流的正、负号是无意义的。

（a）两个方向相同　　（b）两个方向相反

图 2-4-4　电流的参考方向与实际方向

三、电流大小的定义

电流的大小等于通过导体横截面的电荷量与通过这些电荷量所用时间的比值，用字母 I 表示。在国际单位制中，电流的单位是 A（安培，简称安）。

其定义式为

$$I=\frac{q}{t}$$

式中，I——电流，单位是 A（安）；

q——通过导体横截面的电荷量，单位是 C（库）；

t——通过电荷量所用的时间，单位是 s（秒）。

如果在 1s 内通过导体横截面的电荷量是 1C，那么导体中的电流就是 1A。电流的常用单位还有 mA（毫安）和 μA（微安），它们之间的换算关系为

$$1\text{A}=10^3\text{mA}=10^6\mu\text{A}$$

四、电流的类型

电流既有大小又有方向，电流方向只表明电荷的定向移动方向。常见的电流类型有直流（恒定）电流、脉动直流电流和交变电流（交流）三种，如图 2-4-5 所示。

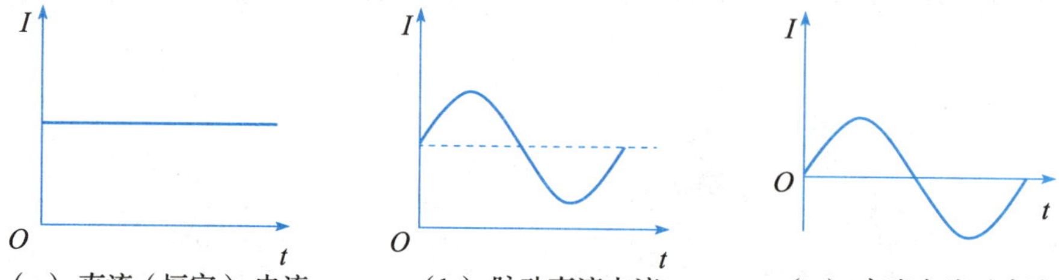

（a）直流（恒定）电流　　（b）脉动直流电流　　（c）交流电流（交流）

图 2-4-5　常见的电流类型

（1）直流（恒定）电流：其电流的大小和方向都是不随时间变化的。在以电流为纵坐标、时间为横坐标的坐标图上，它是一条平行于横坐标轴的直线。

（2）脉动直流电流：其电流的大小随时间变化，但方向不变。直流发电机的输出电流以及交流发电机经过整流后的电流都属于脉动直流电流，在坐标图上，其值均处于横坐标轴的上方。

（3）交变电流（交流）：其电流的大小和方向都随时间做周期性的变化，如锯齿波电流、矩形波电流、正弦波电流。在坐标图上，其值周期性地处于横坐标轴的上方或下方。

简单来说，按方向是否变化来分，电流也可以分为直流和交流两种，直流电流的文字符号用字母“DC”表示，图形符号为“＝”。交流电流的文字符号用字母“AC”表示，图形符号为“～”。

汽车小知识

汽车中的不同电流

汽车起动机（见图 2-4-6）的工作电流，常见的轿车为 80～200A，新旧程度不同、排量功率不同时工作电流不同；一般客车（中型客车、团体客车、长途客车、旅游客车等）为 100～500A；常见卡车（小型货车、中型货车、卡车、半挂卡车等）为 70～700A；房车、专用车、工程车、城市环保用车、警用军用车等为从几十安到上千安。

汽车仪表盘（见图 2-4-7）的工作电流一般为 2～5A。

图 2-4-6 汽车起动机

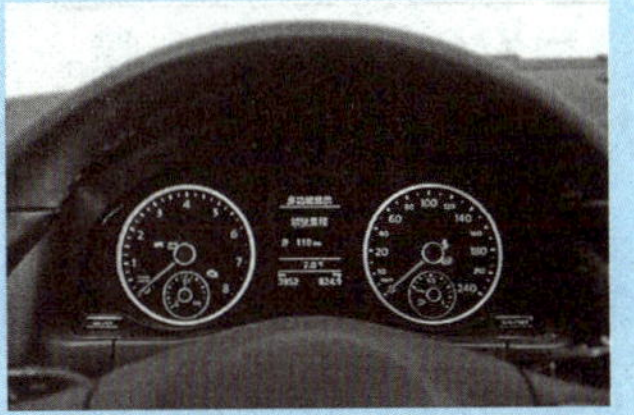

图 2-4-7 汽车仪表盘

前照灯的功率不同时工作电流有大有小，近光灯常见功率在 35～75W，工作电流 12V 电系 3～6A，24V 电系 1.5～4.5A；远光灯常见功率在 50～150W，工作电流 12V 电系 4～13A，24V 电系 2～7A；自己换装安装的非标大功率灯泡、氙气灯等，工作电流在 10～30A；新开发的 LED 前照灯，工作电流较小，一般在 1～5A。

任务实施

一、实训目标

（1）掌握用数字万用表测量直流电流的方法和注意事项。

（2）学会用数字万用表测量直流电流。

二、实训准备

（1）工具准备：常用工具套装、数字万用表。

（2）实训设备：汽车电工电子实验箱。

（3）辅助资料：教材、实训工单。

（4）安全防护：实训着装。

用数字万用表测量直流电流

三、实训步骤

（一）元器件选择与线路连接

（1）检查校验所提供的仪器设备。

（2）根据电路图选择合适的元器件，确保汽车电工电子实验箱电源断开，然后按序号识别、测量元器件，并判断好坏。

（3）根据图 2－4－8 所示的基本电路图，按连线规范要求完成线路连接。

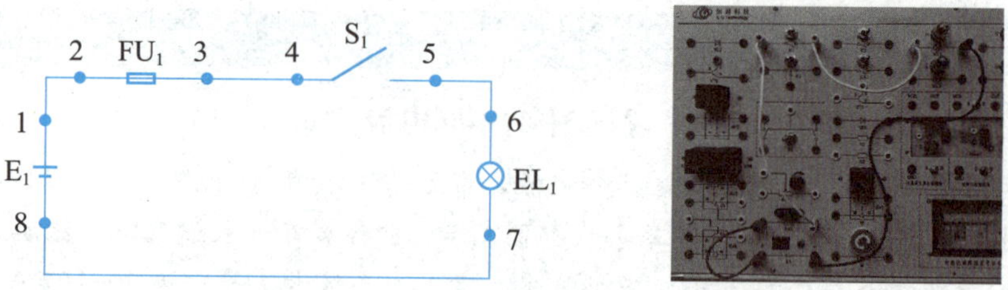

图 2－4－8　基本电路图及实物连线图

（二）具体实施

1. 用数字万用表测量电流的步骤

（1）连接表笔。红色表笔插入 20A 或者 mA 孔，黑色表笔插在 COM 孔，确保数字万用表正常使用，如图 2－4－9 所示。

（2）选择挡位与量程。测量直流电流用直流电流挡，如图 2－4－10 所示。若未知电流值大小，量程从大往小调节。

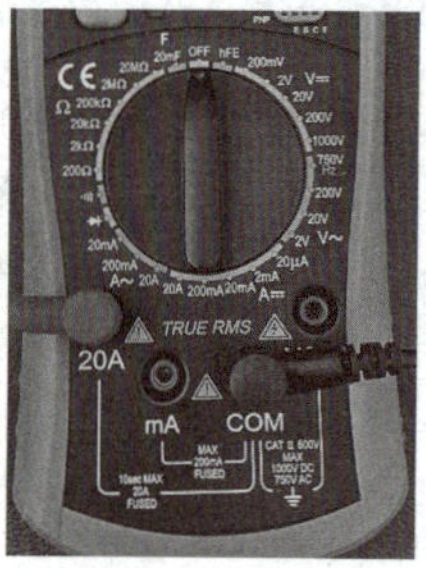

图 2－4－9　连接表笔

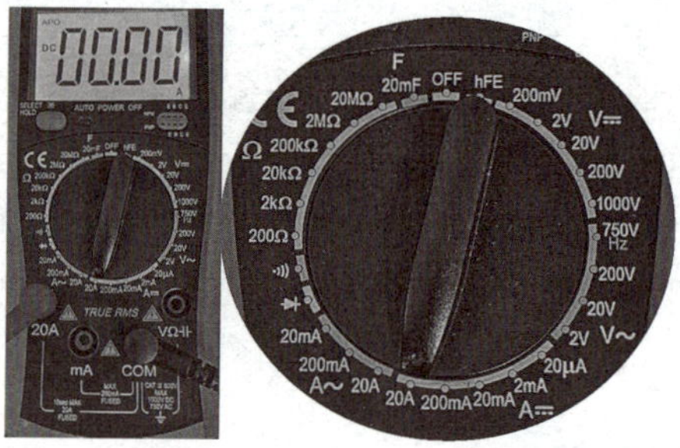

图 2－4－10　选择挡位与量程

（3）串联接入电路，测电流值。将电源开关、电路断开（见图 2－4－11），并留出两个测量点，红表笔接电流流入端（或高电位端），黑表笔接电流流出端（或低电位端），如图 2－4－12 所示。

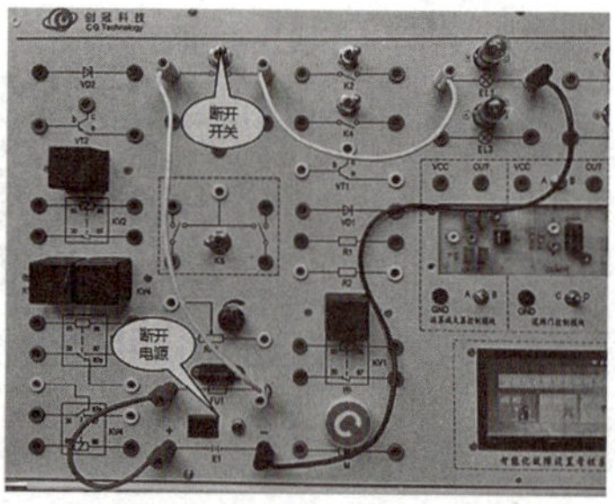

图 2－4－11　将电源开关、电路断开

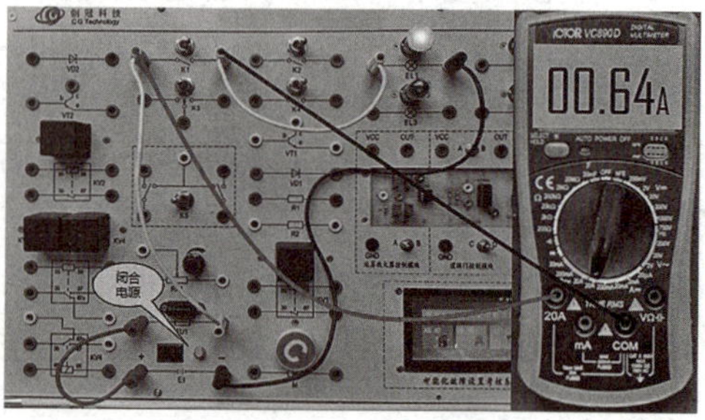

图 2－4－12　测电流值

（4）读出读数。读出数字万用表显示的数据，注意单位，如图 2－4－13 所示。

图 2-4-13 读出读数

2. 测量电路电流

使用数字万用表测量表 2-4-1 中的内容，并填入表格。

表 2-4-1 测量电路电流

测量部位	挡位与量程	电流值	结果判断
I_{FU_1}			
I_{S_1}			
I_{EL_1}			
I_{1-2}			
I_{7-8}			

3. 结束整理

将功能与量程选择开关置于“OFF”位，拔下表笔，清洁场地、工具，如图 2-4-14 所示。

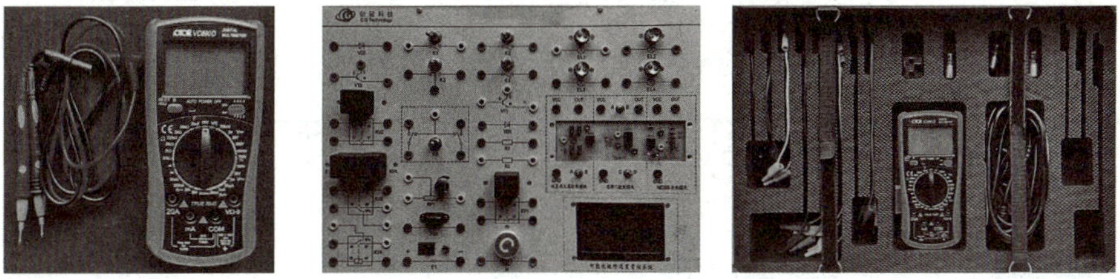

图 2-4-14 结束整理

（三）操作规范

（1）挡位与量程选择：应根据被测电流值选择合适的挡位与量程，当被测电流值无法估计时，应选用最大电流量程挡进行粗测，再变换量程进行测量。

（2）测量方法：数字万用表必须串联在被测电路中，严禁并联连接，防止仪表损坏。

（3）操作要点：测量电流时，要将被测电路断开，留出两个测量接触点，红表笔接靠近正极端，黑表笔接靠近负极端。

（4）结束整理：测试完毕将功能与量程选择开关置于空挡、“OFF”位或者交流电压最高挡位。

任务评价

对本任务进行评分，标准如表 2－4－2 所示。

表 2－4－2　用数字万用表测量直流电流评分标准

考核项目及内容		评分标准	分数	学生自评	小组互评	教师评价	小计
团队合作		是否和谐	5				
活动参与		是否积极主动	5				
安全生产		有无安全隐患	10				
现场 7S		是否做到	10				
任务方案		是否正确、合理	15				
操作过程	前期准备	整理工位及工位布置，设备的外观检查	6				
	选择导线与元器件	会正确检测导线与元器件	6				
	连接电路	会正确连接电路	6				
	测量电流	会测量电路中的电流	6				
	操作规范	正确使用数字万用表	6				
任务完成情况		是否圆满完成任务	5				
工具和设备使用		是否规范、标准	10				
劳动纪律		是否严格遵守	5				
实训工单填写		是否完整、规范	5				
总分			100				
教师签名：		年　月　日		得分			

任务五　电能与电功率

任务导入

在汽车上，经常会看到一些铭牌，上面普遍会有功率这一栏，如图 2－5－1所示的两辆比亚迪汽车的电动机功率分别为 80kW 和 60kW。日常生活中的用电器，通常也标有额定功率，如“220V 40W”的白炽灯、“220V 55W”的电风扇、“220V 1 500W”的电吹风、“220V 1 000W”的电饭煲等，如果给以上家用电器两端都加上 220V 的电压，请问连续使用 1h 后，哪个家用电器消耗的电能最多？哪个家用电器消耗的电能最少？

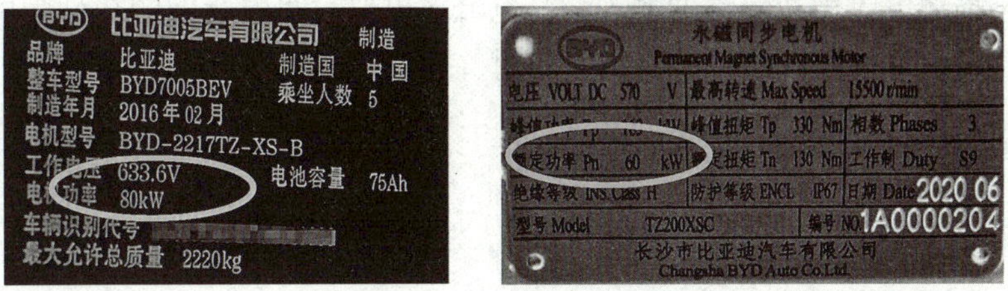

图 2-5-1　汽车上的铭牌

实际上，以上家用电器连续使用 1h，电吹风消耗的电能最多，而白炽灯消耗的电能最少。那么，什么是电能？什么是电功率？电能与电功率之间又有什么关系呢？

知识介绍

一、电能

电流能使电灯发光、电动机转动、电炉发热……这些都是电流做功的表现。在电场力的作用下，电荷定向移动形成的电流所做的功称为电能，又叫电功（单位为 J，焦耳，简称焦）。在实际应用中，电能常用 kW·h（千瓦时，俗称度）为单位。电流做功的过程就是将电能转化为其他形式的能的过程。

$$1\text{度}=1\text{kW}\cdot\text{h}=3.6\times10^{6}\text{J}$$

例如，40W 的灯泡，工作 25h，其消耗的电能是 1kW·h，即耗 1 度电。

如果加在导体两端的电压为 U，在时间 t 内通过导体横截面的电荷量则为电流所做的功，即电能 $W=Uq$。由于 $q=It$，所以电能公式为

$$W=UIt$$

式中，W——电能，单位是 J（焦）；

U——加在导体两端的电压，单位是 V（伏）；

I——导体中的电流，单位是 A（安）；

t——通电时间，单位是 s（秒）。

上式表明，电流在一段导体上所做的功，与这段导体两端的电压、导体中的电流和通电时间成正比。如果加在导体两端的电压为 1V，导体中的电流是 1A，则 1s 内的电能就是 1J。

对于纯电阻电路，欧姆定律成立，即 $U=IR$。代入上式得到：

$$W=\frac{U^2}{R}t=I^2Rt$$

二、电功率

在相同的时间内，电流通过不同的用电器所做的功，一般并不相同。例如，电流通过电动汽车的电动机所做的功，显然要比通过刮水器电动机所做的功大得多。为了表示电流

做功的快慢程度，引入电功率这一概念。

电功率是描述电流做功快慢的物理量。电流在单位时间内所做的功称为电功率。如果在时间 t 内，电流通过导体所做的功为 W，那么电功率为

$$P=\frac{W}{t}$$

式中，P——电功率，单位是 W（瓦）；

W——电能，单位是 J（焦）；

t——电流做功所用的时间，单位是 s（秒）。

在国际单位制中，电功率的单位是 W（瓦特，简称瓦）。电功率的常用单位还有 kW（千瓦），它们之间的关系为

$$1\text{kW}=1\,000\text{W}$$

对于纯电阻电路，电功率还可以写成：

$$P=UI=\frac{U^2}{R}=I^2R$$

三、电流的热效应

电流通过导体时会产生热量，使导体的温度升高，这就是电流的热效应。实验表明：电流通过导体时产生的热量，跟电流的平方、导体的电阻和通电时间成正比，这就是焦耳定律。其公式为

$$Q=I^2Rt$$

式中，Q——热量，单位是 J（焦）；

I——电流，单位是 A（安）；

R——电阻，单位是 Ω（欧）；

t——通电时间，单位是 s（秒）。

从能量转化的角度看，纯电阻电路是将电能全部转化为热能，即电功等于电热。例如，日常生活中的电炉、电饭煲、电热器等都是纯电阻电路。而非纯电阻电路是电流做功将电能主要转化为其他形式的能量（如机械能、化学能），但还有一部分电能转化为了热能，此时电功大于电热。例如，电动机转动、蓄电池充电等都是非纯电阻电路。

汽车小知识

汽车上常见的三种车灯的功率及特点

目前汽车大灯中最常用的三种车灯是卤素灯、氙气灯和 LED 灯（见图 2-5-2）。下面介绍这三种车灯的功率。

卤素灯：功率在 55～65W。卤素灯又称蜡烛灯，特点是颜色偏黄，显色性好，穿透性好，价格低廉。缺点是亮度差，流明值低，寿命为 300～500h，发光效率低。

图 2-5-2　汽车上常见的三种车灯

氙气灯：一般功率在 35～45W。氙气灯的特点是亮度高，功率低，使用寿命为 3 000～5 000h。缺点是散光严重，但是后来有了氙气灯的双镜头，这个问题就解决了。

LED 灯：22～26W 的低功耗。LED 灯色温更高，比氙气灯、卤素灯更白，起动无延迟，光束更集中，使用寿命超过 50 000h，体积小，安装方便。

任务实施

一、实训目标

（1）能够说明交流充电与直流充电的优缺点。
（2）能够正确识别常见的各类充电设备、设施。
（3）能够正确识读车辆组合仪表充电状态信息。
（4）能够规范完成车辆交流充电与直流充电操作流程。

二、实训准备

（1）工具准备：常用工具套装、数字万用表。
（2）实训设备：新能源汽车。
（3）辅助资料：教材、维修手册、实训工单。
（4）安全防护：实训着装、车辆防护。

三、实训步骤

（一）接受工作任务

客户王某两年前购买了一款北汽新能源 EV 系列纯电动汽车，最近充电时发现，无论是快充还是慢充，车辆都充不了电。新能源汽车服务有限公司维修车间的技师刘某对车辆进行检查后，发现是高压控制盒出现故障。故障修复完毕后，交与学徒工李某进行车辆快慢充验证。

（二）信息收集

1. 充电及其模式

纯电动汽车行驶消耗的是动力蓄电池的能量，动力蓄电池电量消耗后需要补充电量，通过把电网或者其他储能设备中的电能转移到车辆的蓄电池的过程就是充电。充电模式可分为常规充电、快速充电、电池快换、无线充电。

2. 充电桩的类型

按照安装方式分为落地式充电桩、挂壁式充电桩。

按照安装地点分为公共充电桩、专用充电桩。

按充电接口数分为一桩一充、一桩多充。

按照充电方式分为直流充电桩、交流充电桩、交直流一体充电桩。

3. 请说明充电界面（见图 2－5－3）各数值的含义

图 2－5－3　纯电动汽车充电界面

（三）制订计划

（1）请根据纯电动汽车充电操作流程的要求，制订作业计划，见表 2－5－1。

表 2－5－1　制订作业计划

序号	作业项目	注意事项
1	检查车辆电量	车辆电量亏损情况检查
2	检查充电设备	充电枪、充电线束损伤及型号情况检查
3	连接桩端充电枪	桩端充电口打开方式及端口情况检查
4	连接车端充电枪	车辆充电口打开方式及端口情况检查
5	检查充电桩充电状态	刷卡操作及充电桩充电确认状态检查
6	检查车辆充电状态	仪表充电信息情况及故障情况检查
7	结束充电	充电结算及车辆、场地设备归整
计划审核	审核意见 年　　月　　日　　签字	

（2）请根据作业计划，完成小组成员任务分工及准备检测设备、工具、材料，如表 2－5－2 所示。

表 2-5-2 小组成员任务分工及准备检测设备、工具、材料

操作人		记录员	
监护人		展示员	
作业注意事项 1. 实训前需检查车辆是否停放到位，充电连接装置是否破损 2. 实训时远离火源及可燃物，保证场地通风，避开雨雪天气 3. 充电过程中严格遵守课堂纪律，严禁私自触摸、拆卸充电设备 4. 实训时按要求完成充电操作流程即可，不需要将车辆充满电			
检测设备、工具、材料			
序号	名称	数量	是否清点
1	实训用车	1 辆	□已清点
2	慢充桩	1 个	□已清点
3	快充桩	1 个	□已清点
4	充电线	2 条	□已清点
5	纯电动汽车电卡	2 张	□已清点
6	实训工装	1 套	□已清点

(四) 实施计划

按照表 2-5-3 实施制订的实训计划。

表 2-5-3 纯电动汽车充电操作流程

1. 完成纯电动汽车充电作业前电量检查，并记录信息		
记录整车上电仪表信息		
	点火开关位置	□START □ON □ACC □LOCK
	挡位位置	□R □P □D □N
	动力电池 SOC	______%
2. 完成交流充电桩慢充操作流程，并记录信息		
①拉开慢充充电盖板开启手柄		
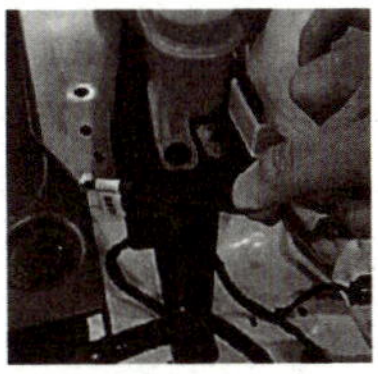	盖板开启手柄位置	
	慢充口位置	

续表

②打开充电盖板并检查慢充口		
	检查充电盖板	□正常弹开　□无法弹开
	慢充口针脚数量	□5 个　□7 个　□9 个
	检查充电口外观	□正常　□存在异物　□触头受损
③打开交流充电桩充电盖，连接桩端和车端充电枪		
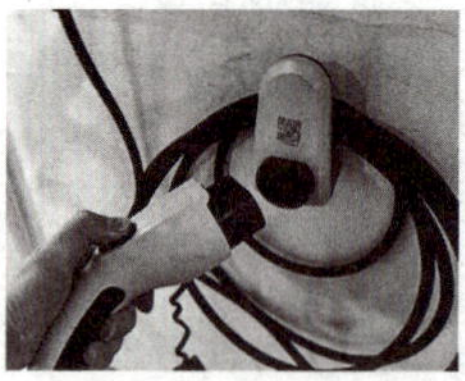	检查充电盖	□正常弹开　□无法弹开
	桩端充电枪连接状态	□紧固连接　□连接松动
	车端充电枪连接状态	□紧固连接　□连接松动
④按照充电桩使用方法，将充电卡进行刷卡/插卡操作，输入密码，选择充电方式		
	充电方式	
	充电桩指示灯	□电源　□连接　□充电　□故障
⑤检查仪表充电信息是否正常		
	充电电压	______ V
	充电电流	______ A
	充电线连接指示灯	□点亮　□熄灭
	仪表故障信息	□无　□有______
⑥进行刷卡/插卡操作，结束充电，清理场地，断开桩端和车端充电枪		
	充电时间	______分钟
	充电枪是否断开	□是　□否
	充电桩指示灯	□电源　□连接　□充电　□故障
3. 完成交流充电桩快充操作流程，并记录信息		
①打开充电盖板并检查快充口，连接充电枪		

续表

<table>
<tr><td rowspan="5"></td><td>快充口位置</td><td></td></tr>
<tr><td>检查充电盖板</td><td>□正常弹开　□无法弹开</td></tr>
<tr><td>快充口针脚数量</td><td>□5 个　□7 个　□9 个</td></tr>
<tr><td>检查充电口外观</td><td>□正常　□存在异物　□触头受损</td></tr>
<tr><td>充电枪连接状态</td><td>□紧固连接　□连接松动</td></tr>
<tr><td colspan="3">②按照充电桩使用方法，将充电卡进行刷卡/插卡操作，输入密码，选择充电方式</td></tr>
<tr><td rowspan="2"></td><td>充电方式</td><td></td></tr>
<tr><td>充电桩指示灯</td><td>□电源　□连接　□充电　□故障</td></tr>
<tr><td colspan="3">③检查仪表充电信息是否正常</td></tr>
<tr><td rowspan="4"></td><td>充电电压</td><td>______ V</td></tr>
<tr><td>充电电流</td><td>______ A</td></tr>
<tr><td>充电线连接指示灯</td><td>□点亮　□熄灭</td></tr>
<tr><td>仪表故障信息</td><td>□无　□有______</td></tr>
<tr><td colspan="3">④充电结束后，充电桩显示账单结算，清理场地，断开桩端和车端充电枪</td></tr>
<tr><td rowspan="4">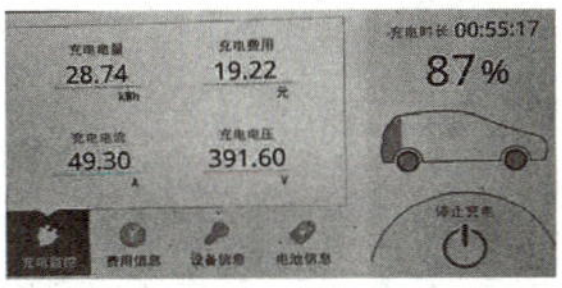</td><td>充电时间</td><td>______分钟</td></tr>
<tr><td>充电金额</td><td>______元</td></tr>
<tr><td>充电枪复位</td><td>□已复位　□未复位</td></tr>
<tr><td>关闭充电盖板</td><td>□已关闭　□未关闭</td></tr>
</table>

任务评价

对本任务进行评分，标准如表 2-5-4 所示。

表 2-5-4　纯电动汽车充电评分标准

考核项目及内容	评分标准	分数	学生自评	小组互评	教师评价	小计
团队合作	是否和谐	5				
活动参与	是否积极主动	5				
安全生产	有无安全隐患	10				
现场 7S	是否做到	10				

续表

考核项目及内容		评分标准	分数	学生自评	小组互评	教师评价	小计
任务方案		是否正确、合理	15				
操作过程	前期准备	整理工位及工位布置，设备的外观检查	5				
	接收工作任务	任务目标是否明确	5				
	信息收集	信息收集是否正确	5				
	制订计划	计划制订是否合理	5				
	计划实施	计划实施是否井然有序	5				
	操作规范	充电设备使用是否正确	5				
任务完成情况		是否圆满完成任务	5				
工具和设备使用		是否规范、标准	10				
劳动纪律		是否严格遵守	5				
实训工单填写		是否完整、规范	5				
总分			100				
教师签名：		年　月　日		得分			

项目小结

本项目主要介绍了汽车电路及其组成（电源、负载、中间环节）、电路的三种状态（通路、短路、断路）、电路图、常用元器件的实物图及图形符号、电路中的基本物理量（电阻、电压、电流、电能、电功率）及其测量与计算。为了使教学内容贴近生产生活实际，与工作岗位对接，教学中把实践操作性强、应用性强的内容，如“汽车电路组成的认知”“直流电压的测量”“直流电流的测量”等作为本项目的重点；为了使教学过程尽可能与生产过程对接，本教材通过实车实训、搭接电路等设置教学环境与载体，并为以后学习直流电路的基本定律、定理等电路分析方法做好准备。

同步练习

一、选择题

1. 电路中的电源是把其他能量转换为电能的电器，下列设备中，属于电源的是（　　）。

A. 汽车发电机　　B. 汽车电动机

C. 汽车发动机　　D. 汽车起动机

2. 电路的中间环节起传输、控制和分配电能的作用。下列属于中间环节的是（　　）。

A. 汽车蓄电池和发电机　　B. 汽车雨刮电动机和起动机

C. 汽车点火开关和熔断器　　D. 汽车喇叭和灯

3. 用数字万用表测量汽车蓄电池电压时，下列做法错误的是（　　）。

A. 黑表笔接蓄电池负极　　B. 选择直流电压挡

C. 红表笔插到“VΩHz”孔　　D. 量程可以选择10V或者20V

4. 一般汽油发动机汽车所用蓄电池的电动势为（　　）。

A. 6V　　B. 12V　　C. 24V　　D. 36V

5. 人体触电伤害的首要因素是（　　）。

A. 电压　　B. 电阻　　C. 电功率　　D. 电流

二、判断题

1. 导体的长度和横截面积都减小一半，其电阻值也减小一半。（　　）
2. 测量负载电阻时，若被测电阻存在并联支路，则测量结果容易出现偏差。（　　）
3. 负载中的电压方向和电流方向是一致的。（　　）
4. 由于满载很容易烧坏电器设备，所以一般情况下不允许电路出现满载。（　　）
5. 电源断路是一种很危险的状态，在电路中一定要避免。（　　）

三、简答题

1. 1A的电流在1min内通过某导体横截面的电量是多少？

2. 已知某电阻为30Ω，加在它两端的电压为12V，那么流过它的电流是多少？

3. 某电视机的额定功率为30W，平均每天开机4h，若每度电费为0.6元，则一年（以365天计算）要缴纳多少电费？

四、实训题

根据电路图选择合适的元器件，在实验设备上进行线路连接，对线路进行功能测试与分析，并填写元器件识读记录表和数据测量记录表。

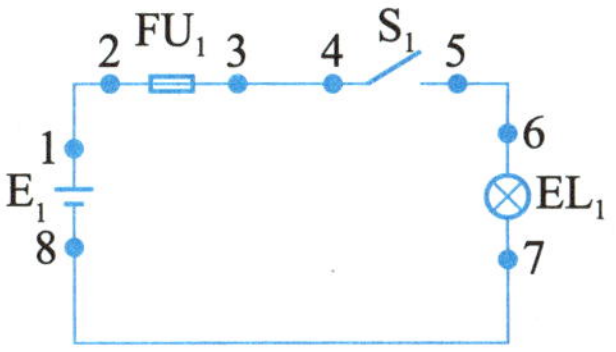

电路图

元器件识读记录表

序号	元器件名称	元器件测量记录	是否正常
1	熔断器 FU_1	量程：________ 电阻测量值：________欧姆	
2	白炽灯 EL_1	量程：________ 电阻测量值：________欧姆	
3	开关 S_1 断开	量程：________ 电阻测量值：________欧姆	
4	开关 S_1 闭合	量程：________ 电阻测量值：________欧姆	

数据测量记录表

测量内容	测量点	S_1 状态	
		断开	闭合
电位/V	1		
	2		
	3		
	4		
	5		
	6		
	7		
电流/A	I_{EL_1}		
电压/V	$U_{EL_1(6-7)}$		
工作状态	EL_1		

项目三

汽车常用元器件及其检测

- 任务一 汽车常用电阻元器件及其检测
- 任务二 汽车继电器及其检测方法
- 任务三 汽车电容器及其检测方法
- 任务四 汽车晶体管及其检测方法

学习目标

知识目标

1. 了解汽车常用元器件及其特点。
2. 掌握汽车常用元器件的电气符号。
3. 掌握使用数字万用表检测电阻元器件、继电器、电容器、晶体管等的基本方法与操作步骤。

技能目标

1. 能够区分常用的汽车元器件。
2. 能够画出汽车常用元器件的电气符号。
3. 能正确使用数字万用表检测电阻元器件、继电器、电容器、晶体管等。

素养目标

1. 形成严谨的科学态度和精益求精的学习作风。
2. 培养自主、合作、探究的学习习惯，提升职业素养。

知识框架

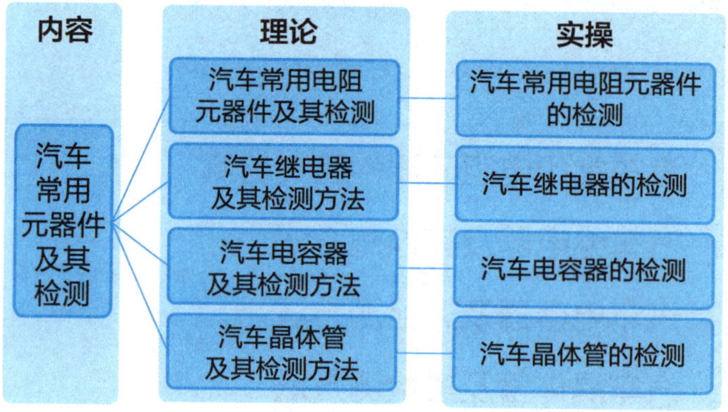

建议学时

14 学时。

项目导入

元器件是组成电路最基本的单位。要提高质量，方便维修，必须要了解并能识别元器件，这样才能提高自身素质，避免在作业中出现差错。因此，掌握汽车电子元器件的结构性能及检测应用，是汽车维修技术人员的基本要求。

任务一 汽车常用电阻元器件及其检测

任务导入

汽车电路中有开关、熔断器、电位器、电动机等各种元器件（见图 3-1-1），当某个元器件发生故障时，可能会导致整个电路的工作受到影响。作为汽车维修技术人员，你了解这些汽车电路中的元器件吗？你知道怎么来检测它们吗？

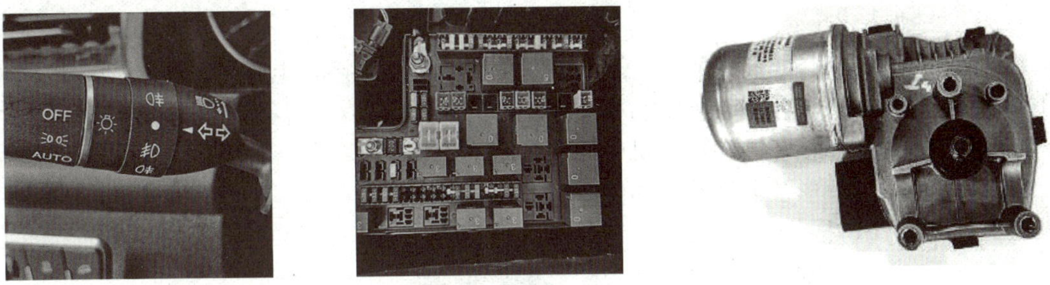

图 3-1-1　汽车电路中的元器件

知识介绍

一、认识汽车常用电阻元器件

（一）电阻器

电阻器是电子设备中应用十分广泛的元器件。电阻器利用它自身消耗电能的特性，在电路中起降压、限流等作用。

电阻器的外形及电气符号如图 3-1-2 所示。

图 3-1-2　电阻器的外形及电气符号

电阻器种类较多，常见的电阻器的分类如图 3-1-3 所示。

（二）电位器

电位器是一种可调的电子元器件，是用于分压的可变电阻器，在裸露的电阻体上，紧

- 电阻器
  - 固定电阻器
    - 线绕电阻器
    - 非线绕电阻器
  - 可变电阻器
    - 滑线电阻器
    - 可变线绕电阻器
  - 敏感型电阻器
    - 热敏电阻器
    - 压敏电阻器
    - 磁敏电阻器
    - 力敏电阻器
    - 湿敏电阻器
    - 光敏电阻器
    - 气敏电阻器

图 3-1-3　常见的电阻器的分类

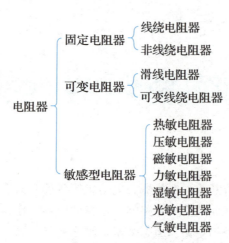

压 1～2 个可移动金属触点。通过改变触点的位置，可改变接入电路中的电阻值。电位器的主要参数为电阻值、容差、额定功率。电位器的种类繁多，广泛应用于汽车电气设备中作为调整元器件，如在音响和接收机中用来控制音量。

常见电位器的外形及电气符号如图 3-1-4 所示。

图 3-1-4　常见电位器的外形及电气符号

（三）开关

开关是指一个可以使电路开路、使电流中断或使其流到其他电路的电子元器件。开关的“闭合”（Closed）表示电子接点导通，允许电流流过；开关的“开路”（Open）表示电子接点不导通，不允许电流流过。

常见开关的外形及电气符号如图 3-1-5 所示。

图 3-1-5　常见开关的外形及电气符号

（四）熔断器

熔断器又称保险丝，其作用是保护电路（线路）及用电设备，可进行电流保护、电压保护、短路保护。汽车熔断器种类繁多，主要分为高电流熔断器和低电流熔断器。

常见熔断器的外形及电气符号如图 3－1－6 所示。

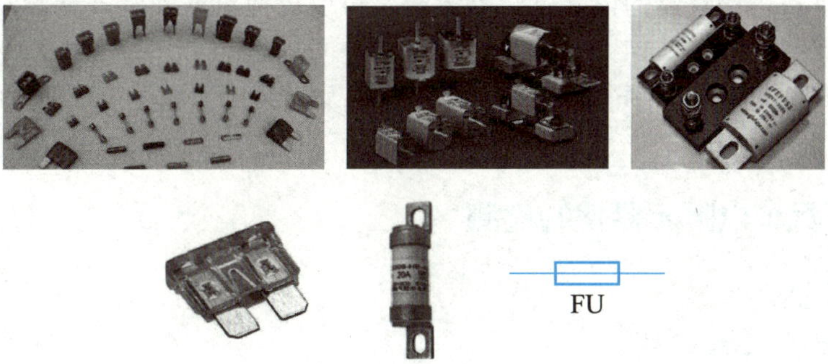

图 3－1－6　常见熔断器的外形及电气符号

汽车熔断器是电流保险丝的一种，当电路电流过大时，它就会快速熔断，起到电路保护的作用，常用于汽车电路过流保护。

常见汽车熔断器的类型如表 3－1－1 所示。

表 3－1－1　常见汽车熔断器的类型

类别	实物图	额定电流	额定电压
插片式熔断器	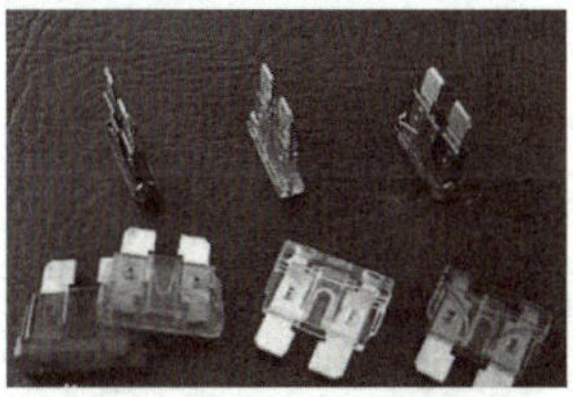	1～40A 大号 30～120A	32V
叉栓式熔断器	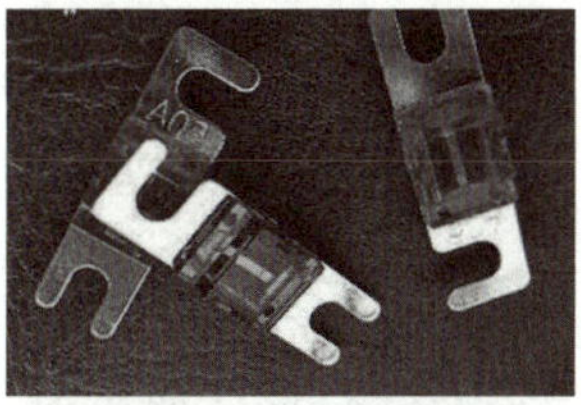	30～150A 大号 40～800A	32V/125V
汽车玻璃管熔断器	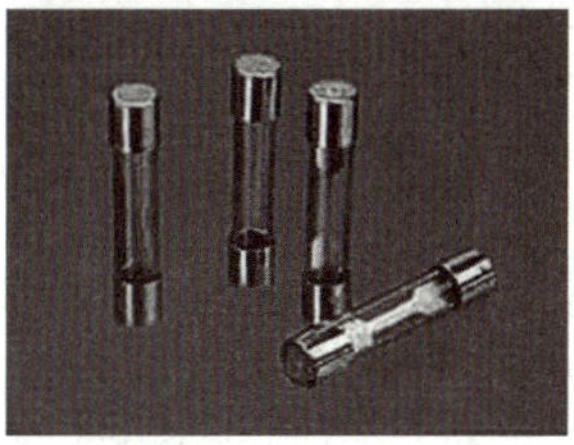	0.5～20A 20～80A	32V

汽车在使用过程中，若有用电设备不工作，则可能是保险丝烧毁导致的，需及时更换。更换方法为：关闭点火开关，打开保险丝盒盖，更换保险丝。

注意事项：

（1）需按照保险丝盒盖上注明的额定电流更换保险丝，不要改用比额定电流高的保险丝。

（2）如果新保险丝又立刻熔断，则说明电路系统可能存在故障，应尽快检修。

（3）在没有备用保险丝的情况下，紧急时，可以更换对驾驶及安全没有影响的其他设备上的保险丝代替。

（4）如果不能找到具有相同额定电流的保险丝，则可采用比原保险丝额定电流低的保险丝代替。

二、常用汽车电阻元器件的检测

（一）操作步骤

1. 准备数字万用表

（1）连接表笔。

（2）选择挡位与量程。

（3）调零检验，读出调零值。

2. 使用数字万用表检测各类元器件

（1）用数字万用表检测灯泡电阻。

（2）用数字万用表检测电位器电阻。

（3）用数字万用表检测开关电阻。

（4）用数字万用表检测熔断器电阻。

（二）注意事项

1. 常用汽车电阻元器件测量的注意事项

（1）量程的选择和转换。如果量程选小了，显示器上会显示“OL”，此时应换用较大的量程；反之，如果量程选大了，显示器上会显示一个接近于“0”的数字，此时应换用较小的量程。

（2）正确读数。显示屏上显示的数字再加上下边挡位选择的单位就是它的读数。注意：在“200Ω”挡时单位是“Ω”，在“2kΩ～200kΩ”挡时单位是“kΩ”，在“2MΩ～2 000MΩ”挡时单位是“MΩ”。

（3）如果被测电阻值超出所选择量程的最大值，将显示过量程“OL”，应选择更大的量程，对于大于1MΩ或更大的电阻，要几秒钟后读数才能稳定，这是正常的。

（4）当出现数字万用表与元器件没有连接好或其他开路的情况，如灯泡损坏等，仪表显示为“OL”。

2. 电位器测量的注意事项

（1）测量时要注意安全，特别是在测量高电压电位器时，要采取相应措施避免触电。

（2）测量结果可能会受到多种因素的影响，包括温度、湿度、测试笔接触点和电源噪声等。因此，采用多次测量的方法，取平均值，可以提高测量结果的准确性。

汽车小知识

电动机在汽车中的应用

电动机也称为马达，汽车内用到电动机的地方有很多，如图3-1-7所示。

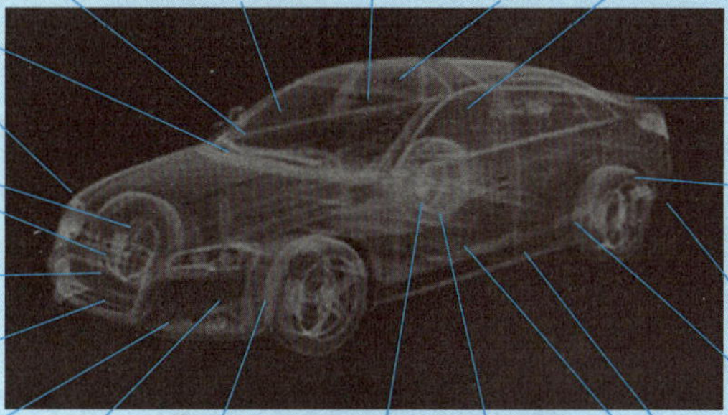

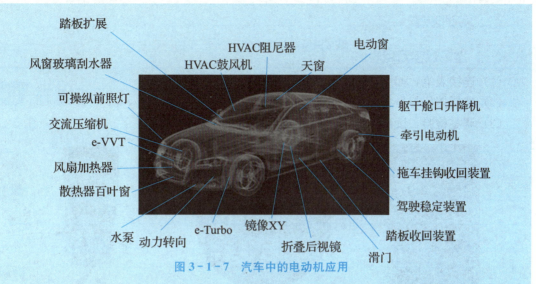

图 3-1-7 汽车中的电动机应用

风窗玻璃刮水器是现代汽车中最普遍的电动机应用的例子。每辆车至少有一个用于前风窗玻璃雨刮器的雨刷电动机。后窗雨刷越来越受 SUV 和仓门式后背汽车的欢迎，这意味着大部分汽车上都存在后窗雨刷和相应的电动机。另一台电动机向风窗玻璃泵送清洗液，在一些汽车中是向前照灯泵送清洗液，后者可能有自己的小刮水器。

电动座椅上也装有马达。在经济型汽车中，电动机通常提供前后调节和靠背倾斜功能。在豪华轿车中，电动机可以控制高度调节。例如，座椅底部坐垫倾斜、腰部支撑、头枕调节和坐垫稳定性等功能不能与电动机分离。使用电动机的其他座椅功能包括电动座椅折叠和后排座椅的电动加载。

随着汽车电子控制技术和电动汽车的发展，电动机将更加广泛地应用于汽车的自动化中。

任务实施

一、实训目标

（1）掌握用数字万用表检测汽车常用电阻元器件的方法。

（2）掌握用数字万用表检测汽车常用电阻元器件的操作规范及注意事项。

（3）会用数字万用表检测汽车常用电阻元器件。

开关的认知与检测

二、实训准备

（1）实训设备与工具：汽车电工电子实验箱、数字万用表。

（2）实训材料：汽车灯泡、汽车熔断器、汽车电位器、汽车车灯开关、车窗电动机等。

（3）辅助资料：教材、实训工单。

（4）安全防护：实训着装、用电安全。

电阻器、电位器的认知与检测

三、实训步骤

（一）准备数字万用表

（1）连接表笔，如图 3－1－8 所示。

（2）选择挡位与量程，如图 3－1－9 所示。

（3）调零检验，读出调零值，如图 3－1－10 所示。

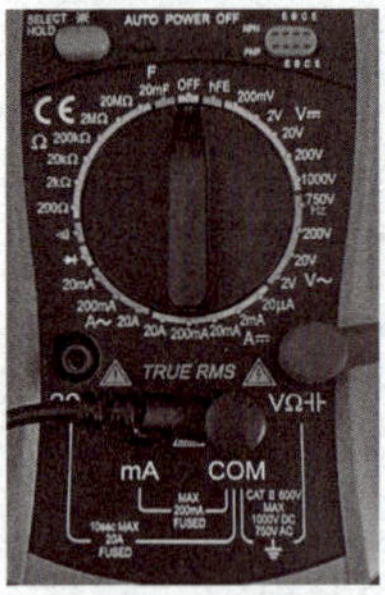

图 3－1－8　连接表笔

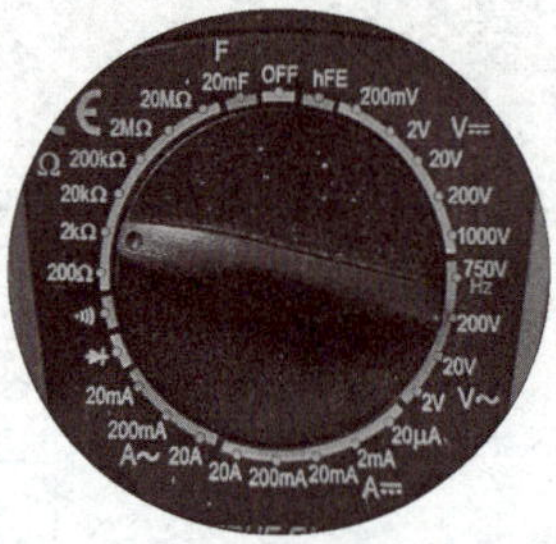

图 3－1－9　选择挡位与量程

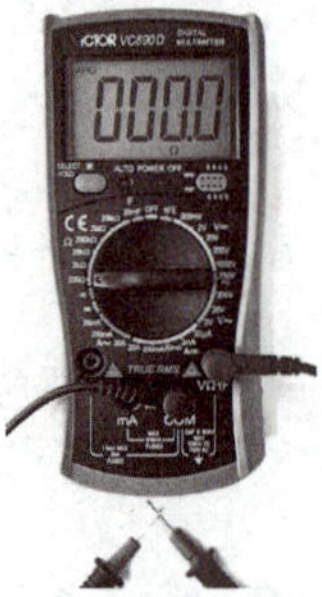

图 3－1－10　调零检验

（二）使用数字万用表检测汽车常用电阻元器件

根据实验箱的具体测量电阻的方法，找出并测量汽车中常用电阻元器件的电阻。

（1）用数字万用表检测灯泡。用数字万用表测量灯泡电阻，读出读数，减去调零值，与理论参考值进行比较，并判断是否正常，如图 3－1－11(a)和图 3－1－11(b) 所示。图 3－1－11(c)和图 3－1－11(d) 分别为汽车前照灯总成与灯泡。在汽车中找到前照灯，并对已拆下的前照灯灯泡进行测量，最后将数据及判断结果填入表 3－1－2 中。

（a）灯泡正常　　（b）灯泡损坏

（c）汽车前照灯总成　　（d）汽车前照灯灯泡

图 3－1－11　用数字万用表检测灯泡

（2）用数字万用表检测电位器。将红、黑表笔放到电位器的两个固定端，读出电位器的最大电阻值；将红、黑表笔放到电位器的可调端和一个固定端，旋动旋钮，读出电位器的阻值变化范围，如图 3－1－12(a)和图 3－1－12(b) 所示。图 3－1－12(c)和图 3－1－12(d)

分别为汽车上的可变电位器及音量调节旋钮，在汽车中找出并进行测量，最后将数据及判断结果填入表 3－1－2。

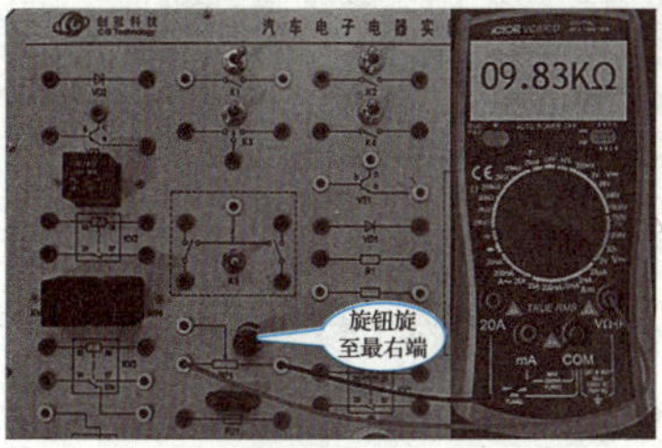

（a）旋钮旋至最右端左右两端电阻

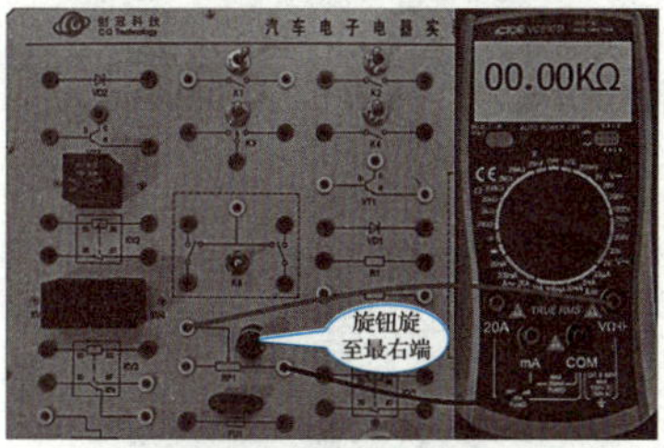

（b）旋钮旋至最右端上下两端电阻

（c）汽车上的可变电位器

（d）音量调节旋钮

图 3－1－12 用数字万用表检测电位器

（3）用数字万用表检测开关。开关闭合时，电阻值接近于零，应选择最小量程，如图 3－1－13(a) 所示；开关断开时，电阻值为无穷大，应选择最大量程，读数显示为超量程“OL”，如图 3－1－13(b) 所示。图 3－1－13(c)和图 3－1－13(d) 为阅读灯点亮和熄灭示意图，在汽车中找出并进行测量，最后将数据及判断结果填入表 3－1－2。

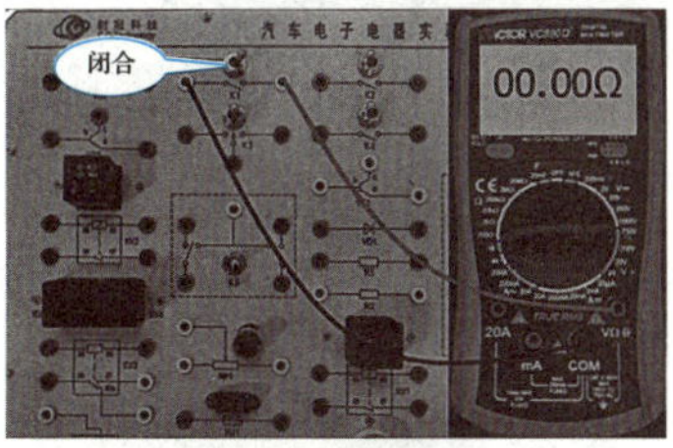

（a）开关闭合

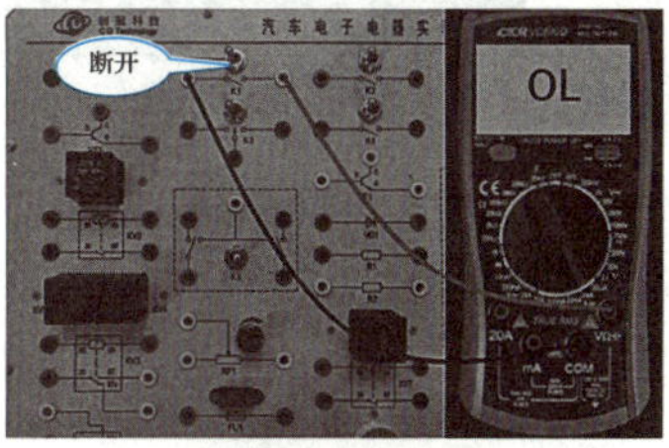

（b）开关断开

（c）阅读灯点亮

（d）阅读灯熄灭

图 3－1－13 用数字万用表检测开关

（4）用数字万用表检测熔断器。熔断器的正常阻值接近于零，应选择最小量程，如图 3－1－14(a) 所示；熔断器断开（损坏）时阻值为无穷大，应选择最大量程，读数显示为超量程“OL”，如图 3－1－14(b) 所示。图 3－1－14(c)和图 3－1－14(d) 为汽车熔断器盒及熔断器示意图，在汽车中找出并进行测量，最后将数据及判断结果填入表 3－1－2。

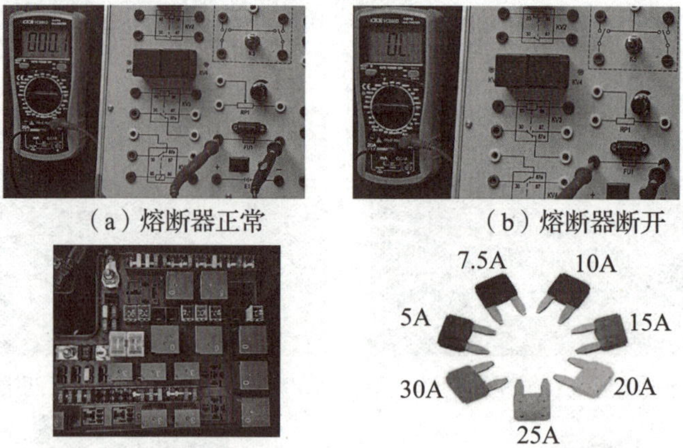

（a）熔断器正常　（b）熔断器断开

（c）熔断器盒　（d）熔断器

图 3-1-14　用数字万用表检测熔断器

（5）用数字万用表检测电动机。将红、黑表笔放到电动机的两端，读出读数，减去调零值，与理论参考值进行比较，并判断是否正常，如图 3-1-15(a) 和图 3-1-15(b) 所示。图 3-1-15(c)和图 3-1-15(d) 为车窗电动机和驱动电动机示意图，在汽车中找出并进行测量，最后将数据及判断结果填入表 3-1-2。

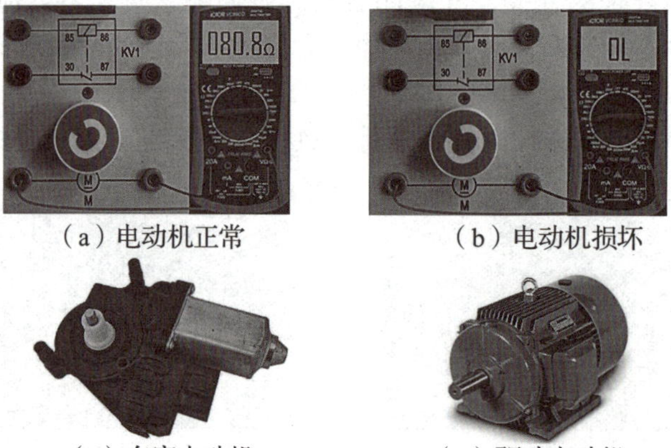

（a）电动机正常　（b）电动机损坏

（c）车窗电动机　（d）驱动电动机

图 3-1-15　用数字万用表检测电动机

表 3-1-2　测量元器件的电阻值

元器件名称	挡位与量程	调零值	读数值	实际电阻值	理论参考值	判断是否正常
灯泡						
电位器						
开关（断开）						
开关（闭合）						
熔断器						
电动机						

（三）结束整理

将功能与量程选择开关置于“OFF”位，拔下表笔，清洁场地、工具，如图 3－1－16 所示。

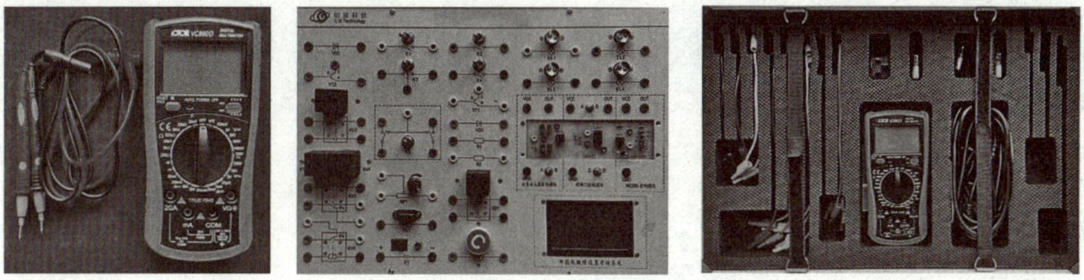

图 3－1－16　结束整理

任务评价

对本任务进行评分，标准如表 3－1－3 所示。

表 3－1－3　汽车常用电阻元器件的检测评分标准

考核项目及内容		评分标准	分数	学生自评	小组互评	教师评价	小计
团队合作		是否和谐	5				
活动参与		是否积极主动	5				
安全生产		有无安全隐患	10				
现场 7S		是否做到	10				
任务方案		是否正确、合理	15				
操作过程	前期准备	整理工位及工位布置，设备的外观检查	4				
	检测灯泡	正确检测灯泡，并判断其好坏	4				
	检测电位器	正确检测电位器，并判断其好坏	5				
	检测开关	正确检测开关，并判断其好坏	5				
	检测熔断器	正确检测熔断器，并判断其好坏	4				
	检测电动机	正确检测电动机，并判断其好坏	4				
	操作规范	正确使用数字万用表	4				
任务完成情况		是否圆满完成任务	5				
工具和设备使用		是否规范、标准	10				
劳动纪律		是否严格遵守	5				
实训工单填写		是否完整、规范	5				
总分			100				
教师签名：		年　月　日		得分			

任务二 汽车继电器及其检测方法

任务导入

你见过汽车起吊设备（见图 3－2－1）吗？它们是怎样工作的？现代工业生产中，需要各种大型机械的参与，但是驱动这些大型机械的电流需要达到几十甚至几百安，而通过人体的电流只要达到 50mA，我们就会有生命危险，那怎么用手通过按钮控制电路呢？万一漏电，后果不堪设想，为了解决该问题，可使用继电器，那么继电器是如何工作的呢？它的类型有哪些？

图 3－2－1　汽车起吊设备

知识介绍

一、继电器

继电器是具有隔离功能的自动开关元件，广泛应用于遥控、遥测、通信、自动控制、机电一体化及电力电子设备中，是最重要的控制元器件之一。

常见继电路有多种，如图 3－2－2 所示。电磁继电器的实物及电气符号如图 3－2－3 所示。

图 3－2－2　多种继电器实物图

（a）四脚继电器　　（b）五脚继电器

图 3-2-3　电磁继电器的实物及电气符号

二、继电器的类型

继电器的分类方法较多，可以按作用原理、触头负载、产品用途等分类。

（一）按作用原理分类

1. 电磁继电器

电磁继电器是在输入电路电流的作用下，由机械部件的相对运动产生预定响应的一种继电器。电磁继电器包括直流电磁继电器、交流电磁继电器、磁保持继电器、极化继电器、舌簧继电器和节能功率继电器。

2. 固态继电器

固态继电器是输入、输出功能由电子元器件完成而无机械运动部件的一种继电器。

3. 时间继电器

当加上或除去输入信号时，输出部分需延时或限时到规定的时间才能闭合或断开线路的继电器，就是时间继电器。

4. 温度继电器

当外界温度达到规定值时而动作的继电器为温度继电器。

5. 风速继电器

当风的速度达到一定值时，接通或断开被控电路的继电器为风速继电器。

6. 加速度继电器

当运动物体的加速度达到规定值时，接通或断开被控电路的继电器为加速度继电器。

7. 其他类型的继电器

例如，光继电器、声继电器、热继电器等。

（二）按触头负载分类

1. 微功率继电器

微功率继电器是电流小于 0.2A 的继电器。

2. 弱功率继电器

弱功率继电器是电流为 0.2～2A 的继电器。

3. 中功率继电器

中功率继电器是电流为 2～10A 的继电器。

4. 大功率继电器

大功率继电器是电流为 10A 以上的继电器。

5. 节能功率继电器

节能功率继电器是电流为 20～100A 的继电器。

（三）按产品用途分类

1. 通信继电器（包括高频继电器）

该类继电器触头负载范围从低电流到中等电流，环境使用条件要求不高。

2. 机床继电器

机床继电器的触头负载功率大，寿命长。

3. 家电用继电器

家电用继电器要求安全性能好。

4. 汽车继电器

汽车继电器的切换负载功率大，抗冲、抗震性高。

三、检测方法

（一）静态测试

1. 测量触头电阻

用数字万用表的 200Ω 或 200MΩ 挡测量触头电阻（R_{30-87} 和 R_{30-87a}）。数字万用表的红、黑表笔分别连接继电器的触头 K（30）和 K（87a）、K（87），如图 3-2-4 所示。

测量常闭触头与动头之间的电阻（R_{30-87a}），其阻值应为 0；而测量常开触头与动头之间的电阻（R_{30-87}），其阻值则应为无穷大。

2. 测量线圈电阻

用数字万用表电阻挡测量继电器线圈的阻值（R_{85-86}）。数字万用表的红、黑表笔分别连接继电器电磁线圈的两端 K（85）和 K（86），如图 3-2-5 所示。

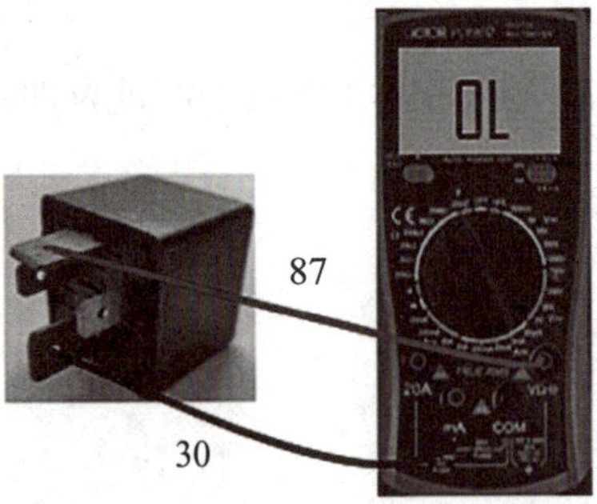

图 3-2-4　用数字万用表测量继电器触头电阻

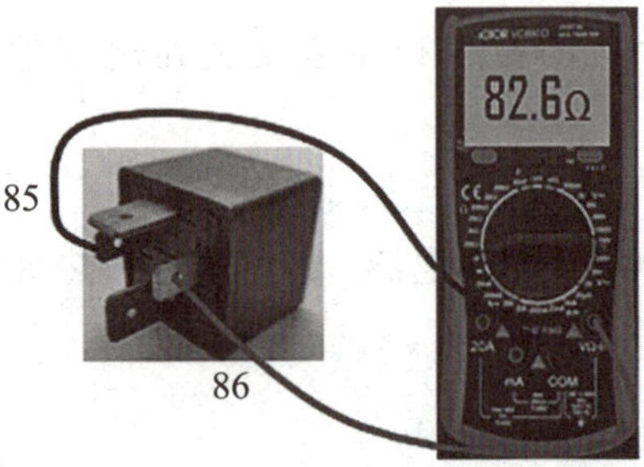

图 3-2-5　用数字万用表测量继电器线圈电阻

继电器工作正常时，其电磁线圈的电阻值一般为 25Ω～2kΩ。额定电压较低的电磁继电器的线圈电阻值较小，而额定电压较高的电磁继电器的线圈电阻值较大。若测得继电器线圈电阻值为无穷大，则说明该继电器的线圈是开路或已经损坏；若测得继电器线圈电阻值低于正常值许多，则说明线圈内部有短路故障。

（二）动态测试

给继电器线圈加载工作电压，然后使用数字万用表检测触头的导通情况。线圈通电后，常开触头应闭合，电阻 R_{30-87} 为 0；线圈通电后，常闭触头应断开，电阻 R_{30-87a} 为无穷大。

榜样力量

李强——每一辆比亚迪汽车都有他的工艺

2009 年 12 月，李强（见图 3-2-6）进入比亚迪汽车有限公司第十五事业部空调工厂。初入工厂，他激动的心情中透着一丝紧张，面对着偌大的生产车间，他知道自己的人生坐标应该定在这里，生命的火花应该在这里闪耀！

图 3-2-6　李强（左）和同事检查设备

为尽快适应工作岗位，他及时转变观念，注重理论与实践相结合，不断加强学习，虚心向同行请教。

作为注塑车间的一名普通工人，他虽然不能像经营管理者那样直接为集团创造经济效益，却起着保驾护航的重要作用。

他虽然很普通，却干一行爱一行，立足本岗，尽职尽责，凡事做到心中有数，努力争做一名合格的员工，在车间发挥着不可或缺的作用。

凭着勤思善钻的探索精神、吃苦耐劳的实干作风，他练就了一套过硬的技术本领和扎实的业务能力，编制并不断完善相关作业指导书、工艺卡片、CP 等文件。

很快，他就成长为一名熟知各个生产工艺环节的青年技术骨干。他成了车间的骨干力量，他是员工心中的技术能手。

“众人拾柴火焰高”，只有车间各个层面的员工有了过硬的技术支持，车间的生产效率才会有大幅度提高。

于是，他在搞好自身业务的同时，不遗余力地做好注塑车间相关人员的定期培训，包括员工上岗、工艺员、调机员、上下模等培训。

李强常说：“干我们这一行，只要设备正常生产，我的心里就感到莫大的安慰。”2015 年 9 月，响应公司整体号召，在时间紧、任务重的情况下，他主动加班加点，顺利完成了空调厂的搬迁工作，保证产品按时给总装及其他兄弟部门供货。在这期间，李强主导注塑车间的搬迁，包括注塑机及吹塑机的整体规划及布局，以及辅助设备行车、冷水机冷却水塔等设备的清购，协助完成安装等工作。

我国著名的经济学家于光远先生曾经讲过，国家的富强主要靠经济，经济的繁荣主要靠企业，企业的振兴关键靠人才。

在比亚迪高速发展的今天，需要大量的技术人才来助力企业腾飞。

“李强劳模创新工作室”自2021年2月18日成立至今，针对车间产能、品质提升、降低成本、优化工艺等问题展开深入研究，完成重大改善21项，其中，滤网过滤产品效率从90%提升至95%，海绵背胶成本下降15%等；针对技术人员，2021年开展了“注塑模具基础知识”“工装、检具设计规范”“注塑工艺”“原材料知识”等培训。

李强就是这样一名普普通通的员工，凭着忘我工作的精神，坚定的职业信念，满腔的工作热忱，谱写了一曲平凡而朴实的创业之歌。

他始终无怨无悔，不断地完善自我、超越自我，用自己的实际行动履行着共产党员应尽的职责，在平凡中闪耀着自己最夺目的光彩。

任务实施

用数字万用表检测继电器

一、实训目标

（1）掌握用数字万用表检测继电器的方法。

（2）掌握用数字万用表检测继电器的操作规范及注意事项。

（3）会用数字万用表检测继电器。

二、实训准备

（1）实训设备与工具：汽车电工电子实验箱、数字万用表。

（2）实训材料：继电器。

（3）辅助资料：教材、实训工单等。

（4）安全防护：实训着装。

三、实训步骤

（一）准备数字万用表

（1）连接表笔。黑表笔连接COM孔，红表笔连接VΩ孔，如图3－2－7所示。

图3－2－7　连接表笔

（2）选择挡位与量程。功能与量程开关旋至电阻 200Ω 挡或 2kΩ 挡或最大电阻挡，如图 3-2-8 所示。

（3）调零检验，读出调零值。将数字万用表的红、黑表笔短接，读出读数，即调零值，如图 3-2-9 所示。

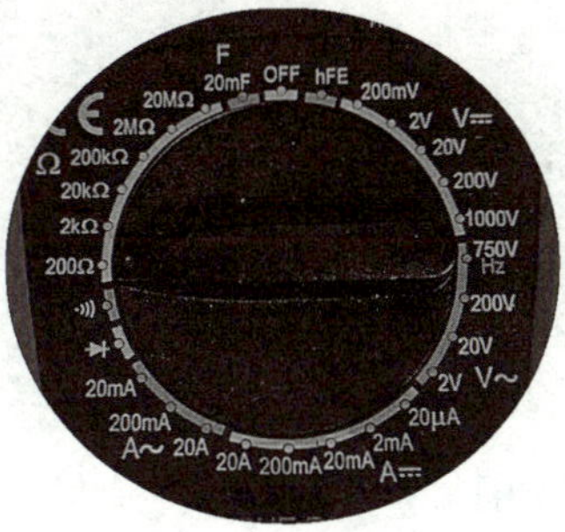

图 3-2-8　选择挡位与量程

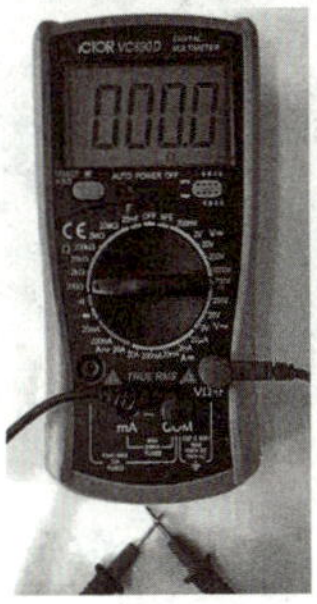

图 3-2-9　调零检验

（二）使用数字万用表检测继电器的步骤

1. 静态检测

（1）用数字万用表的 200Ω 或 2kΩ 挡测触头电阻（R_{30-87}）。数字万用表的红、黑表笔分别连接继电器的触头 K（30）和 K（87a）、K（87）。测量常闭触头与动头之间的电阻（R_{30-87a}），其阻值应为 0，如图 3-2-10(a) 所示；而测量常开触头与动头之间的阻值（R_{30-87}），则应为无穷大，如图 3-2-10(b) 所示。完成检测，将结果填入表 3-2-1。

（2）用数字万用表的电阻挡测量继电器线圈电阻（R_{85-86}）。数字万用表的红、黑表笔分别连接继电器的电磁线圈的触头 K（85）和 K（86），如图 3-2-10(c) 所示。继电器工作正常时，其电磁线圈的电阻值一般为 25Ω～2kΩ。完成检测，将结果填入表 3-2-1。

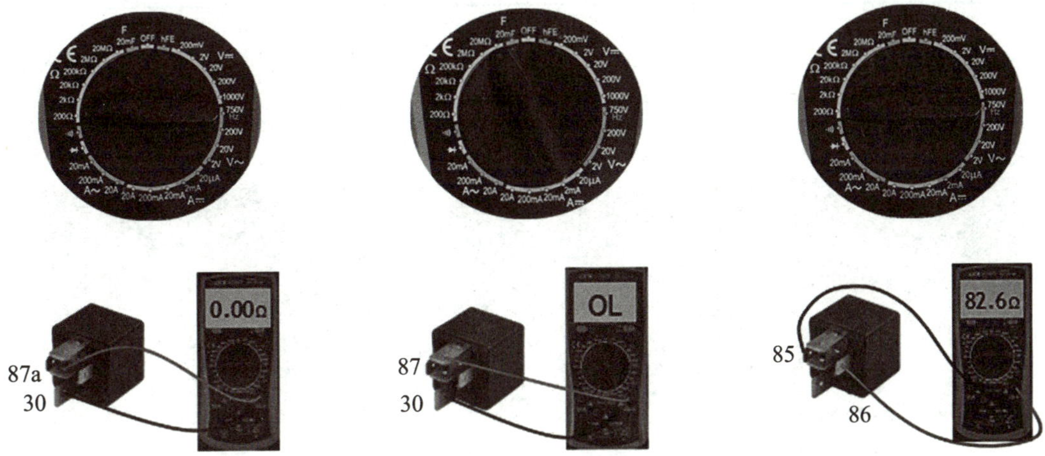

（a）测继电器触头电阻（R_{30-87a}）　（b）测继电器触头电阻（R_{30-87}）　（c）测继电器线圈电阻（R_{85-86}）

图 3-2-10　继电器静态检测

2. 动态检测

给继电器线圈加载工作电压，然后使用数字万用表检测触头的导通情况，对于常开触头，加载电压后触头应闭合，电阻（R_{30-87}）为 0，如图 3－2－11 所示；对于常闭触头，加载电压后触头应断开，电阻（R_{30-87a}）为无穷大。完成检测，将结果填入表 3－2－1。

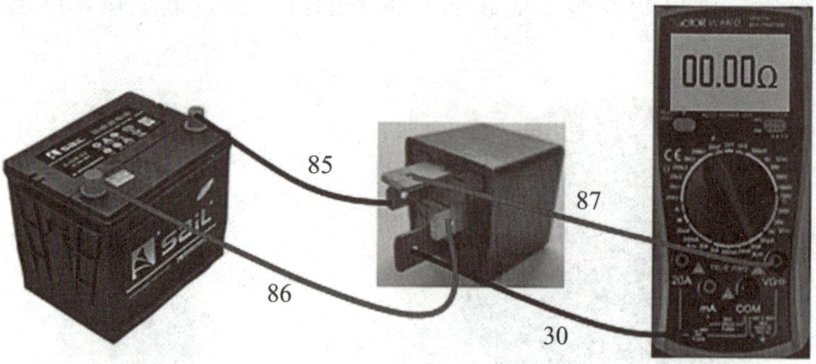

图 3－2－11　继电器动态检测（常开触头）

表 3－2－1　继电器的检测

检测内容	挡位与量程	调零值	读数值	实际电阻值	理论参考值	判断是否正常
继电器静态检测（R_{85-86}）						
继电器静态检测（R_{30-87}）						
继电器静态检测（R_{30-87a}）						
继电器动态检测（R_{30-87}）						
继电器动态检测（R_{30-87a}）						

3. 结束整理

将功能与量程选择开关置于“OFF”位，拔下表笔，清洁场地、工具，如图 3－2－12 所示。

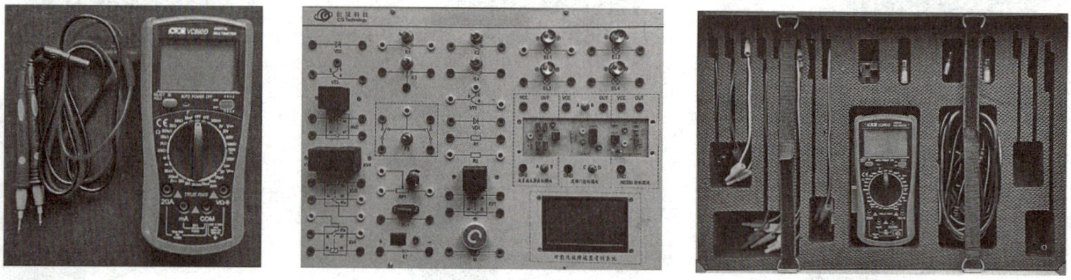

图 3－2－12　结束整理

任务评价

对本任务进行评分，标准如表 3－2－2 所示。

表 3-2-2 汽车继电器的检测评分标准

考核项目及内容		评分标准	分数	学生自评	小组互评	教师评价	小计
团队合作		是否和谐	5				
活动参与		是否积极主动	5				
安全生产		有无安全隐患	10				
现场 7S		是否做到	10				
任务方案		是否正确、合理	15				
操作过程	前期准备	整理工位及工位布置，设备的外观检查	6				
	继电器静态检测 R_{85-86}	正确检测静态继电器线圈电阻	6				
	继电器静态检测 R_{30-87a}、R_{30-87}	正确检测静态继电器开关电阻	6				
	继电器动态检测 R_{30-87a}、R_{30-87}	正确检测动态继电器开关电阻	6				
	操作规范	正确使用数字万用表	6				
任务完成情况		是否圆满完成任务	5				
工具和设备使用		是否规范、标准	10				
劳动纪律		是否严格遵守	5				
实训工单填写		是否完整、规范	5				
总分			100				
教师签名： 年 月 日				得分			

任务三 汽车电容器及其检测方法

任务导入

在各种家用电器的电路板上，我们经常会看到很多电子元器件，有电阻器、电容器、电位器以及集成电路等。电容器（见图 3-3-1）是电子电路中的基本元器件之一，它在汽车上也有广泛的应用。比如，汽车上的超级电容器、传统汽车点火控制电路中采用的电容。那么电容器是什么？它有什么作用呢？本任务将学习电容器及相关知识。

图 3-3-1　电容器

知识介绍

一、电容器的结构

两个相互绝缘又靠得很近的金属片（导体），就组成了一个电容器。这两个金属片（导体）就是电容器的两个极板，中间的绝缘材料称为电容器的介质。最常见、最简单的电容器是平行板电容器，它由两块相互平行且靠得很近而又彼此绝缘的金属板组成。电容器的基本结构如图 3-3-2 所示。

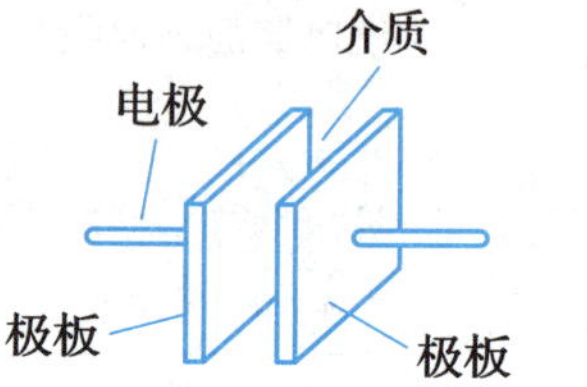

图 3-3-2　电容器的基本结构

二、电容器的特性

电容器最基本的特性是能够储存电荷。如果在电容器的两极板间加一定的电压，则在两个极板上将分别出现数量相等的正、负电荷，如图 3-3-3 所示。

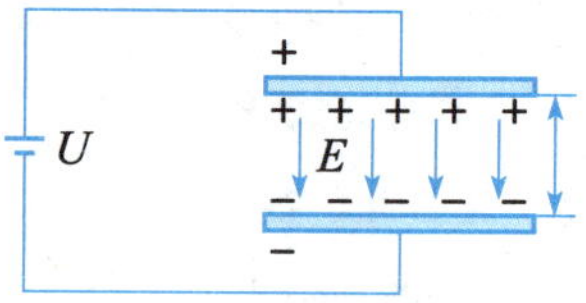

图 3-3-3　电容器储存电荷

使电容器带电的过程称为充电，这时，电容器的一个极板总是带正电荷，另一个极板带等量的负电荷，每一个极板所带电荷量的绝对值称为电容器所带的电荷量。因为两个极板间是绝缘物质，不导电，因此直流电不能通过电容器，所以，电容器具有“隔直流通交流”的作用。充电后的电容器的两极板之间有电场，这样电容器就储存了一定量的电荷和电场能量，在直流电路中，充电后的电容器相当于一个直流电源。

充电后的电容器失去电荷的过程称为放电。例如，用一根导线把电容器的两极接通，两极上的电荷互相中和，电容器就不带电了。放电后，两极板之间不再有电场。

三、电容器的容量

实验表明，对某一个电容器而言，电容器所带电荷量与其两极板间电压的比值是一个常数，称为电容器的电容量，简称电容，用字母 C 表示，单位是 F（法拉，简称法）。用公式表示为

$$C=\frac{q}{U}$$

式中，C——电容量（或电容），单位是 F（法）；

q——每一个极板的电荷量，单位是 C（库）；

U——两极板间的电压，单位是 V（伏）。

另外，电容量的常用单位还有 μF（微法）和 pF（皮法），它们与 F（法）的关系是

$1\mu F=10^{-6}F, 1pF=10^{-12}F$

四、电容器的主要性能参数

电容器的参数主要有额定工作电压、标称容量和允许误差，通常标注在其外壳上。

（一）额定工作电压

电容器的额定工作电压一般称为耐压，是指在规定的温度范围内，可以连续加在电容器上而不损坏电容器的最大电压值。在电容器外壳上所标注的电压就是该电容器的额定工作电压。如图 3-3-4 所示，电容器上标注着的“25V”，即为该电容器的额定工作电压。

图 3-3-4　常见电容器

（二）标称容量

电容器的标称容量是指电容器外壳表面所标注的容量，它表征了电容器储存电荷的能力。如图 3-3-4 所示，电容器上标注着的“220μF”，即为该电容器的标称容量。

（三）允许误差

电容器的实际容量和标称容量之间总有一定的误差。常见的有±5%、±10%和±20%，分别用 J、K 和 M 表示。

汽车小知识

电容器在汽车电路中的应用

电容器作为储存和容纳电荷的元器件，在汽车上有着广泛的应用。

1. 超级电容器

在电动机控制系统中，为了提高电动机的起动性能，使电动机转动更加平稳，都会在电动机电源附近并联一个大的电解电容。这是因为电动机起动瞬间，由静止开始动作所需要的电流非常大，这个大电流会将电源电压突然拉低，导致电动机性能变差。根据电动机的功率不同，电容容量可以有不同选择。如果是电动汽车或混合动力汽车，需要的容量和耐压就更大，这样普通电解电容已经不能胜任，因此需要应用超级电容器。超级电容器是指它的容量超级，关于它的原理、材料、制造工艺，这里不做介绍。图 3-3-5 所示是超级电容器和普通电池的比较。

超级电容器作为与蓄电池相提并论的储能器件，最显著的特性是功率密度高，容量大，可快速充电，大电流放电，可充放电次数多（50 万次），安全，环保。缺点是体积大，能量密度低，自放电率高，单体耐压低。而且与蓄电池相比，超级电容器与其他电容器相同，放电过程中它的电压是持续下降的。

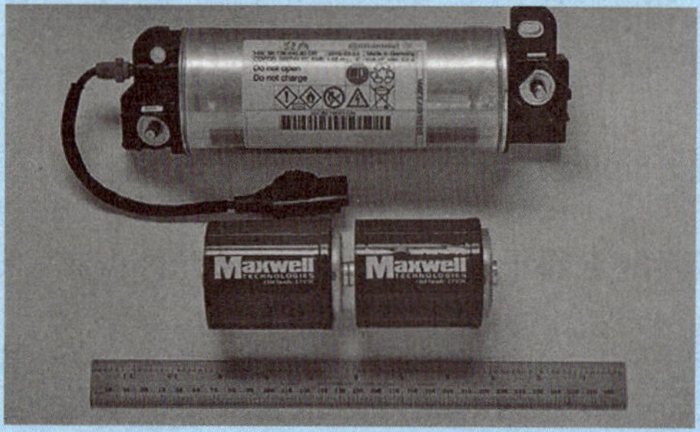

图 3-3-5　超级电容器和普通电池的比较

基于以上特点，超级电容器不适合作为主要能量储存单元，而是在能量回收系统、改善起动性能方面应用广泛。

2. 传统点火系统上装用电容器

作用：可以起到减小断电器触点火花、保护触点，提高次级电压、增强火花塞火花能量的作用。

3. 汽车转向灯闪光器装用电容器

作用：利用电容的充放电规律达到使转向灯闪烁的目的。

任务实施

用数字万用表检测电容器

一、实训目标

（1）掌握正确识别电解电容器正、负极性的方法。

（2）掌握用数字万用表进行电容器检测的操作规范及注意事项。

（3）会用数字万用表进行电容器的检测。

二、实训准备

（1）工具准备：数字万用表。

（2）材料准备：电解电容器若干。

（3）辅助资料：教材、实训工单。

（4）安全防护：实训着装、安全用电。

三、实训步骤

电解电容器有正、负极性，使用之前，应能正确识别其正、负极性并对其进行检测。

（一）正、负极性识别的操作步骤

电解电容器有两个引脚，在使用中应注意正、负极性。一般长引脚为正极，短引脚为负极。另外，从电容器的外壳也可判断其正、负极性，标有“—”号的一端为负极，另一长引脚为正极，如图 3-3-6 所示。

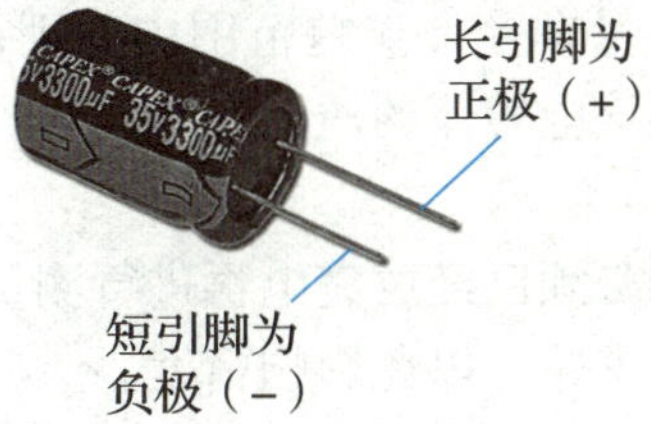

图 3-3-6　电容器的两个引脚

（二）电容器检测的操作步骤

可用数字万用表测量其实际容量，并判断其质量的好坏，如图 3-3-7 所示。

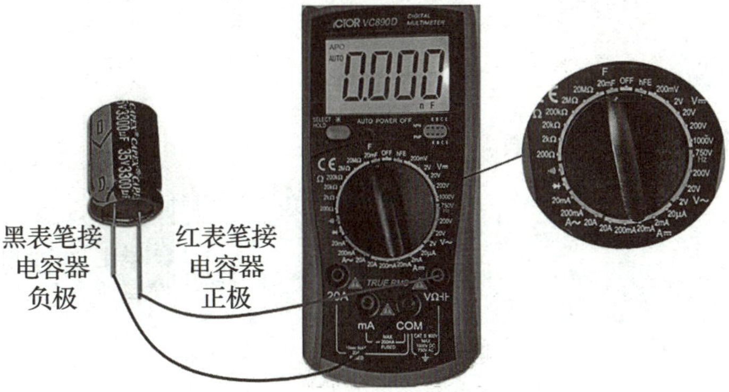

图 3-3-7　用数字万用表测量电容器

1. 用数字万用表测量电容器的电容值

（1）连接表笔。红表笔插入 VΩ 孔，黑表笔插在 COM 孔，插到底，确保数字万用表正常使用。

（2）选择挡位与量程。旋转数字万用表功能与量程选择开关至电容挡 20mF。

（3）测量并读数。将红、黑表笔放到已放完电的电解电容器正、负极（注意：红表笔接电容器的正极），稳定后被测电容器的容量显示在数字万用表显示器上，读出读数，完成表 3-3-1。

表 3-3-1　测量电容器的电容值

元器件名称	挡位与量程	标称容量	耐压	测量值	结果判断
电容器 1					
电容器 2					
电容器 3					
电容器 4					
电容器 5					
电容器 6					
电容器 7					
电容器 8					

如果测量出电容器的实际容量在允许误差范围内，则该电容器的质量是好的；反之，实际容量在允许误差范围外，则该电容器的质量存在问题。

2. 电容值测量注意事项

（1）测量电容值时，电容器必须已经放完电再进行测量。

（2）被测电容器不能有并联支路，以免影响精度。

（3）测量中不能用手触碰被测电容器引脚，以免影响精度。

（4）量程选择：应根据被测电容器，选择合适的电容量程，被测电容器无法估计时，应选择最大量程进行粗测，再变换合适量程进行测量。

（5）结束整理：测量完毕应将功能与量程选择开关置于空挡、“OFF”位或者交流电压最高挡位。

任务评价

对本任务进行评分，标准如表 3-3-2 所示。

表 3-3-2　汽车电容器的检测评分标准

<table>
<tr><th colspan="2">考核项目及内容</th><th>评分标准</th><th>分数</th><th>学生自评</th><th>小组互评</th><th>教师评价</th><th>小计</th></tr>
<tr><td colspan="2">团队合作</td><td>是否和谐</td><td>5</td><td></td><td></td><td></td><td></td></tr>
<tr><td colspan="2">活动参与</td><td>是否积极主动</td><td>5</td><td></td><td></td><td></td><td></td></tr>
<tr><td colspan="2">安全生产</td><td>有无安全隐患</td><td>10</td><td></td><td></td><td></td><td></td></tr>
<tr><td colspan="2">现场 7S</td><td>是否做到</td><td>10</td><td></td><td></td><td></td><td></td></tr>
<tr><td colspan="2">任务方案</td><td>是否正确、合理</td><td>15</td><td></td><td></td><td></td><td></td></tr>
<tr><td rowspan="4">操作过程</td><td>前期准备</td><td>整理工位及工位布置，设备的外观检查</td><td>5</td><td></td><td></td><td></td><td></td></tr>
<tr><td>电容器正、负极性的识别</td><td>正确识别电容器的正、负极性，并判断其好坏</td><td>10</td><td></td><td></td><td></td><td></td></tr>
<tr><td>电容器质量检测</td><td>正确连接表笔，正确选择挡位、量程进行测量，并判断好坏</td><td>10</td><td></td><td></td><td></td><td></td></tr>
<tr><td>操作规范</td><td>正确使用数字万用表</td><td>5</td><td></td><td></td><td></td><td></td></tr>
<tr><td colspan="2">任务完成情况</td><td>是否圆满完成任务</td><td>5</td><td></td><td></td><td></td><td></td></tr>
<tr><td colspan="2">工具和设备使用</td><td>是否规范、标准</td><td>10</td><td></td><td></td><td></td><td></td></tr>
<tr><td colspan="2">劳动纪律</td><td>是否严格遵守</td><td>5</td><td></td><td></td><td></td><td></td></tr>
<tr><td colspan="2">实训工单填写</td><td>是否完整、规范</td><td>5</td><td></td><td></td><td></td><td></td></tr>
<tr><td colspan="3">总分</td><td>100</td><td></td><td></td><td></td><td></td></tr>
<tr><td colspan="4">教师签名：　　　　年　　月　　日</td><td colspan="2">得分</td><td colspan="2"></td></tr>
</table>

任务四　汽车晶体管及其检测方法

任务导入

在交通信号灯上、汽车尾灯以及汽车仪表板上，经常采用发光二极管（见图 3－4－1）作为主光源，这种灯节能环保，使用寿命长，耐用性好，反应速度快，体积小。二极管是电子电路中常用的元器件，它的核心是 PN 结——这也是构成半导体器件的基础。这种半导体器件还有哪些？它们有什么作用？

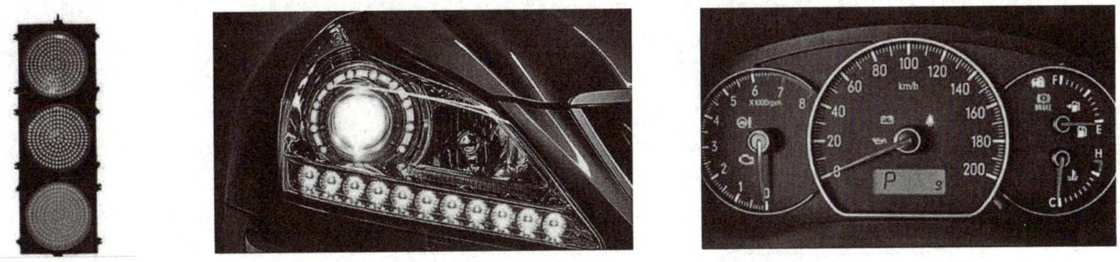

图 3－4－1　发光二极管的应用

知识介绍

晶体管泛指一切以半导体材料为基础的单一元器件，包括各种半导体材料制成的二极管、三极管、场效应管、可控硅等。本任务重点介绍二极管和三极管。

一、半导体

半导体是导电能力介于导体和绝缘体之间的一类物质。常见的半导体材料有硅（Si）、锗（Ge）和硒等，但用于制造半导体元器件的一般只有单晶结构的硅和锗两种材料，由于硅具有较稳定的特性，因而被更广泛地应用。

在硅或锗等纯净的半导体（本征半导体）中掺入微量合适的杂质元素，可使半导体的导电能力大大增强。按掺入的杂质元素不同，半导体可分为 P 型半导体和 N 型半导体。

二、二极管

在 P 型半导体中空穴是多数载流子，在 N 型半导体中自由电子是多数载流子。在一块半导体基片上，一边制成 P 型半导体，另一边制成 N 型半导体，由于载流子的浓度不同，在它们的交界面两侧就会形成一个具有特殊性质的空间电荷区（又称耗尽层），即 PN 结。

由一个 PN 结加上相应的电极引线和管壳即可组成一个半导体二极管，也称晶体二极管，常见的二极管的外形如图 3－4－2 所示。几乎所有电子电路中都要用到半导体二极管，它是诞生最早的半导体器件之一，应用非常广泛。

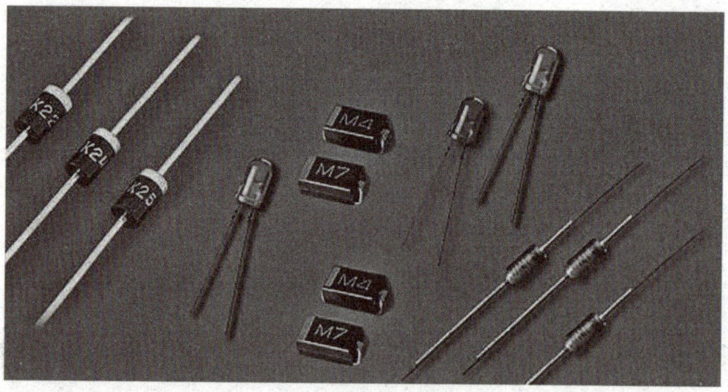

图 3-4-2　常见的二极管的外形

（一）二极管的结构与符号

二极管的两个引出极，一个称为正极（阳极），另一个称为负极（阴极）。二极管的文字符号为 VD 或 V。二极管的结构如图 3-4-3 所示，图形符号如图 3-4-4 所示，图中箭头指向为二极管正向电流的方向。

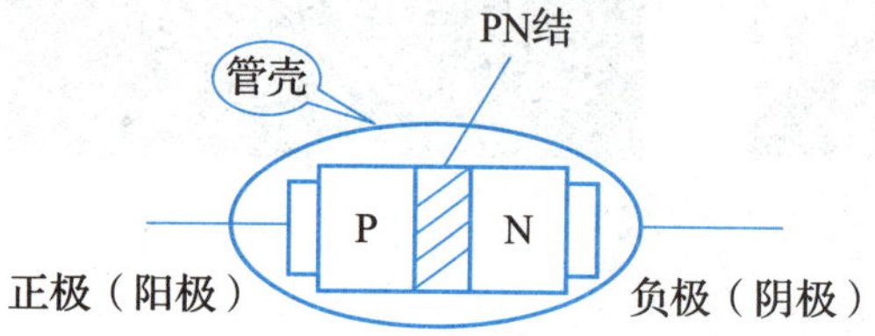

图 3-4-3　二极管的结构

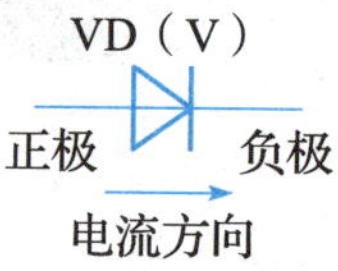

图 3-4-4　二极管的图形符号

在如图 3-4-5 所示的二极管的单向导电性实验电路中，把二极管 VD、直流电源 E、开关 S 和指示灯 EL 用导线连接后，当给二极管加上正向电压（二极管正极电位高于负极电位）时，电路导通，指示灯亮，称为“导通”状态；反之，当给二极管加上反向电压（二极管正极电位低于负极电位）时，电路截止，指示灯不亮，说明二极管此时电阻很大，导电性能极差，称为“截止”状态。这一性质称为二极管的单向导电性。

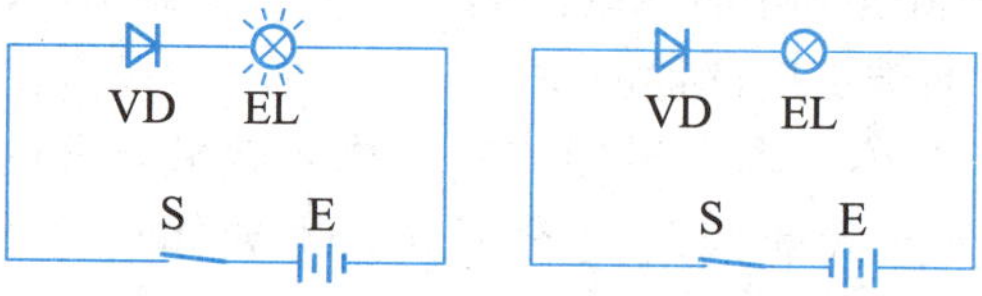

图 3-4-5　二极管的单向导电性实验电路

（二）二极管的分类

1. 根据半导体材料分类

可以分为锗二极管（Ge 管）、硅二极管（Si 管）。

2. 按用途分类

可以分为普通二极管和特殊二极管。普通二极管包括检波二极管、整流二极管、开关二极管。特殊二极管包括变容二极管、光电二极管、发光二极管和稳压二极管。

3. 根据管芯结构分类

可以分为点接触型二极管、面接触型二极管和平面型二极管。

（三）二极管的检测方法

用数字万用表的二极管挡测量，检测方法如图 3-4-6 所示。加正向电压，二极管导通；加反向电压，二极管截止。

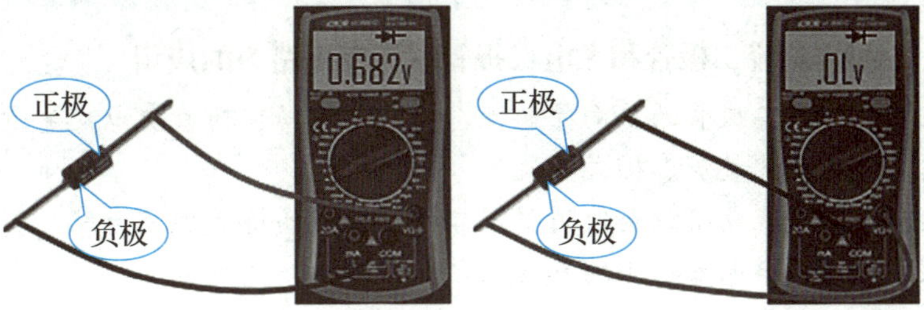

（a）正向导通　（b）反向截止

图 3-4-6　二极管的检测方法

三、晶体管

晶体管是半导体基本元器件之一，具有电流放大和开关作用，是电子电路的核心元器件。

（一）晶体管的结构

晶体管具有三个电极，共用的一个电极称为晶体管的基极（用字母 B 或 b 表示），其他两个电极分别称为集电极（用字母 C 或 c 表示）和发射极（用字母 E 或 e 表示），如图 3-4-7 所示。二极管是由一个 PN 结构成的，而晶体管由两个 PN 结构成，发射区和基区之间的 PN 结叫作发射结，集电区和基区之间的 PN 结叫作集电结。

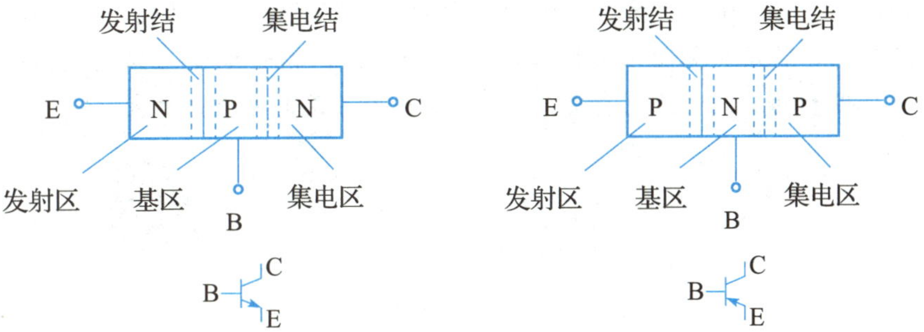

（a）NPN型　（b）PNP型

图 3-4-7　晶体管的结构和类型

（二）晶体管的类型

按两个 PN 结的排列方式不同，晶体管分为 PNP 型和 NPN 型两大类。文字符号用 VT 表示。如图 3-4-7 所示，基区很薄，而发射区较厚，杂质浓度大。PNP 型晶体管发射区“发射”的是空穴，其移动方向与电流方向一致，故发射极箭头向里；NPN 型晶体管发射区“发射”的是自由电子，其移动方向与电流方向相反，故发射极箭头向外。发射极箭头指向也是 PN 结在正向电压下的导通方向。硅晶体管和锗晶体管都有 PNP 型和

NPN 型两种类型。

虽然发射区和集电区半导体类型一样，但发射区掺杂浓度高，具有大量载流子；基区很薄，而且掺杂少，为的是让载流子容易通过；集电区面积比发射区面积大且掺杂少，便于收集载流子和散热。由此可见，三极管的发射极和集电极是不能互换使用的。

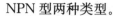

汽车小知识

整流二极管和光电二极管在汽车电路中的应用

整流二极管是利用二极管的单向导电性，将交流电转变为直流电的半导体器件。整流电路有半波整流、全波整流、桥式整流。

汽车发电机上的整流电路就是使用整流二极管组成的桥式整流电路，将发电机产生的交流电转换成可供汽车电器使用的直流电，如图 3－4－8 所示。

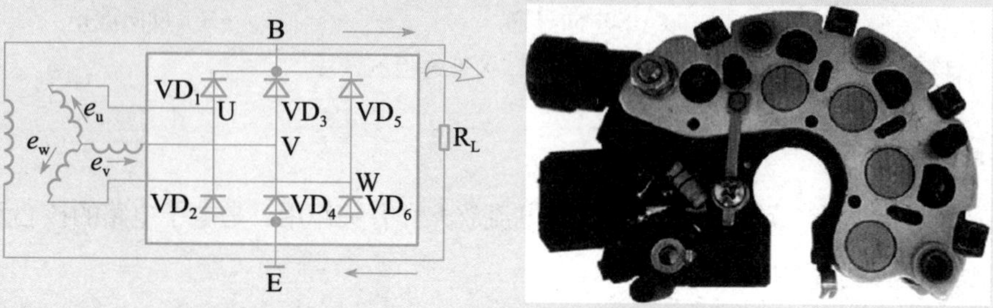

图 3－4－8　汽车桥式整流电路及整流调压器总成

光电二极管又称为光敏二极管，它是一种将光信号转换成电信号的半导体器件。它的核心部分也是一个 PN 结，和普通二极管相比，在结构上不同的是：光电二极管的外壳上有一个透明的窗口以接收光线照射，实现光电转换。光电二极管的电路符号、结构和实物图如图 3－4－9 所示。光电二极管是在反向电压作用下工作的，工作时加反向电压，没有光照时，其反向电阻很大，只有很微弱的反向饱和电流（暗电流）。当有光照时，就会产生很大的反向电流（亮电流），光照越强，该亮电流就越大。

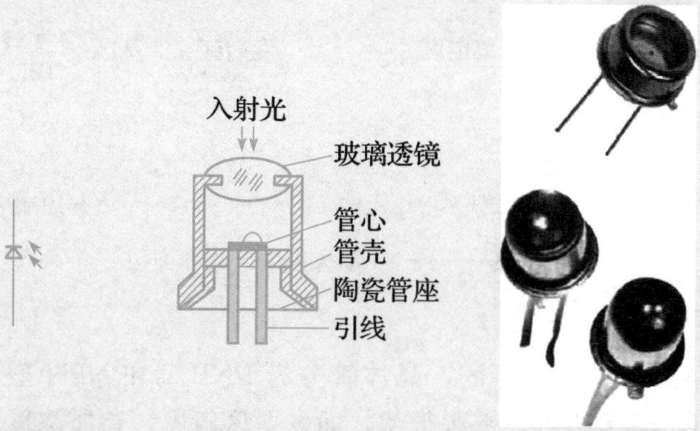

（a）电路符号　　（b）结构　　（c）实物图

图 3－4－9　光电二极管的电路符号、结构和实物图

利用光电二极管制成光电传感器，可以把非电信号转换为电信号，以便控制其他电子元器件。汽车上的许多传感器就是利用光电二极管制成的，如汽车自动空调系统的日照强度传感器、汽车点火系统中的光电式曲轴位置传感器以及灯光自动控制器中用来检测车辆周围亮暗程度的光传感器等。

任务实施

一、实训目标

（1）掌握正确检测二极管和三极管的方法。

（2）掌握用数字万用表进行二极管和三极管质量检测的操作规范及注意事项。

（3）会用数字万用表进行二极管和三极管的质量检测。

用数字万用表检测普通二极管

用数字万用表检测发光二极管

用数字万用表检测晶体三极管

二、实训准备

（1）工具准备：数字万用表。

（2）材料准备：二极管和三极管若干。

（3）辅助资料：教材、实训工单。

（4）安全防护：实训着装、安全用电。

三、实训步骤

（一）用数字万用表检测普通二极管

（1）连接表笔。红表笔插入 VΩ 孔，黑表笔插入 COM 孔，插到底，确保数字万用表正常使用，如图 3－4－10 所示。

（2）选择挡位与量程。旋转数字万用表功能与量程选择开关，选择二极管挡，如图 3－4－11 所示。

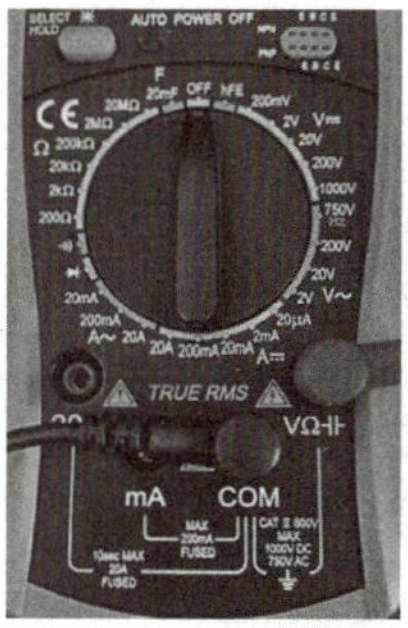

图 3－4－10　连接表笔

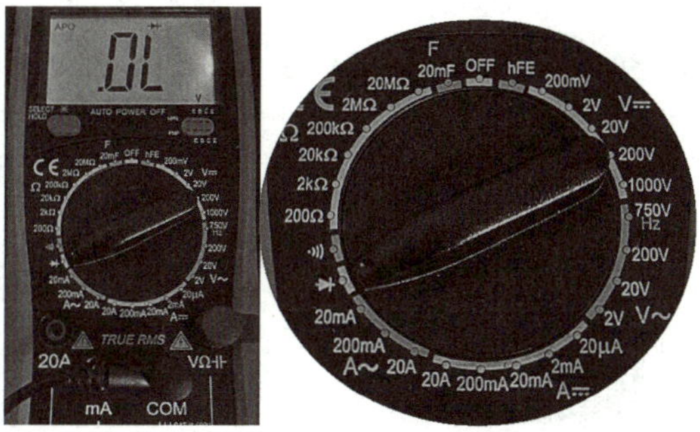

图 3－4－11　选择挡位与量程

（3）给二极管加正向电压，二极管导通。找出二极管的正、负极，数字万用表红表笔接二极管正极，黑表笔接二极管负极，读出二极管的正向压降，此时二极管导通，如图 3－4－12(a) 所示。

（4）给二极管加反向电压，二极管截止。找出二极管的正、负极，数字万用表红表笔接二极管负极，黑表笔接二极管正极，二极管截止，如图 3－4－12(b) 所示。

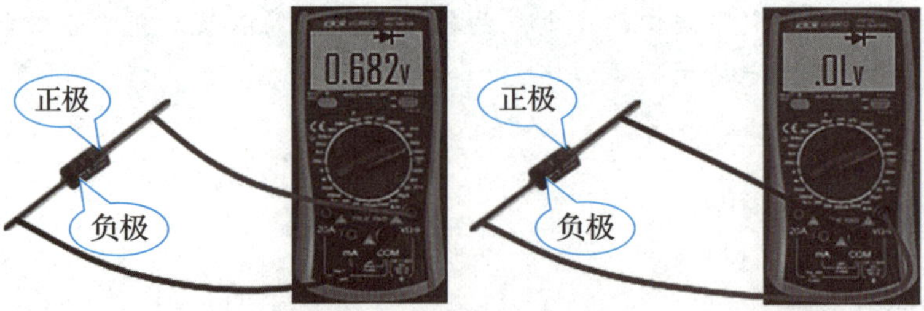

（a）正向导通　　（b）反向截止

图 3－4－12　二极管的检测方法

（5）结束整理。将功能与量程开关置于“OFF”位，拔下红、黑表笔，如图 3－4－13 所示。

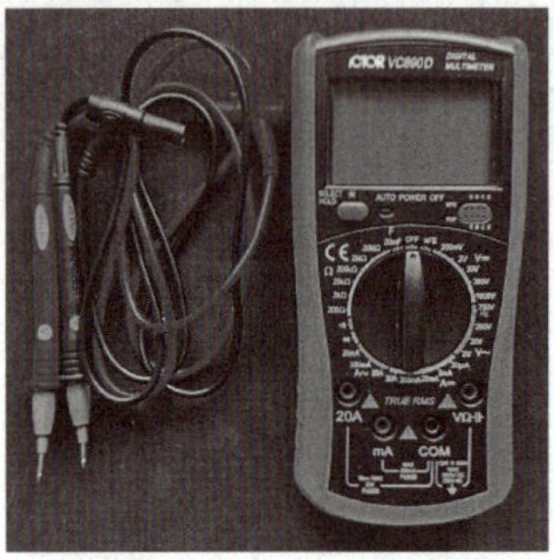

图 3－4－13　结束整理

（二）用数字万用表检测发光二极管

（1）连接表笔。红表笔插入 VΩ 孔，黑表笔插入 COM 孔，插到底，确保数字万用表正常，如图 3－4－14 所示。

（2）选择挡位与量程。旋转数字万用表功能与量程选择开关，选择二极管挡，如图 3－4－15 所示。

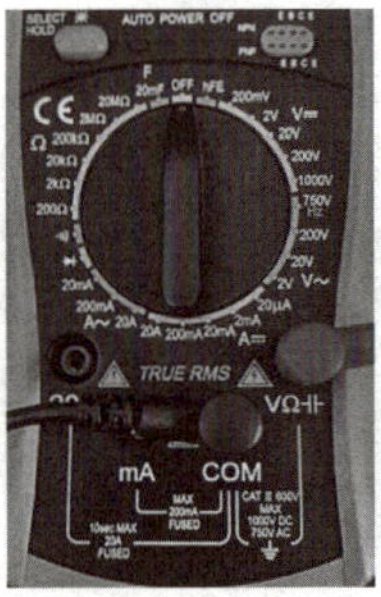

图 3－4－14　连接表笔

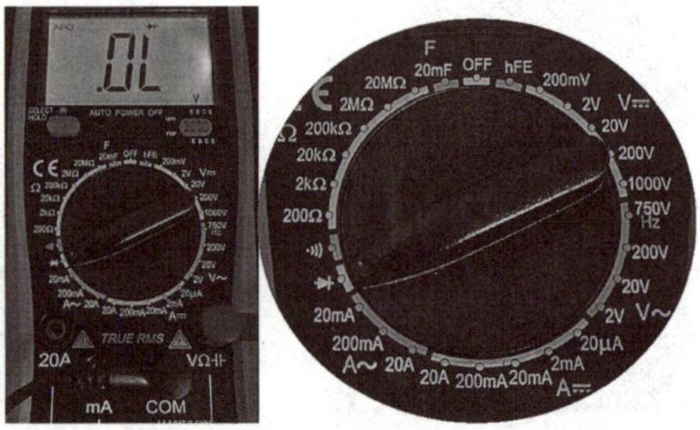

图 3－4－15　选择挡位与量程

（3）给发光二极管加正向电压，二极管导通。找出发光二极管的正、负极（长脚为正极，短脚为负极)，红表笔接二极管正极，黑表笔接二极管负极，发光二极管亮，读出二极管的正向压降，如图 3－4－16(a) 所示。

（4）给二极管加反向电压，二极管截止。给二极管加反向电压，发光二极管不亮，找出二极管的正、负极，红表笔接二极管负极，黑表笔接二极管正极，二极管截止，如图 3-4-16(b)所示。

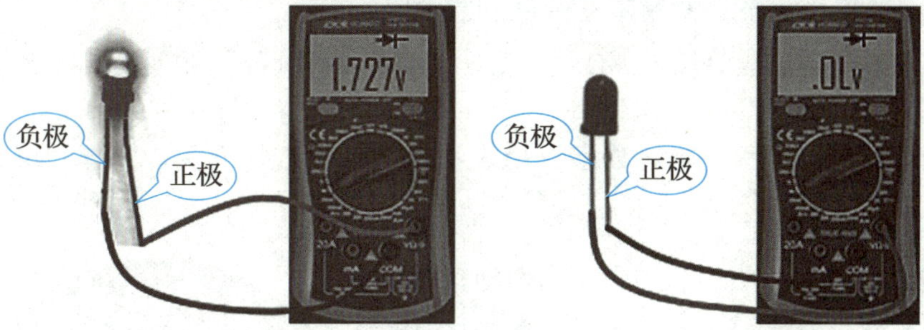

（a）正向导通　　（b）反向截止

图 3-4-16　发光二极管的检测方法

（5）结束整理。将功能与量程开关置于“OFF”位，拔下红、黑表笔。

（三）用数字万用表测量晶体管的管型与三个电极

（1）连接表笔。红表笔插入 VΩ 孔，黑表笔插入 COM 孔，插到底，确保数字万用表正常，如图 3-4-17 所示。

（2）选择挡位与量程。旋转数字万用表功能与量程选择开关，选择二极管挡，如图 3-4-18 所示。测量晶体管三个管脚中任意两个管脚的正、反向电阻（见图 3-4-19），并把它们记录在表 3-4-1 中。

图 3-4-17　连接表笔

图 3-4-18　选择挡位与量程

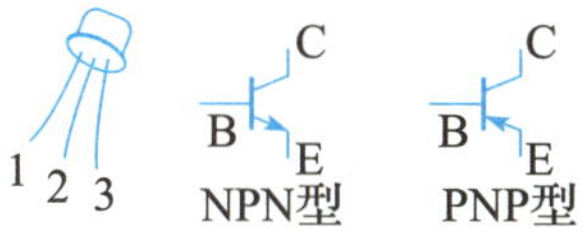

图 3-4-19　晶体管管脚

表 3-4-1　晶体管三个管脚中任意两个管脚的测量

管脚	正向值	反向值
1、2 之间		
1、3 之间		
2、3 之间		

若哪个管脚有两次导通，则这个管脚为 B 极。导通时 B 极接红表笔，则为 NPN 型管；反之，导通时 B 极接黑表笔，则为 PNP 型管。

（3）结束整理。将功能与量程开关置于“OFF”位，拔下红、黑表笔。

（四）用数字万用表测量晶体三极管的放大倍数

（1）连接表笔。红表笔插入 VΩ 孔，黑表笔插入 COM 孔，插到底，确保数字万用表正常，如图 3-4-20 所示。

（2）选择挡位与量程。旋转数字万用表功能与量程选择开关，选择“hFE”挡，如图 3-4-21 所示。

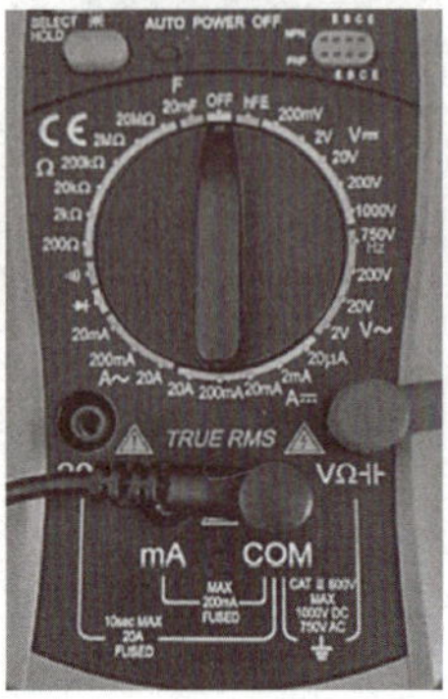

图 3-4-20　连接表笔

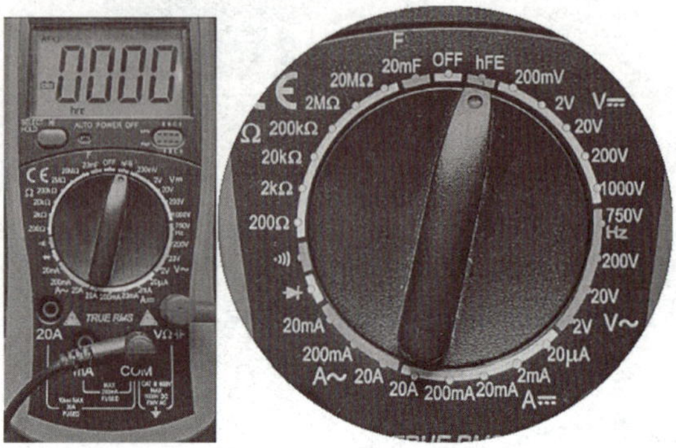

图 3-4-21　选择挡位与量程

（3）测量晶体三极管放大倍数。测出 B 极后，将晶体三极管随意插入插孔（当然 B 极要插准确），测一下 hFE 值，然后将晶体三极管倒过来再测一遍，如图 3-4-22 所示。

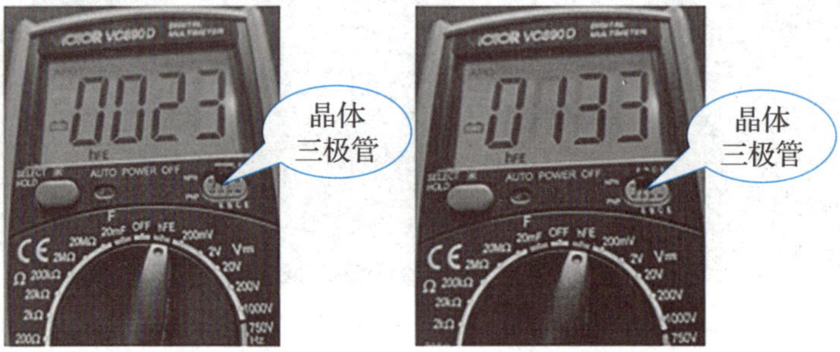

图 3-4-22　晶体管正、反两次测量

（4）根据结果判断晶体三极管放大倍数。测得 hFE 值比较大的一次的值，就是这个晶体三极管的放大倍数，如图 3-4-22 中出现了“23”和“133”两个数值，“133”就是该晶体三极管的放大倍数 β。

（5）结束整理。将功能与量程开关置于“OFF”位，拔下红、黑表笔。

任务评价

对本任务进行评分，标准如表 3-4-2 所示。

表 3-4-2 汽车晶体管的检测评分标准

<table>
<tr><th colspan="2">考核项目及内容</th><th>评分标准</th><th>分数</th><th>学生自评</th><th>小组互评</th><th>教师评价</th><th>小计</th></tr>
<tr><td colspan="2">团队合作</td><td>是否和谐</td><td>5</td><td></td><td></td><td></td><td></td></tr>
<tr><td colspan="2">活动参与</td><td>是否积极主动</td><td>5</td><td></td><td></td><td></td><td></td></tr>
<tr><td colspan="2">安全生产</td><td>有无安全隐患</td><td>10</td><td></td><td></td><td></td><td></td></tr>
<tr><td colspan="2">现场 7S</td><td>是否做到</td><td>10</td><td></td><td></td><td></td><td></td></tr>
<tr><td colspan="2">任务方案</td><td>是否正确、合理</td><td>15</td><td></td><td></td><td></td><td></td></tr>
<tr><td rowspan="6">操作过程</td><td>前期准备</td><td>整理工位及工位布置，设备的外观检查</td><td>5</td><td></td><td></td><td></td><td></td></tr>
<tr><td>检测普通二极管</td><td>找出二极管的正、负极，并会正确检测二极管</td><td>5</td><td></td><td></td><td></td><td></td></tr>
<tr><td>检测发光二极管</td><td>找出发光二极管的正、负极，并会正确检测发光二极管</td><td>5</td><td></td><td></td><td></td><td></td></tr>
<tr><td>测量晶体管的管型与三个电极</td><td>正确测量晶体管管型，分辨三个电极</td><td>5</td><td></td><td></td><td></td><td></td></tr>
<tr><td>测量晶体三极管的放大倍数</td><td>会测量、判断晶体三极管放大倍数</td><td>5</td><td></td><td></td><td></td><td></td></tr>
<tr><td>操作规范</td><td>正确使用数字万用表</td><td>5</td><td></td><td></td><td></td><td></td></tr>
<tr><td colspan="2">任务完成情况</td><td>是否圆满完成任务</td><td>5</td><td></td><td></td><td></td><td></td></tr>
<tr><td colspan="2">工具和设备使用</td><td>是否规范、标准</td><td>10</td><td></td><td></td><td></td><td></td></tr>
<tr><td colspan="2">劳动纪律</td><td>是否严格遵守</td><td>5</td><td></td><td></td><td></td><td></td></tr>
<tr><td colspan="2">实训工单填写</td><td>是否完整、规范</td><td>5</td><td></td><td></td><td></td><td></td></tr>
<tr><td colspan="3">总分</td><td>100</td><td></td><td></td><td></td><td></td></tr>
<tr><td colspan="4">教师签名： 年 月 日</td><td colspan="2">得分</td><td colspan="2"></td></tr>
</table>

项目小结

本项目主要介绍了汽车电路中常用元器件及其特点、电气符号，介绍了使用数字万用表检测电阻元器件、继电器、电容器、晶体管等的基本方法与操作步骤。为了使教学内容贴近生产生活实际，与工作岗位对接，教学中把实践操作性强、应用性强的内容“用数字万用表检测各类元器件”作为本项目的重点。为了使教学过程尽可能与生产过程对接，本教材通过“实验箱元器件模拟检测”结合“实物元器件检测判断”设置教学环境与载体，并为下一个项目学习各类电路分析方法做好准备。

同步练习

一、选择题

1. 电位器的主要参数为电阻值、容差、(　　)。

A. 电压　　B. 电流　　C. 电位　　D. 额定功率

2. 汽车发动机的油泵继电器属于 (　　)。

A. 电磁继电器　　B. 温度继电器

C. 时间继电器　　D. 热敏继电器

3. 节能功率继电器的电流为 (　　)。

A. 0.2～2A　　B. 2～10A　　C. 10～20A　　D. 20～100A

4. 电容器具有 (　　) 作用。

A. 单向导电　　B. 隔直流通交流

C. 通交流　　D. 双向导电

5. 二极管最重要的特性就是 (　　)。

A. 单向导电　　B. 隔直流通交流

C. 通直流　　D. 双向导电

二、判断题

1. 如果不能找到具有相同电流负荷的保险丝，则可采用比原保险丝额定电流低的代替。(　　)

2. 测量常闭触头与动头之间的电阻 (R_{30-87a})，其阻值应为无穷大；而测量常开触头与动头之间的阻值 (R_{30-87})，则应为 0。(　　)

3. 电解电容器有两个引脚，在使用中应注意正、负极性。一般长引脚为正极，短引脚为负极。(　　)

4. 按两个 PN 结的排列方式不同，晶体管分为 PNP 型和 NPN 型两大类。文字符号用 VD 表示。(　　)

5. 若哪个管脚有两次导通，则这个管脚为 B 极，导通时 B 极接红表笔为 NPN 型管。反之，接通时 B 极接黑表笔为 PNP 型管。(　　)

三、简答题

1. 写出继电器的检查方法。

2. 画出晶体管的两类结构图，并写出三极管的 3 个极和 2 个结的名称。

3. 写出二极管的分类。

四、实训题

根据继电器控制灯光电路图，选择合适的元器件，在实验设备上进行线路连接，并对线路进行功能测试与分析，完成数据测量表的记录。

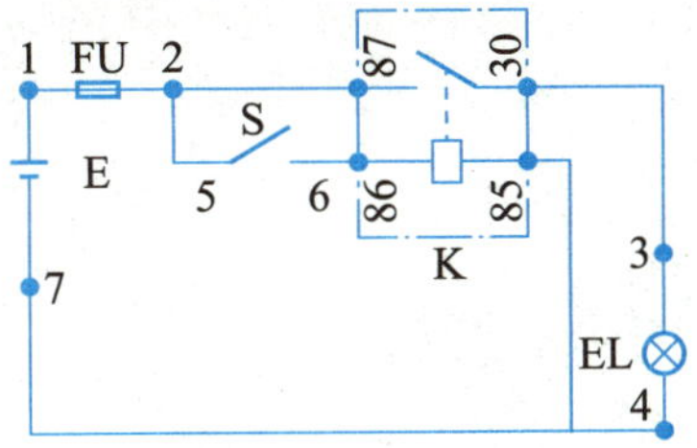

继电器控制灯光电路图

数据测量表

测量内容	测量点	S 断开	S 闭合
电位/V	K（87）		
	K（30）		
	K（86）		
	K（85）		
电压/V	U_{EL}		
	U_{30-87}		
	U_{85-86}		
	U_S		
电流/A	I_{FU}		
	I_{EL}		
	I_K		
工作状态	继电器 K		
	灯 EL		

项目四

汽车直流电路

任务一 欧姆定律及汽车串联电路

任务二 汽车并联电路

任务三 汽车混联电路

学习目标

知识目标

1. 掌握电路欧姆定律，理解电源的外特性。
2. 掌握电阻串联、并联、混联电路的特点，会计算等效电阻、电压、电流和电功率值。
3. 掌握使用数字万用表检测电阻、电位、电压、电流等的基本方法与操作步骤。

技能目标

1. 能够连接、检测汽车串联、并联、混联电路，并能对其进行排故。
2. 能正确使用数字万用表检测电路中的电阻、电位、电压、电流等。

素养目标

1. 提高动手操作能力，做中学，学中做。
2. 通过探究、合作，培养自我学习意识和团队合作能力，提升职业素养。

知识框架

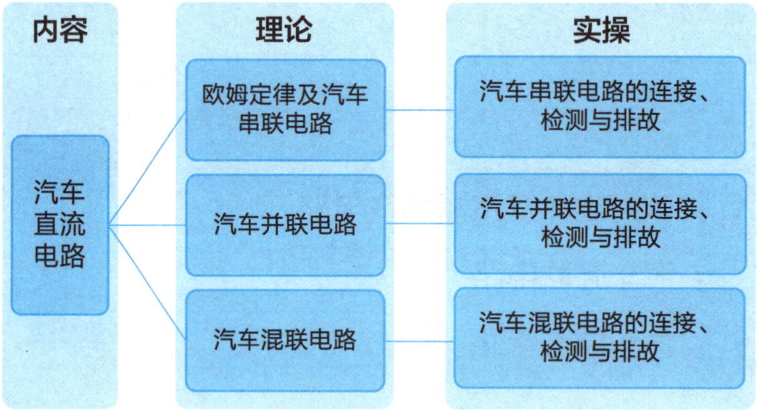

建议学时

14 学时。

项目导入

汽车上有许多电器，如车灯、电动机等，你知道它们是采用什么方式连接的吗？你会对这些电路进行各种电量的测量吗？如果电路出故障了，你知道怎么排除故障吗？本项目将学习欧姆定律及串联、并联、混联电路的计算分析，以及这些电路的连线、检测和排故。

任务一 欧姆定律及汽车串联电路

任务导入

汽车蓄电池有一个重要的用途，用来驱动起动电动机，带动发动机点火着车。汽车起动电路如图 4-1-1 所示。若电瓶内阻变大，会直接引起施加在起动电动机上的电压下降，造成起动电动机输出功率不足，起动转速下降，这样直接引起着车困难。如果电瓶输出电压低于 9V，一般打不着火，这主要和欧姆定律有关系。那么，什么是欧姆定律呢？

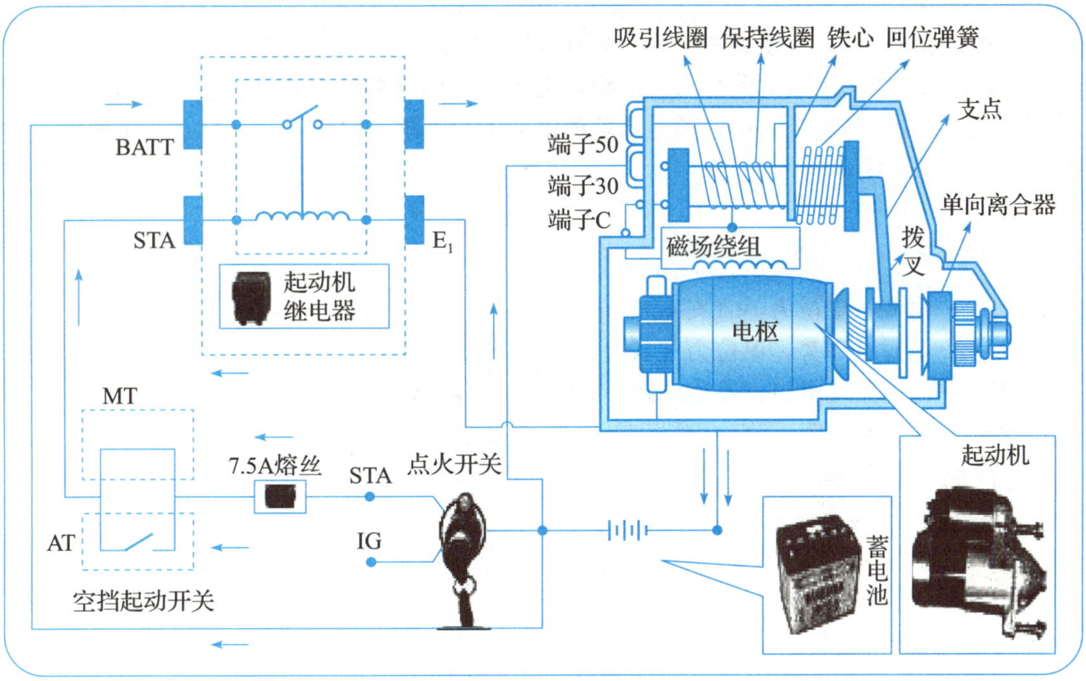

图 4-1-1 汽车起动电路

汽车电路中，会出现几个电阻串联的情况，串联电阻个数的多少会影响电路总电阻的大小。什么是电阻串联？串联电路有什么特点呢？

知识介绍

一、欧姆定律

欧姆定律包括部分电路欧姆定律和全电路欧姆定律两部分。

（一）部分电路欧姆定律

不含电源的一段电路称为部分电路。在一段电路中，通过电路的电流与这段电路两端的电压成正比，与这段电路的电阻成反比，这就是部分电路欧姆定律，即

$$I=\frac{U}{R}$$

式中，I——电流，单位为 A（安）；

U——电阻两端的电压，单位为 V（伏）；

R——电阻，单位为 Ω（欧）；

由上式变形可得

$$U=IR, R=\frac{U}{I}$$

（二）全电路欧姆定律

一个实际电源可以表示成图 4-1-2 所示的电路。

含有实际电源的闭合电路称为全电路，它包括内电路和外电路两部分，如图 4-1-3 所示。实验证明，在全电路中，通过电路的电流 I 与电源电动势 E 成正比，与电路的总电阻（$R+r$）成反比，即

$$I=\frac{E}{R+r}$$

式中，I——电流，单位为 A（安）；

E——电源电动势，单位为 V（伏）；

R——外电路总电阻，简称外阻，单位为 Ω（欧）；

r——内电路电阻，简称内阻，单位为 Ω（欧）。

这就是全电路欧姆定律。

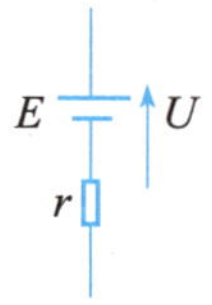

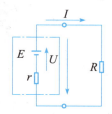

图 4-1-2　实际电源

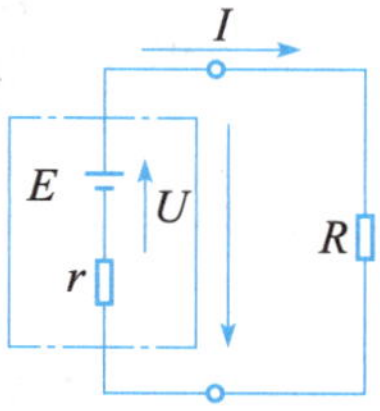

图 4-1-3　全电路

由全电路欧姆定律得

$$E=IR+Ir=U+U_r$$

式中，U——外电路电压降，也称路端电压，简称端电压，$U=IR$；

U_r——内电路电压降，也称内阻压降，$U_r=Ir$。

所以，电源的电动势等于端电压与内阻压降之和，$E=U+U_r$。

（三）电源的外特性

（1）当外电路断开时，用电压表直接测量电源两极电压，其数值等于电源的电动势。

所以此时，端电压等于电源电动势，电流为零，即 $U=E$，$I=0$。

（2）当外电路短路时，端电压为零，电流达到最大值，即 $U=0$，$I=\dfrac{E}{r}$。

（3）当外电路通路时，端电压 $U=IR=E-U_r$，电流 $I=\dfrac{E}{R+r}$。

（4）当外电阻 R 增大时，根据 $I=E/(R+r)$ 可知，电流 I 减小（E 和 r 为定值），内电压 $U_r=Ir$ 减小，根据 $U=E-Ir$ 可知，端电压 U 增大。

（5）当外电阻 R 减小时，根据 $I=E/(R+r)$ 可知，电流 I 增大（E 和 r 为定值），内电压 $U_r=Ir$ 增大，根据 $U=E-Ir$ 可知，端电压 U 减小。

（四）举例

图 4-1-4 所示的电路中，$R_1=14\Omega$，$R_2=9\Omega$，当开关 S 接通 1 点时，电路中的电流 $I_1=0.2\text{A}$；当开关 S 接通 2 点时，电路中的电流 $I_2=0.3\text{A}$，求电源的电动势 E 和内阻 r。

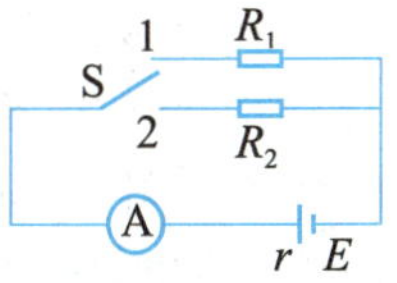

图 4-1-4 电路图

解： 当 S 接 1 点时，$E=I(R_1+r)=0.2(14+r)$

当 S 接 2 点时，$E=I(R_2+r)=0.3(9+r)$

所以，$0.2(14+r)=0.3(9+r)$

求得内阻 $r=1\Omega$

所以，电源电动势 $E=3\text{V}$

二、串联电路

（一）串联电路的概念

两个或两个以上电阻的首尾依次连接所构成的无分支电路叫作串联电路，如图 4-1-5 所示。

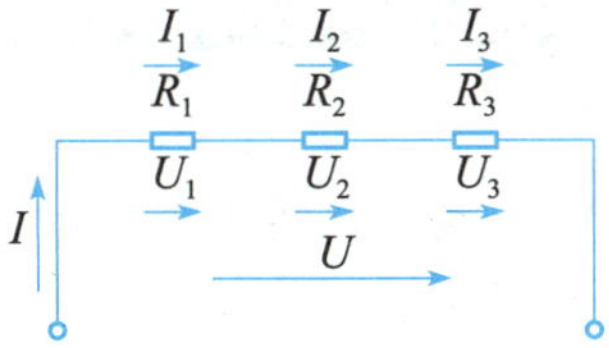

图 4-1-5 串联电路

（二）串联电路的特点

（1）把电路、元器件依次连接起来，电路中只有一条通路，通过一个元器件的电流同时也通过另一个。

（2）电路中只需要一个开关，且开关的位置对电路没有影响。

（3）各个元器件之间的工作是互相影响的。

串联电路的特点

（三）串联电路中电阻的特点

（1）两个电阻串联时，总电阻为 $R=R_1+R_2$。两个相等的电阻 R_1 串联时，总电阻为 $R=2R_1$。

（2）电路的总电阻等于各分电阻之和，即 $R=R_1+R_2+\cdots+R_n$。

（3）如果有 n 个相等的电阻 R_1 串联，则总电阻 $R=nR_1$。

（四）串联电路中电压的特点

（1）两个电阻串联时，电路两端的总电压等于两个电阻两端的电压之和，即

$$U=U_1+U_2$$

（2）n 个电阻串联时，电路两端的总电压等于各个电阻两端的电压之和，即

$$U=U_1+U_2+\cdots+U_n$$

（五）串联电路中电流的特点

（1）两个电阻串联时，流过两个电阻的电流相等，并等于总电流，即

$$I=I_1=I_2$$

（2）n 个电阻串联时，流过各个电阻的电流相等，并等于总电流，即

$$I=I_1=I_2=\cdots=I_n$$

（六）串联的应用

1. 用于降压

当某一用电器的额定电压低于电源电压时，可在电路上串联一个适当的电阻（降压电阻）。根据串联的电压分配规律，使用电器分得的电压为额定工作电压。这里要注意与负载相串联的电阻，实际电功率不应超过它的额定功率。

2. 用来控制负载电源

负载的工作状况与电流大小有直接关系，如直流电动机的转速与电流大小有关，如桑塔纳轿车空调中的鼓风机电路就串联三个电阻，通过鼓风机开关可以改变串联电阻的个数，达到改变鼓风机转速的目的。

汽车小知识

汽车空调鼓风机

常规的汽车空调中鼓风机调速，采用串联电阻的方式（见图 4－1－6），利用回路中阻值的大小来调节电压，达到调节风机转速的目的。一般低挡位串联电阻的阻值大，中挡位串联电阻的阻值小，高挡位不串联电阻。这种方式原理比较简单，零部件成本也低，维修方便。

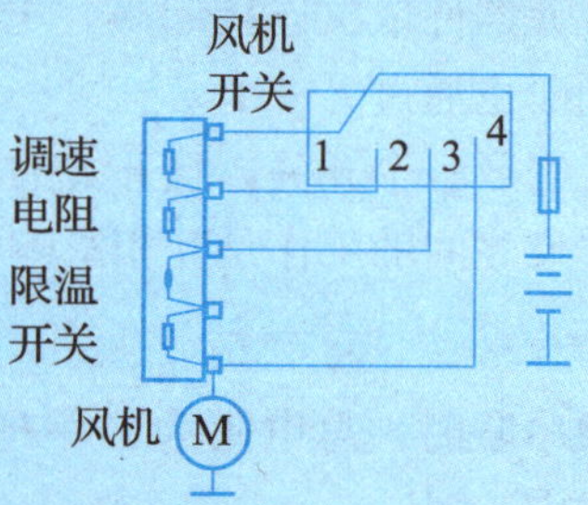

图 4－1－6　汽车空调鼓风机实物图与电路图

空调调速电阻安装固定在风道里，这样当鼓风机工作的时候，会有风冷却。

只要鼓风机在转，就有电流通过调速电阻，这时候电阻体就会发热，电阻体上有一个保险丝，当鼓风机堵转、短路或异常电流过高时，保险丝会熔断，这时候鼓风机就不能工作了。

图 4－1－6 中空调鼓风机的控制挡位有 1～4 挡，通过改变风机开关与调速电阻的接通方式，可使风机以四种不同转速工作。

任务实施

白炽灯串联电路的连接与检测

一、实训目标

（一）总体任务

（1）能够根据白炽灯串联电路图（见图 4－1－7），选择合适的元器件，在实验箱上用连接电线连接成实物线路，并对线路进行功能测试与分析，满足以下功能要求：

①开关 S_1 闭合、S_2 断开时，白炽灯 EL_1、EL_2 微亮。

②开关 S_1 闭合、S_2 闭合时，白炽灯 EL_1 亮。

（2）操作实验箱相应的开关，观察故障现象，分析故障原因，诊断、排除故障。

（二）具体要求

1. 元器件选择

（1）检查、校验所提供的仪器设备。

（2）根据电路图选择合适的元器件进行检测并判断好坏，如需更换请告知。

2. 线路连接

根据电路图，按连线规范要求完成线路连接。

3. 电路的检查、测量与分析（测量结果必须标注单位）

（1）使用万用表进行电路通电前检查，确认是否存在短路现象。

（2）根据图 4－1－8 所标注的点位，通电后按要求测量相应的项目，并记录测量结果。

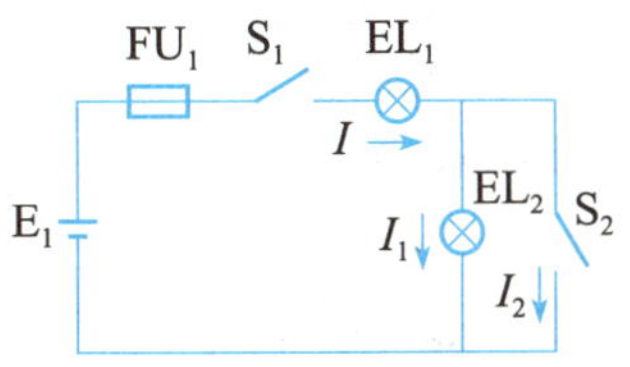

图 4－1－7 白炽灯串联电路图

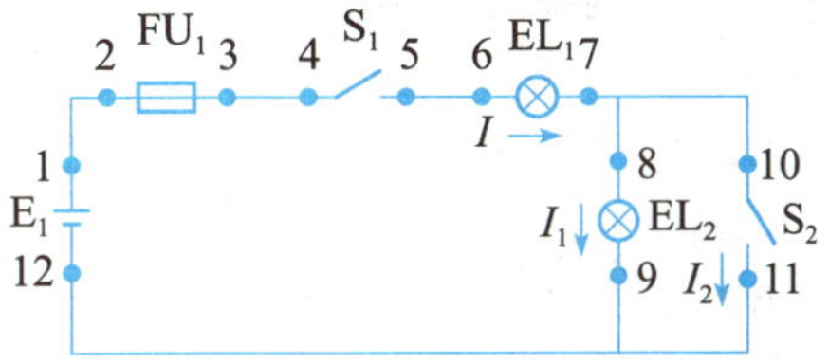

图 4－1－8 标注测量点的白炽灯串联电路图

（3）根据电路图，简要描述该电路实现的功能。

4. 电路排故

线路测量完成后，进入实验箱排故系统，进行电路排故。

（1）操作实验箱相应的开关，观察故障现象，分析故障原因，诊断故障。

（2）确认故障点及故障类型，排除故障并验证。

（3）若有多个故障点，要求逐个排除并验证。

二、实训准备

（1）器材准备：实验箱、数字万用表、实训手册、故障元器件及 220V 电源等。

（2）材料准备：导线、熔断器、白炽灯、开关等。

三、实训步骤

（一）元器件识读与检测

确保汽车电工电子实验箱电源断开，然后识别、检测元器件，并填写表 4－1－1。

表 4－1－1 元器件识读与检测记录表

序号	元器件名称	元器件检测记录
1	数字万用表检查校验	是否能正常使用：□是 □否
2	实验箱电源电压检查	是否正常： □是 □否
3	导线检查	是否正常： □是 □否
4	熔断器 FU_1	量程：________电阻测量值：________ Ω
5	白炽灯 EL_1	量程：________电阻测量值：________ Ω
6	白炽灯 EL_2	量程：________电阻测量值：________ Ω
7	开关 S_1 闭合	量程：________电阻测量值：________ Ω
8	开关 S_1 断开	量程：________电阻测量值：________ Ω
9	开关 S_2 闭合	量程：________电阻测量值：________ Ω
10	开关 S_2 断开	量程：________电阻测量值：________ Ω

（二）线路连接与检验

1. 安全检查

确保实验箱电源处于切断状态。

2. 线路连接

根据电路图（见图 4－1－7），在实验箱上连线完成实物线路，如图 4－1－9 所示。

3. 连线检查

对照电路图，仔细检查实物线路，确保连线正确无误，确认无短路故障

4. 线路连接检验

（1）接通实验箱电源开关。

（2）开关 S_1 闭合、S_2 断开，白炽灯 EL_1 和 EL_2 微亮，如图 4－1－10 所示。

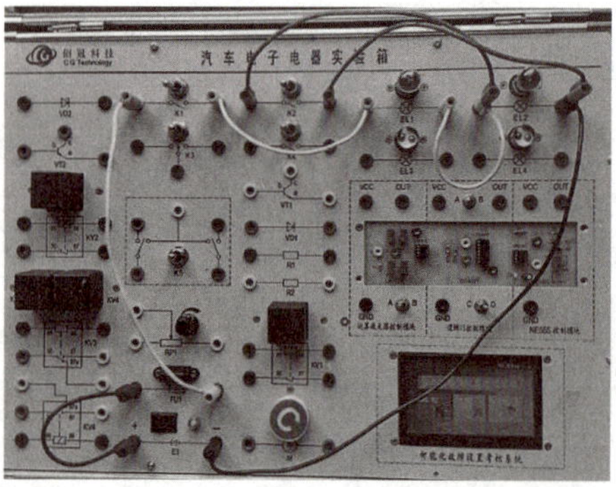

图 4－1－9 实验箱上连线完成的实物线路

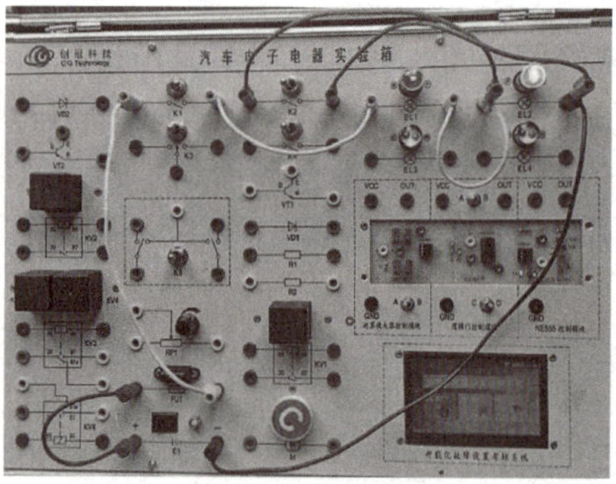

图 4－1－10 开关 S_1 闭合、S_2 断开时串联电路工作状况

(3) 开关 S_1、S_2 均闭合，白炽灯 EL_1 亮，如图 4-1-11 所示。

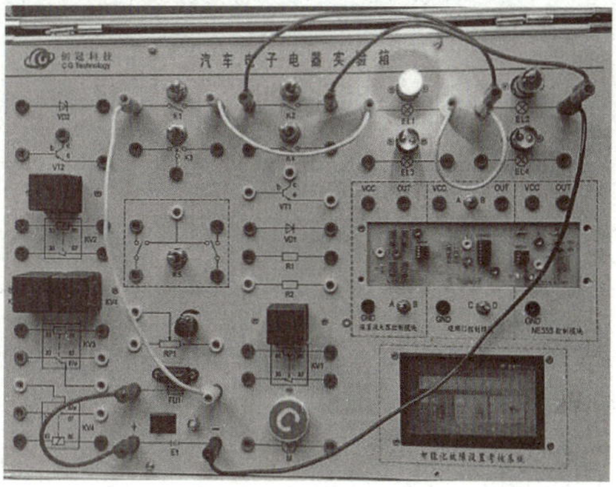

图 4-1-11 开关 S_1、S_2 均闭合状态下电路工作状况

(4) 结果评判：线路连接正确，工作正常。

(三) 电路测量

在开关 S_1、S_2 处于断开、闭合的几种不同情况下，测量实物线路的电位、电压、电流，判断负载的工作状态，把测量数据填写在表 4-1-2 中，分析测量数据，并简要说明电路实现的功能，填写表 4-1-3。

表 4-1-2 测量数据记录分析表

测量内容	测量点	S_1 闭合		S_1 断开	
		S_2 断开	S_2 闭合	S_2 断开	S_2 闭合
电位/V	1				
	4				
	6				
	8				
	10				
	11				
电流/A	I				
	I_1				
	I_2				
电压/V	U_{E_1}				
	U_{EL_1}				
	U_{EL_2}				
	U_{S_2}				
工作状态	白炽灯 EL_1				
	白炽灯 EL_2				

表 4-1-3　电路实现的功能说明表

内容	功能简要描述
实现功能	

（四）电路分析

1. 状态 1

开关 S_1、S_2 均闭合状态电路图及等效电路图（条件：$U_{E_1}=12V$，$R_{EL_1}=R_{EL_2}=100\Omega$），如图 4-1-12、图 4-1-13所示。

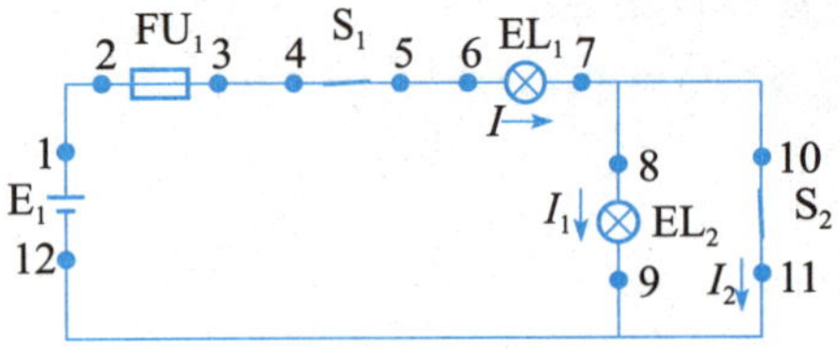

图 4-1-12　开关 S_1、S_2 均闭合状态电路图

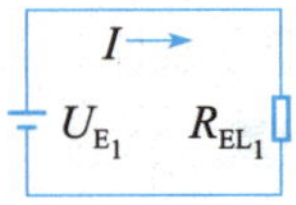

图 4-1-13　开关 S_1、S_2 均闭合状态等效电路图

电流流动方向：

电源正极→熔断器 FU_1→开关 S_1→白炽灯 EL_1→开关 S_2→电源负极

电路电阻计算：

$$R=R_{EL_1}=100\Omega$$

电路电流计算：

$$I=I_2=\frac{U_{EL_1}}{R_{EL_1}}=\frac{12V}{100\Omega}=0.12A$$

$$I_1=0A$$

电路电压计算：

$$U_{EL_1}=IR_{EL_1}=0.12A\times100\Omega=12V$$

$$U_{EL_2}=I_1R_{EL_2}=0A\times100\Omega=0V$$

2. 状态 2

开关 S_1 闭合、S_2 断开状态电路图及等效电路图（条件：$U_{E_1}=12V$，$R_{EL_1}=R_{EL_2}=100\Omega$），如图 4-1-14、图 4-1-15 所示。

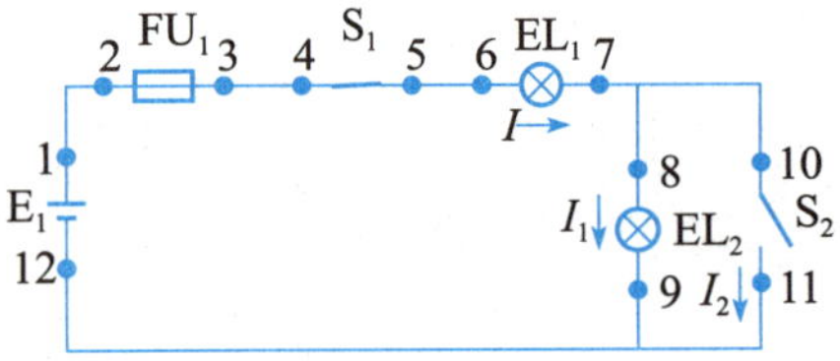

图 4-1-14　开关 S_1 闭合、S_2 断开状态电路图

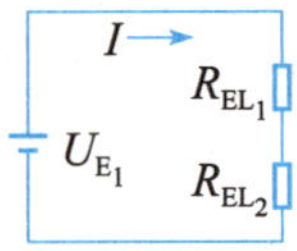

图 4-1-15　开关 S_1 闭合、S_2 断开状态等效电路图

电流流动方向：

电源正极→熔断器 FU_1→开关 S_1→白炽灯 EL_1→白炽灯 EL_2→电源负极

电路电阻计算：

$$R=R_{EL_1}+R_{EL_2}=200\Omega$$

电路电流计算：

$$I=I_1=\frac{U_{E_1}}{R}=\frac{12V}{200\Omega}=0.06A$$

$$I_2=0A$$

电路电压计算：

$$U_{EL_1}=IR_{EL_1}=0.06A\times100\Omega=6V$$

$$U_{EL_2}=I_1R_{EL_2}=0.06A\times100\Omega=6V \text{ 或者 } U_{EL_2}=U_{E_1}-U_{EL_1}=6V$$

（五）电路排故

1. 任务准备

（1）故障设置类型：在实验箱的实物线路上，可以选择设置一个或多个故障点。可以设置的故障点（即故障元器件）见附录。

（2）实验箱设置故障。根据图 4-1-16 所示的故障诊断电路图设置熔断器 FU_1 开路和开关 S_2 短路故障。

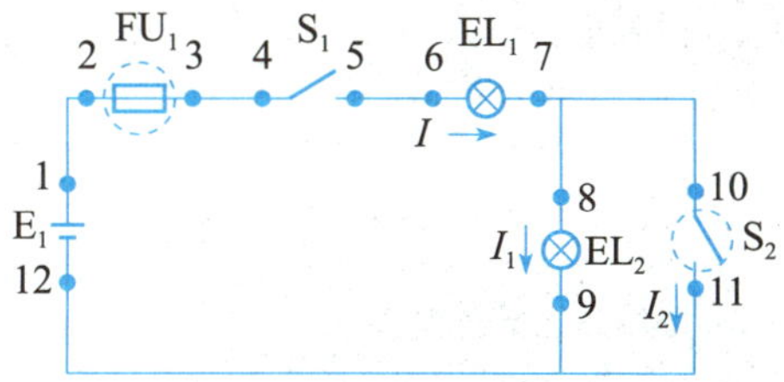

图 4-1-16　故障诊断电路图

2. 诊断分析

实施“故障现象、可能故障原因、故障检查过程、故障确认”4 个步骤达到“故障排除”的目的，并详细填写表 4-1-4 和表 4-1-5。

进入实验箱排故系统，进行电路排故。

（1）操作实验箱相应开关，观察故障现象，分析故障原因，诊断故障。

（2）确认故障点及故障类型，排除故障并验证。

以熔断器 FU_1 开路及开关 S_2 短路两个故障同时存在为例，先排除 FU_1 开路故障，再排除开关 S_2 短路故障。

表 4-1-4　故障诊断过程记录表

内容	结果记录			
故障现象	1. 开关 S_1 闭合，白炽灯 EL_1、EL_2 不亮 2. 故障 1 排除后，出现现象：开关 S_1 闭合、S_2 断开，白炽灯 EL_1 亮、EL_2 不亮			
可能故障原因	1. 电源断电，熔断器 FU_1、开关 S_1 及白炽灯 EL_1、EL_2 开路，导线开路 2. 故障 1 排除后，故障 2 可能的原因：开关 S_2 短路、白炽灯 EL_2 短路			
故障检查过程	测量内容	测量条件	测量结果	分析判断
	2 点电位 V_2	通电，开关 S_1 闭合	$V_2=12V$	2 点之前线路正常
	3 点电位 V_3	通电，开关 S_1 闭合	$V_3=0V$	2 点—3 点开路
	熔断器 FU_1 电阻 R_{FU_1}	断电，拔下 2 点导线	R_{FU_1} 为∞	熔断器 FU_1 开路
	复位熔断器 FU_1 后，复查电位 V_3	通电，开关 S_1 闭合	$V_3=12V$	熔断器 FU_1 恢复正常
	7 点电位 V_7	通电，开关 S_1 闭合，开关 S_2 断开	$V_7=0V$	因为白炽灯 EL_1 亮，所以 7 点—9 点短路
	白炽灯 EL_2 电阻 R_{EL_2}	断电，拔下 8 点导线	$R_{EL_2}=2\Omega$	白炽灯 EL_2 正常
	开关 S_2 电阻 R_{S_2}	断电，拔下 10 点导线	$R_{S_2}=0\Omega$	开关开关 S_2 短路
	复位开关 S_2 后，复查电位 V_7	通电，开关 S_1 闭合，开关 S_2 断开	$V_7=6V$	开关 S_2 恢复正常

表 4-1-5　故障确认记录表

序号	故障点及故障类型		确认是否正确
1	故障点	熔断器 FU_1	□是　□否
	故障类型	开路	□是　□否
2	故障点	开关 S_2	□是　□否
	故障类型	短路	□是　□否

任务评价

对本任务进行评分，标准如表 4-1-6 所示。

表 4-1-6　汽车串联电路的连接、检测与排故评分表

项目	操作步骤	配分	测试内容描述	记录	扣分
元器件识读与检测	数字万用表使用	10	表笔正确插孔（2 分）		
			正确选择挡位（3 分）		
			测量方法正确（3 分）		
			旋转开关置于交流高电压挡或“OFF”位（2 分）		
	元器件识读	2	能根据电路图正确找到对应的元器件（2 分）		
电工电路连接、检测、排故	接线图绘制	5	按原理图绘制接线图（5 分）		
	规范使用连线	4	正确使用电路连接线（4 分）		
	电路连线质量	10	连线没有交叉（2 分）		
			连线没有漏接（2 分）		
			元器件没有漏接（2 分）		
			元器件没有接错（2 分）		
			整体连线质量好（2 分）		
	电路功能测试	20	通电前用数字万用表检查线路（3 分）		
			电源接入正确（2 分）		
			功能实现（15 分）		
	数据记录	6	电位测量正确（2 分）		
			电压测量正确（2 分）		
			电流测量正确（2 分）		
	故障诊断	18	操作实验箱相应的开关，观察故障现象，分析故障原因，诊断故障（18 分）		
	故障排除	15	确认故障点及故障类型（5 分）		
			排除所有故障（5 分）		
			故障排除后进行验证（5 分）		
	操作规范	10	个人防护（工作服等）（3 分）		
			操作过程的安全（3 分）		
			工具仪器仪表使用规范（4 分）		
总　分					

任务二 汽车并联电路

任务导入

当开启汽车转向灯开关时，同一侧的转向灯会同时跳闪；而当开启汽车危险警报灯开关时，所有的转向灯都会同时跳闪（见图 4－2－1）。你了解这些灯在汽车电路中是怎么连接的吗？你知道怎么检测它们吗？如果某一盏闪光灯不会跳闪了，其他闪光灯都正常，你知道怎么检测电路吗？你会排除故障吗？

图 4－2－1　汽车危险警报灯及其开关

知识介绍

并联电路的特点

一、并联电路的概念

两个或两个以上电阻的首尾接在相同两点之间所构成的电路叫作并联电路，如图 4－2－2 所示。

二、并联电路的特点

（1）电流可以有两条（或多条）路径。

（2）各元器件可以独立工作，用电器之间的工作是互不影响的。

（3）主干路的开关控制整个干路，分支路的开关只控制本支路，断开一条支路，不影响别的支路。

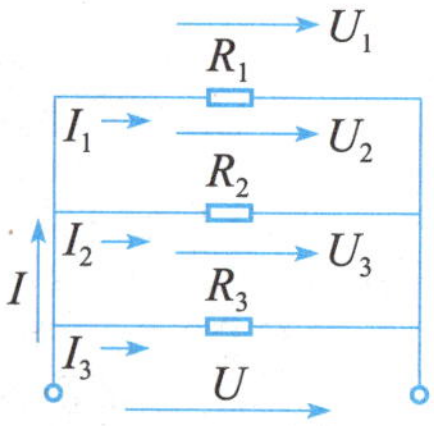

图 4－2－2　并联电路

三、并联电路中电阻的特点

（1）两个电阻并联时

$$\frac{1}{R}=\frac{1}{R_1}+\frac{1}{R_2}=\frac{R_1+R_2}{R_1R_2}$$

所以，总电阻为

$$R=\frac{R_1R_2}{R_1+R_2}$$

(2) 电路的总电阻的倒数等于各分电阻的倒数之和，即

$$\frac{1}{R}=\frac{1}{R_1}+\frac{1}{R_2}+\cdots+\frac{1}{R_n}$$

(3) 如果有 n 个相等的电阻 R_1 并联，则总电阻 R 为

$$R=\frac{R_1}{n}$$

四、并联电路中电压的特点

(1) 两个电阻并联时，两端的电压相等，并等于总电压，即

$$U=U_1=U_2$$

(2) 电路中并联的各电阻两端的电压相等，并等于总电压，即

$$U=U_1=U_2=\cdots=U_n$$

五、并联电路中电流的特点

(1) 两个电阻并联时，电路的总电流等于经过每个电阻的电流之和，即

$$I=I_1+I_2$$

(2) 电路的总电流等于经过各电阻的电流之和，即

$$I=I_1+I_2+\cdots+I_n$$

中国汽车

比亚迪：技术精湛的引领者，汽车行业转型的助推器

比亚迪作为中国新能源汽车的领军企业，技术精湛和创新能力是其核心竞争力的重要组成部分。比亚迪在电池、电动机、电控系统等方面拥有世界领先的技术实力，为新能源汽车的快速发展提供了强大的支撑。

比亚迪的刀片电池技术具有高能量密度、长寿命和低成本等优点，为新能源汽车提供了更加可靠的能源解决方案。此外，比亚迪的电动机和电控系统也实现了高度集成和高效运行，为新能源汽车的性能和稳定性提供了保障。

在智能驾驶方面，比亚迪积极布局自动驾驶技术，不断提升其产品的智能化水平。其多款车型已经配备了 L2 级自动驾驶辅助系统，并计划在未来推出更高级别的自动驾驶功能。

比亚迪在 2023 年全年销售了超过 300 万辆新能源汽车，同比增长 61.9%，成功超额完成了年初定下的 300 万辆销售目标。这一成就不仅彰显了比亚迪在国内市场的强大实力，也为其在全球市场的扩展奠定了坚实基础。

比亚迪的出色表现得益于其丰富的产品线、卓越的技术品质和精准的市场策略。王朝海洋系列、腾势品牌以及仰望汽车和方程豹汽车等不同定位的产品，满足了不同消费者的需求，进一步巩固了其在市场上的领先地位。

此外，比亚迪还积极布局海外市场，通过加强品牌推广和市场营销，不断提升国际影响力。2023 年出口量同比增长 334.2%，表明比亚迪正逐步成为全球新能源汽车市场的领导者之一。

随着全球能源转型和环保意识的不断提高，新能源汽车市场将继续保持快速增长。作为行业领军者，比亚迪将继续发挥其技术精湛的优势，引领汽车行业向新能源方向转型。

任务实施

白炽灯并联电路的连接及电位、电压的测量

白炽灯并联电路的连接及电流的测量

一、实训目标

（一）总体任务

（1）能够根据白炽灯并联电路图（见图 4-2-3），选择合适的元器件，在实验箱上用连接电线连接完成实物线路，并对线路进行功能测试与分析，满足以下功能要求：

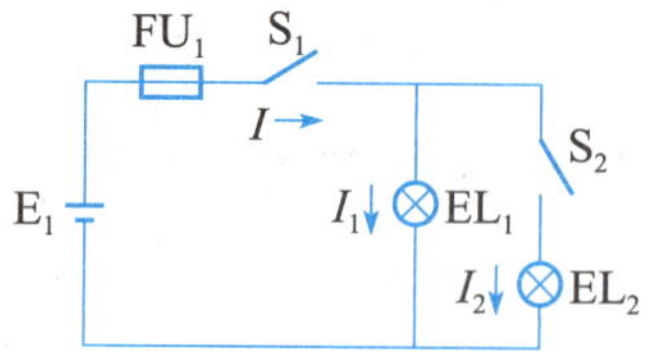

图 4-2-3　白炽灯并联电路图

①开关 S_1 闭合、S_2 断开状态下，白炽灯 EL_1 亮。

②开关 S_1 闭合、S_2 闭合状态下，白炽灯 EL_1、EL_2 亮。

（2）操作实验箱相应的开关，观察故障现象，分析故障原因，诊断、排除故障。

（二）具体要求

1. 元器件选择

（1）检查、校验所提供的仪器设备。

（2）根据电路图选择合适的元器件进行检测并判断好坏，如需更换请告知。

2. 线路连接

根据电路图，按连线规范要求完成线路连接。

3. 电路的检查、测量与分析

（1）使用数字万用表进行通电前电路检查，确认其是否存在短路现象。

（2）根据图 4-2-4 所标注的测量点，通电后按要求测量相应的项目，并记录测量结果（测量结果必须标注单位）。

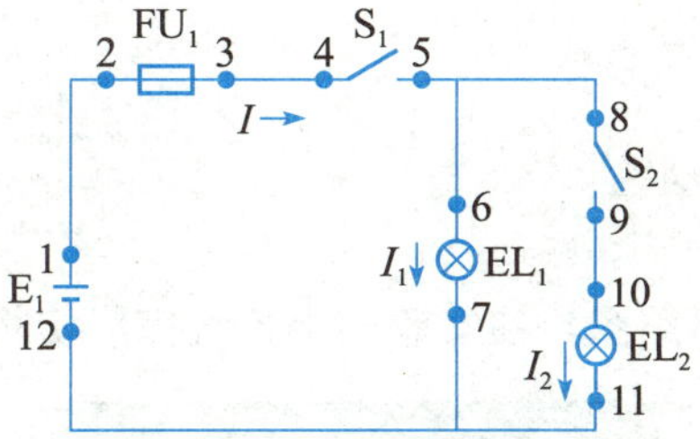

图 4-2-4 标注测量点的白炽灯并联电路图

(3) 根据电路图，简要描述该电路实现的功能。

4. 电路排故

线路测量完成后，进入实验箱排故系统，进行电路排故。

(1) 操作实验箱相应的开关，观察故障现象，分析故障原因，诊断故障。

(2) 确认故障点及故障类型，排除故障并验证。

(3) 若有多个故障点，要求逐个排除并验证。

二、实训准备

(1) 器材准备：实验箱、数字万用表、实训手册、故障元器件及 220V 电源等。

(2) 材料准备：导线、熔断器、白炽灯、开关等。

三、实训步骤

(一) 元器件识读与检测

确保汽车电工电子实验箱电源断开，然后识别、检测元器件，并填写表 4-2-1。

表 4-2-1 元器件识读与检测记录表

序号	元器件名称	元器件检测记录
1	数字万用表检查校验	是否能正常使用：□是 □否
2	实验箱电源电压检查	是否正常： □是 □否
3	导线检查	是否正常： □是 □否
4	熔断器 FU_1	量程：________电阻测量值：________ Ω
5	白炽灯 EL_1	量程：________电阻测量值：________ Ω
6	白炽灯 EL_2	量程：________电阻测量值：________ Ω
7	开关 S_1 闭合	量程：________电阻测量值：________ Ω
8	开关 S_1 断开	量程：________电阻测量值：________ Ω
9	开关 S_2 闭合	量程：________电阻测量值：________ Ω
10	开关 S_2 断开	量程：________电阻测量值：________ Ω

（二）线路连接与检验

1. 安全检查

确保实验箱电源处于断开状态。

2. 线路连接

根据图 4－2－3 所示的电路图，在实验箱上连线完成实物线路（见图 4－2－5）。

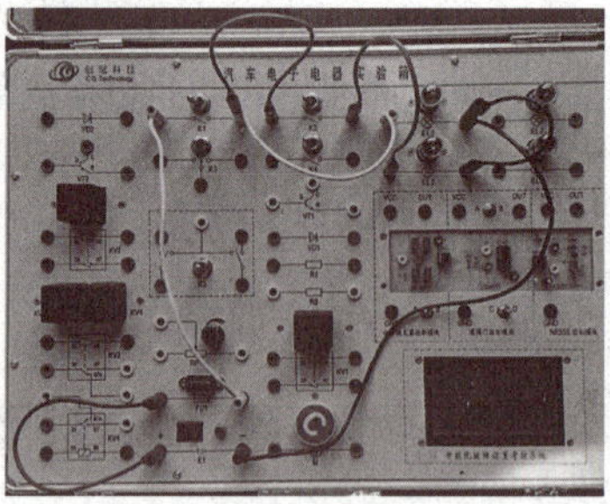

图 4－2－5　在实验箱上连线完成实物线路

3. 连线检查

对照电路图，仔细检查实物线路，确保连线正确无误，确认无短路故障。

4. 线路连接检验

（1）接通实验箱电源开关。

（2）开关 S_1 闭合、S_2 断开，白炽灯 EL_1 亮，如图 4－2－6 所示。

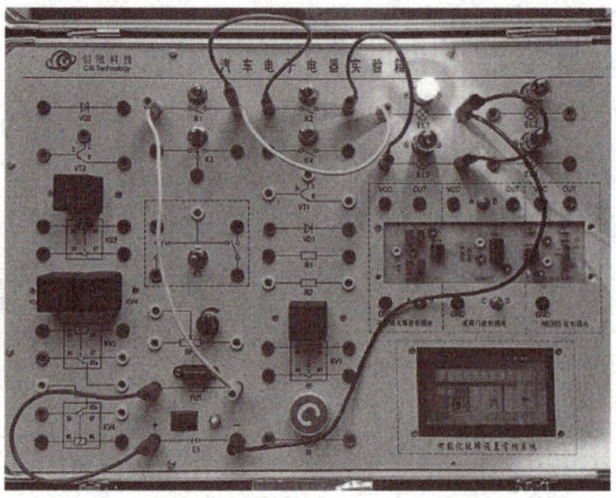

图 4－2－6　开关 S_1 闭合、S_2 断开时并联电路工作状况

（3）开关 S_1 闭合、S_2 闭合，白炽灯 EL_1、EL_2 亮，如图 4－2－7 所示。

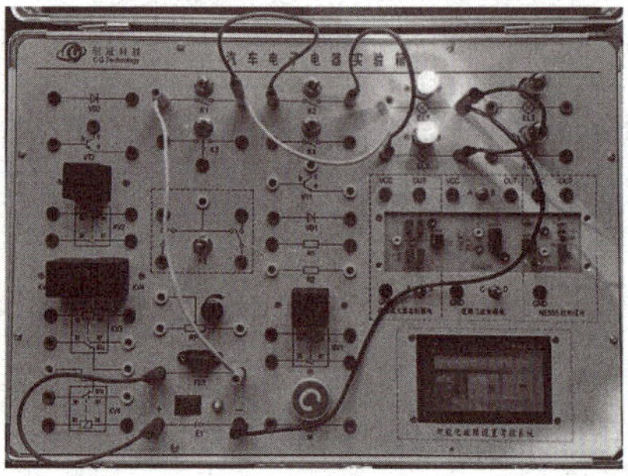

图 4－2－7　开关 S_1、S_2 闭合状态下并联电路工作状况

（4）结果评判：线路连接正确，工作正常。

（三）电路测量

使在开关 S_1、S_2 处于断开、闭合的几种不同情况下，测量实物线路的电位、电压、电流，把测量数据填写在表 4-2-2 中，分析测量数据，并简要描述电路实现的功能，填写表 4-2-3。

表 4-2-2 测量数据记录分析表

测量内容	测量点	S_1 闭合		S_1 断开	
		S_2 断开	S_2 闭合	S_2 断开	S_2 闭合
电位/V	1				
	4				
	6				
	8				
	10				
	11				
电流/A	I				
	I_1				
	I_2				
电压/V	U_{E_1}				
	U_{EL_1}				
	U_{EL_2}				
	U_{S_2}				
工作状态	灯 EL_1				
	灯 EL_2				

表 4-2-3 电路实现的功能说明表

内容	功能简要描述
实现功能	

（四）电路分析

1. 状态 1

开关 S_1 闭合、S_2 断开状态电路图及等效电路（条件：$U_{E_1}=12V$，$R_{EL_1}=R_{EL_2}=100\Omega$），如图 4-2-8、图 4-2-9 所示。

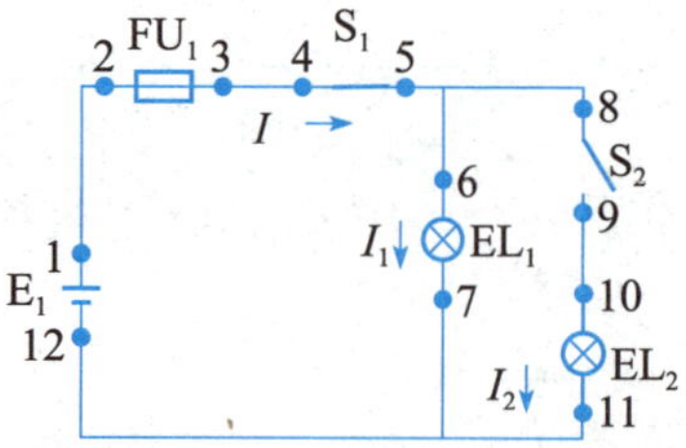

图 4-2-8 开关 S_1 闭合、S_2 断开状态电路图

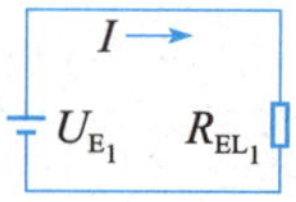

图 4-2-9 开关 S_1 闭合、S_2 断开状态等效电路

电流流动方向：

电源正极→熔断器 FU_1→开关 S_1→白炽灯 EL_1→电源负极

电路电阻计算：

$$R=R_{EL_1}=100\Omega$$

电路电流计算：

$$I=I_1=\frac{U_{EL_1}}{R_{EL_1}}=\frac{12V}{100\Omega}=0.12A$$

$$I_2=0A$$

电路电压计算：

$$U_{EL_1}=I_1R_{EL_1}=0.12A\times100\Omega=12V$$

$$U_{EL_2}=I_2R_{EL_2}=0A\times100\Omega=0V$$

2. 状态 2

开关 S_1 闭合、S_2 闭合状态电路图及等效电路图（条件：$U_{E_1}=12V$，$R_{EL_1}=R_{EL_2}=100\Omega$），如图 4-2-10、图 4-2-11 所示。

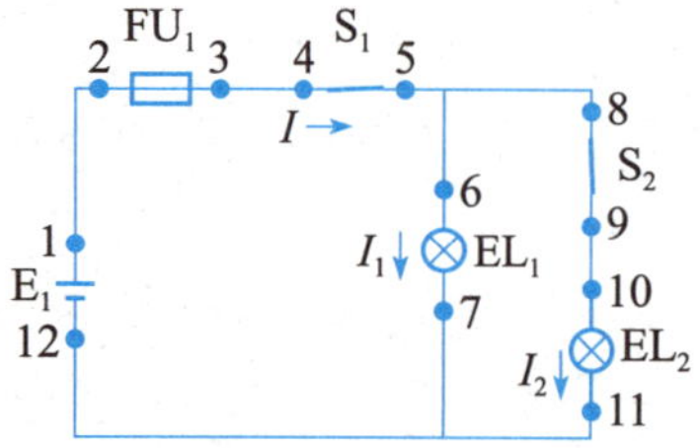

图 4-2-10 开关 S_1 闭合、S_2 闭合状态电路图

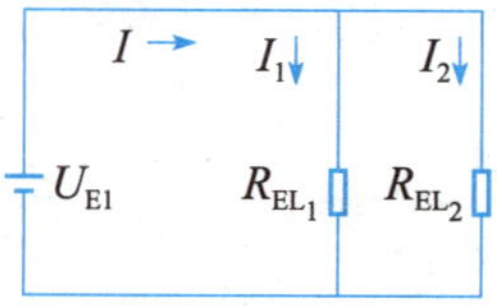

图 4-2-11 开关 S_1 闭合、S_2 闭合状态等效电路图

电流流动方向：

电源正极→熔断器 FU_1→开关 S_1→$\left\{\begin{array}{l}\text{开关 } S_2\text{→白炽灯 } EL_2 \\ \text{白炽灯 } EL_1\end{array}\right\}$→电源负极

电路电阻计算：

$$R=\frac{1}{\frac{1}{R_{EL_1}}+\frac{1}{R_{EL_2}}}=\frac{1}{\frac{1}{100}+\frac{1}{100}}\Omega=50\Omega$$

电路电流计算：

$$I=\frac{U_{E_1}}{R}=\frac{12V}{50\Omega}=0.24A$$

$$I_1=\frac{U_{E_1}}{R_{EL_1}}=\frac{12V}{100\Omega}=0.12A$$

$$I_2=\frac{U_{E_1}}{R_{EL_2}}=\frac{12V}{100\Omega}=0.12A$$

电路电压计算：

$$U_{E_1}=U_{EL_1}=U_{EL_2}$$

(五) 电路排故

1. 任务准备

(1) 故障设置类型。在实验箱的实物线路上，可以选择设置一个或多个故障点。可以设置的故障点（即故障元器件）见附录。

(2) 实验箱设置故障。根据图 4-2-12 所示的故障诊断电路图设置开关 S_1 开路和灯 EL_2 开路故障。

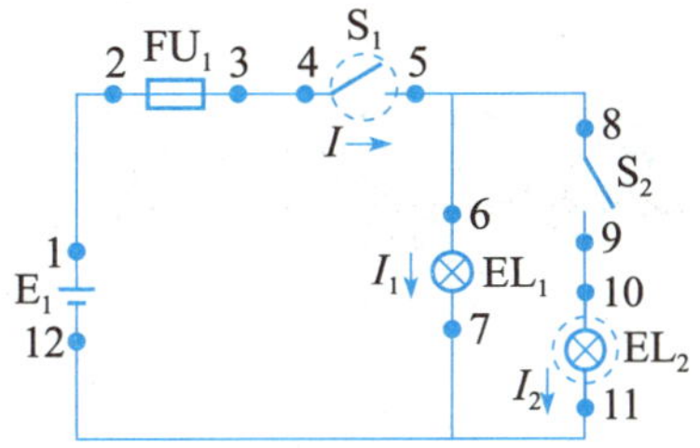

图 4-2-12 故障诊断电路图

2. 诊断分析

实施“故障现象、可能故障原因、故障检查过程、故障确认”4 个步骤达到“故障排除”的目的，并详细填写表 4-2-4 和表 4-2-5。

进入实验箱排故系统，进行电路排故。

(1) 操作实验箱相应的开关，观察故障现象，分析故障原因，诊断故障。

(2) 确认故障点及故障类型，排除故障并验证。

以开关 S_1 开路和灯 EL_2 开路两个故障同时存在为例，先排除开关 S_1 开路故障，再排除灯 EL_2 开路故障。

表 4-2-4　故障诊断过程记录表

内容	结果记录			
故障现象	1. 开关 S_1 闭合，白炽灯 EL_1 不亮 2. 故障 1 排除后出现现象：开关 S_1、S_2 闭合，白炽灯 EL_1 亮，白炽灯 EL_2 不亮			
可能故障原因	1. 电源 E_1 断电，熔断器 FU_1、开关 S_1、白炽灯 EL_1 开路，导线开路 2. 故障 1 排除后，故障 2 可能的原因：开关 S_1、白炽灯 EL_2 开路，导线开路			
故障检查过程	测量内容	测量条件	测量结果	分析判断
	4 点电位 V_4	通电，开关 S_1 闭合	$V_4=12V$	4 点之前线路正常
	5 点电位 V_5	通电，开关 S_1 闭合	$V_5=0V$	4 点—5 点开路
	开关 S_1 电阻 R_{S_1}	断电，拔下 4 点导线，开关 S_1 闭合	R_{S_1} 为∞	开关 S_1 开路
	复位开关 S_1 后，复查电位 V_5	通电，开关 S_1 闭合	$V_5=12V$	开关 S_1 恢复正常
	10 点电位 V_{10}	通电，开关 S_1、S_2 闭合	$V_{10}=12V$	10 点之前线路正常
	11 点电位 V_{11}	通电，开关 S_1、S_2 闭合	$V_{11}=0V$	白炽灯 EL_2 不亮，所以 10 点—11 点开路
	白炽灯 EL_2 电阻 R_{EL_2}	断电，拔下 10 点导线	R_{EL_2} 为∞	白炽灯 EL_2 开路
	复位白炽灯 EL_2 后，复查电阻 R_{EL_2}	通电，开关 S_1、S_2 闭合	$R_{EL_2}=2\Omega$	白炽灯 EL_2 恢复正常

表 4-2-5　故障确认记录表

序号	故障点及故障类型		确认是否正确
1	故障点	开关 S_1	□是　□否
	故障类型	开路	□是　□否
2	故障点	白炽灯 EL_2	□是　□否
	故障类型	开路	□是　□否

任务评价

对本任务进行评分，标准如表 4-2-6 所示。

表 4-2-6　汽车并联电路的连接、检测与排故评分表

项目	操作步骤	配分	测试内容描述	记录	扣分
元器件识读与检测	数字万用表使用	10	表笔正确插孔（2 分）		
			正确选择挡位（3 分）		
			测量方法正确（3 分）		
			旋转开关置于交流高电压挡或“OFF”位（2 分）		
	元器件识读	2	能根据电路图正确找到对应的元器件（2 分）		
电工电路连接、检测、排故	接线图绘制	5	按原理图绘制接线图（5 分）		
	规范使用连线	4	正确使用电路连接线（4 分）		
	电路连线质量	10	连线没有交叉（2 分）		
			连线没有漏接（2 分）		
			元器件没有漏接（2 分）		
			元器件没有接错（2 分）		
			整体连线质量好（2 分）		
	电路功能测试	20	通电前用数字万用表检查线路（3 分）		
			电源接入正确（2 分）		
			功能实现（15 分）		
	数据记录	6	电位测量正确（2 分）		
			电压测量正确（2 分）		
			电流测量正确（2 分）		
	故障诊断	18	操作实验箱相应的开关，观察故障现象，分析故障原因，诊断故障（18 分）		
	故障排除	15	确认故障点及故障类型（5 分）		
			排除所有故障（5 分）		
			故障排除后进行验证（5 分）		
	操作规范	10	个人防护（工作服等）（3 分）		
			操作过程的安全（3 分）		
			工具仪器仪表使用规范（4 分）		
总　分					

任务三 汽车混联电路

任务导入

汽车仪表的三个显示仪表需要通过三个白炽灯照明（12V，2W）（见图 4-3-1），夜间行车时应将仪表亮度减少一半以上。为了能将仪表照明亮度从亮切换到暗，或者是从暗切换到亮，在此需要一个开关。

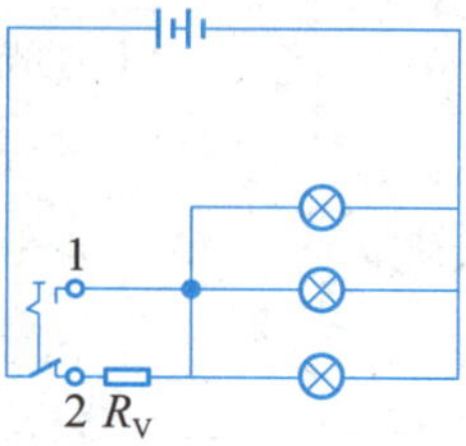

图 4-3-1 汽车仪表及其电路图

开关位置 1（并联电路）：每个灯泡上的电压都是 12V，灯泡亮度较高。

开关位置 2（混联电路）：每个灯泡上的电压都是 8V，灯泡亮度较低。

当开关打到 2 的位置时，即形成了混联电路。我们已经知道串联和并联了，你知道什么是混联吗？混联电路又有什么特点呢？

知识介绍

电路中既有电阻串联又有电阻并联的电路叫作电阻的混联电路，如图 4-3-2 所示。

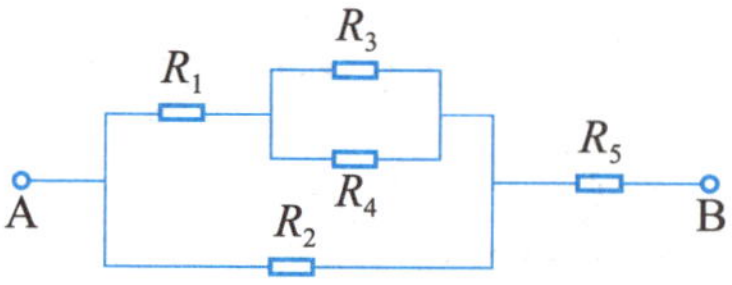

图 4-3-2 混联电路图

分析混联电路，必须先搞清楚混联电路中各电阻之间的连接关系，然后应用串联和并联电路的特点，分别求出串联和并联各部分的等效电阻，最后求出电路的总电阻。

混联电路可分成两类：“先并后串”和“先串后并”。

一、先并后串

混联电路中的“先并后串”，是指先用并联电路的特点来分析混联电路中并联部分的关系，再用串联电路的特点来分析混联电路中串联部分的关系，如图 4-3-3 所示。其电阻、电压、电流的特点如下。

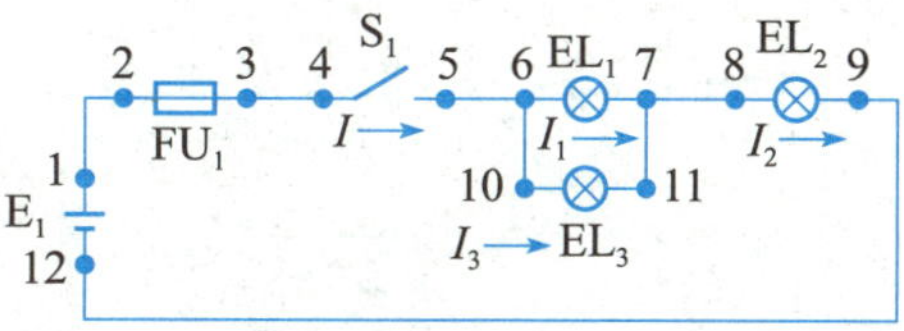

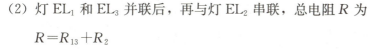

图 4-3-3 混联电路图（先并后串）

混联电路（先并后串）

（一）混联电路（先并后串）中电阻的特点

（1）灯 EL_1 和 EL_3 并联时，总电阻 R_{13} 为

$$R_{13}=\frac{R_1R_3}{R_1+R_3}$$

（2）灯 EL_1 和 EL_3 并联后，再与灯 EL_2 串联，总电阻 R 为

$$R=R_{13}+R_2$$

（3）“先并后串”混联电路中电阻的特点是：先利用并联电路的特点，求出并联电路的总电阻，再利用串联电路的特点，求出电路总电阻。

（二）混联电路（先并后串）中电压的特点

（1）灯 EL_1 和 EL_3 并联时，两端的电压 U_{13} 等于 U_1 和 U_3，即

$$U_{13}=U_1=U_3$$

（2）灯 EL_1 和 EL_3 并联后，再与 EL_2 串联，电路总电压 U 为

$$U=U_{13}+U_2$$

（3）“先并后串”混联电路中电压的特点是：先利用并联电路的特点，求出并联电路的电压，再利用串联电路的特点，求出电路总电压。

（三）混联电路（先并后串）中电流的特点

（1）灯 EL_1 和 EL_3 并联时，电路中的电流 I_{13} 等于通过每个灯的电流之和，即

$$I_{13}=I_1+I_3$$

（2）灯 EL_1 和 EL_3 并联后，再与 EL_2 串联，电路中的总电流 I 为

$$I=I_{13}=I_2$$

（3）“先并后串”混联电路中电流的特点是：先利用并联电路的特点，求出并联电路的总电流，再利用串联电路的特点，求出电路总电流。

二、先串后并

混联电路中的“先串后并”，是指先用串联电路的特点来分析混联电路里串联部分的关系，再用并联电路的特点来分析混联电路中并联部分的关系，如图 4-3-4 所示。其电阻、电压、电流的特点如下。

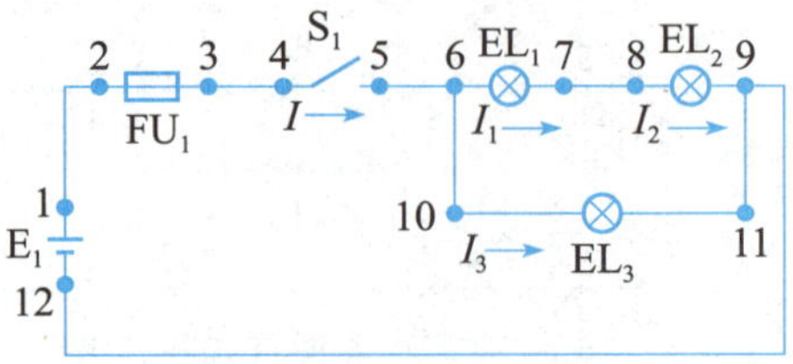

图 4-3-4　混联电路图（先串后并）

（一）混联电路（先串后并）中电阻的特点

混联电路（先串后并）

（1）灯 EL_1 和 EL_2 串联时，总电阻 R_{12} 为

$$R_{12}=R_1+R_2$$

（2）灯 EL_1 和 EL_2 串联后，再与灯 EL_3 并联，总电阻 R 为

$$R=\frac{R_{12}R_3}{R_{12}+R_3}$$

（3）"先串后并"混联电路中电阻的特点是：先利用串联电路的特点，求出串联电路的总电阻，再利用并联电路的特点，求出电路总电阻。

（二）混联电路（先串后并）中电压的特点

（1）灯 EL_1 和 EL_2 串联时，两端的总电压 U_{12} 为

$$U_{12}=U_1+U_2$$

（2）灯 EL_1 和 EL_2 串联后，再与灯 EL_3 并联，电路总电压 U 为

$$U=U_3=U_{12}$$

（3）"先串后并"混联电路中电压的特点是：先利用串联电路的特点，求出串联电路的电压，再利用并联电路的特点，求出电路总电压。

（三）混联电路（先串后并）中电流的特点

（1）灯 EL_1 和 EL_2 串联时，电路中的电流相等，即

$$I_{12}=I_1=I_2$$

（2）灯 EL_1 和 EL_2 串联后，再与灯 EL_3 并联，电路中的总电流 I 为

$$I=I_{12}+I_3$$

（3）"先串后并"混联电路中电流的特点是：先利用串联电路的特点，求出串联电路的电流，再利用并联电路的特点，求出电路总电流。

汽车小知识

如何理解串联、并联和混联式混合动力?

混合动力汽车（Hybrid Electric Vehicle，HEV）的分类方法有很多，按动力系统结构形式可分为串联式、并联式和混联式。

串联式混合动力的内燃机动力并不直接传递给车轮，而是带动发电机发电，产生的电能储存到蓄电池，再由蓄电池传输给电动机转化为动能，最后通过变速机构来驱动汽车（结构见图4－3－5）。相比于传统燃料汽车，串联式混合动力汽车具有燃耗方面的优势，同时具有电动汽车运行平顺的优点。同纯电动车相比，因为可以依靠发动机带动发电机发电为电池充电，因而续驶里程与传统燃料汽车相差无几，对充电桩的依赖也较小。它的缺点是能量几经转换，机械效率较低。

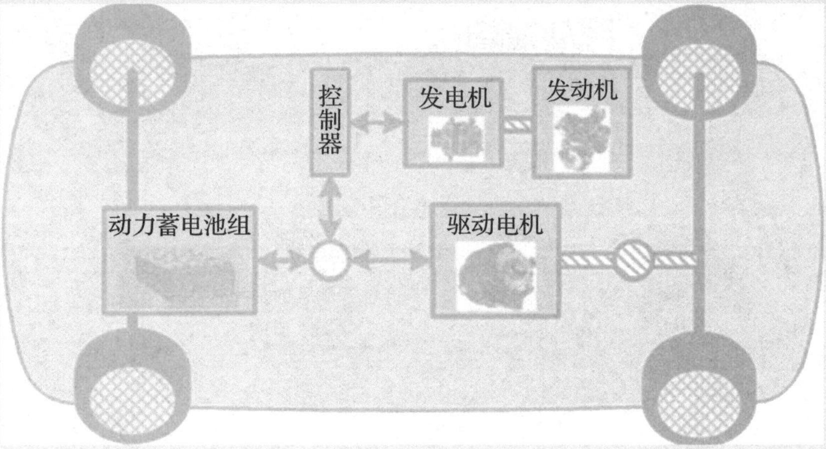

图4－3－5 串联式混合动力结构

并联式混合动力汽车是指车辆驱动系统由两个或多个能同时运转的单个驱动系统联合组成的车辆，车辆的行驶依据实际的车辆行驶状态由单个驱动系统单独或多个驱动系统共同完成驱动（结构见图4－3－6）。通俗来讲，发动机和电动机都可以独立驱动车辆，也可以合作驱动车辆。电的主要来源还是外接插电，发动机不负责主要充电工作。

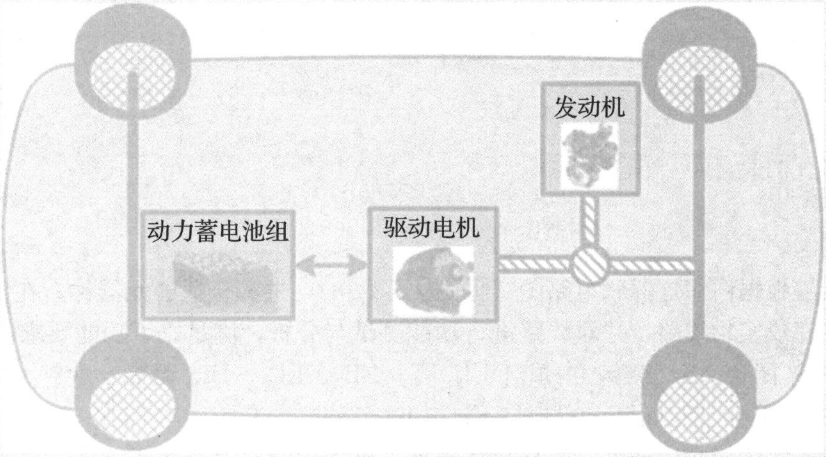

图4－3－6 并联式混合动力结构

由于没有单独的发电机，发动机可以直接通过传动机构驱动车轮，这种装置结构简单，成本低，更接近传统的汽车驱动系统，机械效率损耗与普通汽车差不多，适用于多种不同的行驶工况，尤其适用于复杂的路况，因而得到了比较广泛的应用。目前，并联式混合动力系统多用于微混与轻混车型，电动机更多用于车辆起步和加速时动力的辅助来源。

在混联式混合动力系统中，不仅发动机和电动机可以分别独立驱动汽车（并联），也可以由发动机带动发电机发电并向电动机提供能量，然后由电动机驱动汽车（串联）（结构见图 4－3－7）。由此，我们可以看出，在混联式混合动力系统中，除具备电动机和发动机之外，还须独立设置一台发电机。

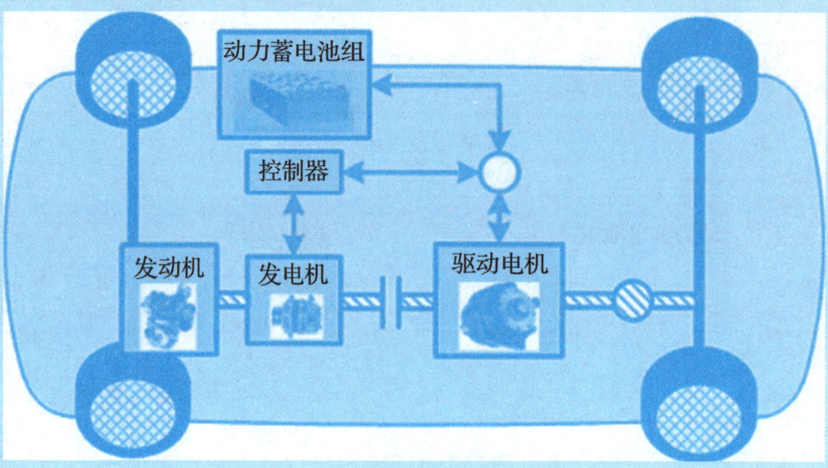

图 4－3－7　混联式混合动力结构

目前用到最多的是混联式混合动力系统。该结构的优点是控制方便，缺点是结构比较复杂，成本高。从理论上讲，混联式混合动力系统可以实现串联（即增程式）的工作方式。而与并联式混合动力系统相比，混联式动力系统可以更加灵活地根据工况来调节内燃机的功率输出和电动机的运转。

任务实施

一、实训目标

（一）总体任务

（1）能够根据白炽灯混联电路图（见图 4－3－8），选择合适的元器件，在实验箱上通过连接电线完成实物线路，并对线路进行功能测试与分析，满足以下功能要求：

①开关 S_1 闭合、S_2 闭合，白炽灯 EL_1 亮，EL_2、EL_3、EL_4 微亮。

②开关 S_1 闭合、S_2 断开，白炽灯 EL_1、EL_2 微亮。

（2）操作实验箱相应开关，观察故障现象，分析故障原因，诊断、排除故障。

（二）具体要求

1. 元器件选择

（1）检查、校验所提供的仪器设备。

（2）根据电路图选择合适的元器件进行检测并判断好坏，如需更换请告知。

2. 线路连接

根据电路图，按连线规范要求完成线路连接。

3. 电路的检查、测量与分析

（1）使用数字万用表进行通电前电路检查，确认电路是否存在短路现象。

（2）根据图 4-3-9 所标注的测量点，通电后按要求测量相应的项目，并记录测量结果（测量结果必须标注单位）。

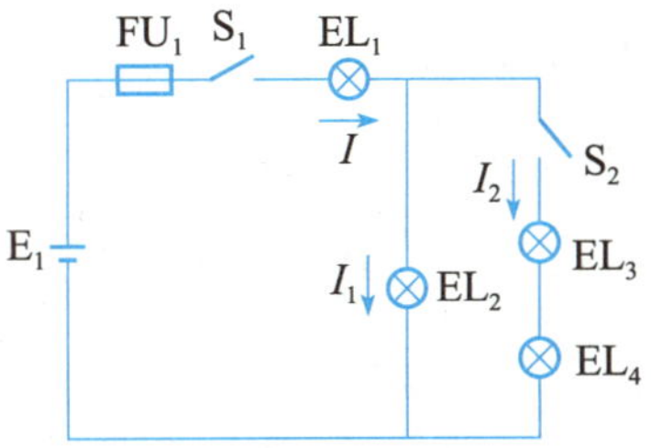

图 4-3-8　白炽灯混联电路图

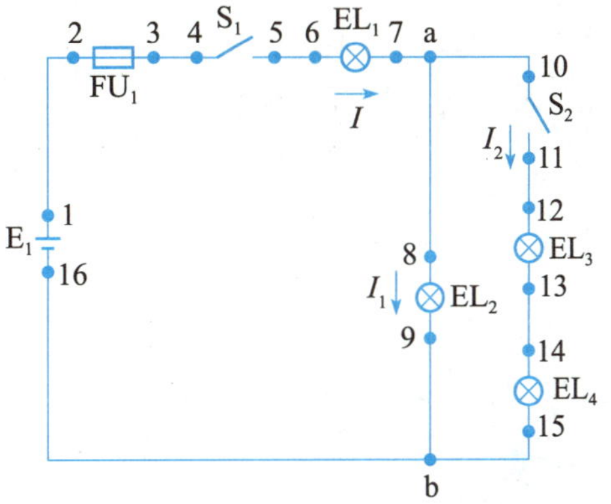

图 4-3-9　标注测量点的白炽灯混联电路图

（3）根据电路图，简要描述该电路实现的功能。

4. 电路排故

线路测量完成后，进入实验箱排故系统，进行电路排故。

（1）操作实验箱相应的开关，观察故障现象，分析故障原因，诊断故障。

（2）确认故障点及故障类型，排除故障并验证。

（3）若有多个故障点，要求逐个排除并验证。

二、实训准备

（1）器材准备：实验箱、数字万用表、实训手册、故障元器件及 220V 电源等。

（2）材料准备：导线、熔断器、白炽灯、开关等。

三、实训步骤

（一）元器件识读与检测

确保汽车电工电子实验箱电源断开，然后识别、测量元器件，并填写表 4-3-1。

表 4-3-1　元器件识读记录表

序号	元器件名称	元器件测量记录
1	数字万用表检查校验	是否能正常使用：□是　□否
2	实验箱电源电压检查	是否正常：□是　□否
3	导线检查	是否正常：□是　□否

续表

序号	元器件名称	元器件测量记录
4	熔断器 FU_1	量程：________电阻测量值：________ Ω
5	白炽灯 EL_1	量程：________电阻测量值：________ Ω
6	白炽灯 EL_2	量程：________电阻测量值：________ Ω
7	白炽灯 EL_3	量程：________电阻测量值：________ Ω
8	白炽灯 EL_4	量程：________电阻测量值：________ Ω
9	开关 S_1 闭合	量程：________电阻测量值：________ Ω
10	开关 S_1 断开	量程：________电阻测量值：________ Ω
11	开关 S_2 闭合	量程：________电阻测量值：________ Ω
12	开关 S_2 断开	量程：________电阻测量值：________ Ω

（二）线路连接与检验

1. 安全检查

确保实验箱电源处于切断状态。

2. 线路连接

根据白炽灯混联电路图（见图 4－3－8），在实验箱上连线完成实物线路（见图 4－3－10）。

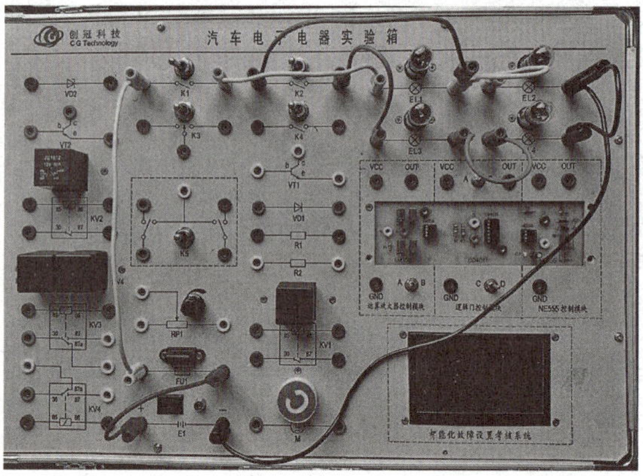

图 4－3－10　在实验箱上连线完成实物线路

3. 连线检查

对照电路图，仔细检查实物线路，确保连线正确无误，确认无短路故障。

4. 线路连接检验

（1）接通实验箱电源开关。

（2）开关 S_1 闭合、S_2 闭合，白炽灯 EL_1 亮，白炽灯 EL_2、EL_3、EL_4 微亮（注意观察灯丝），如图 4－3－11 所示。

（3）开关 S_1 闭合、S_2 断开，白炽灯 EL_1、EL_2 微亮，如图 4－3－12 所示。

（4）结果评判：线路连接正确，工作正常。

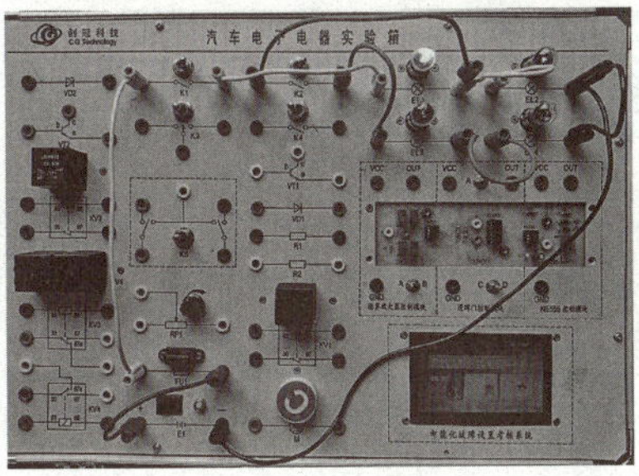

图 4-3-11 开关 S_1 闭合、S_2 闭合时混联电路工作状况

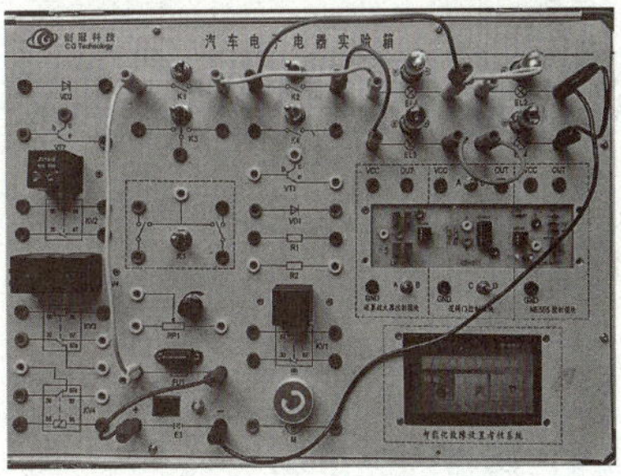

图 4-3-12 开关 S_1 闭合、S_2 断开时混联电路工作状况

(三) 电路测量

在开关 S_1、S_2 处于断开、闭合的几种不同情况下，测量实物线路的电位、电流、电压，把测量数据填写在表 4-3-2 中，分析测量数据，并简要描述混联电路的实现功能，填写表 4-3-3。

表 4-3-2 测量数据记录分析表

测量内容	测量点	S_1 闭合		S_1 断开	
		S_2 断开	S_2 闭合	S_2 断开	S_2 闭合
电位/V	1				
	4				
	6				
	8				
	10				
	11				
	14				
	15				
电流/A	I				
	I_1				
	I_2				
电压/V	U_{E_1}				
	U_{EL_1}				
	U_{EL_2}				
	U_{EL_3}				
	U_{EL_4}				
	U_{S_2}				
工作状态	灯 EL_1				
	灯 EL_2				
	灯 EL_3				
	灯 EL_4				

表 4-3-3　电路实现的功能说明表

内容	功能简要描述
实现功能	

（四）电路分析

1. 状态 1

开关 S_1 闭合、S_2 断开状态电路图及等效电路图（条件：$U_{E_1}=12V$，$R_{EL_1}=R_{EL_2}=R_{EL_3}=R_{EL_4}=100\Omega$），如图 4-3-13、图 4-3-14 所示。

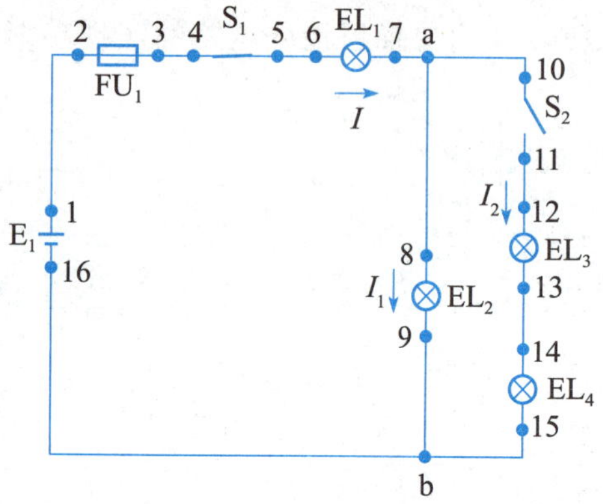

图 4-3-13　开关 S_1 闭合、S_2 断开状态电路图

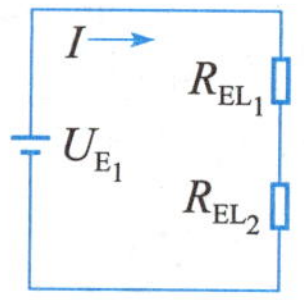

图 4-3-14　开关 S_1 闭合、S_2 断开状态等效电路图

电流流动方向：

电源正极→熔断器 FU_1→开关 S_1→白炽灯 EL_1→白炽灯 EL_2→电源负极

电路电阻计算：

$$R=R_{EL_1}+R_{EL_2}=200\Omega$$

电路电流计算：

$$I=I_1=\frac{U_{E_1}}{R}=\frac{12V}{200\Omega}=0.06A$$

$$I_2=0A$$

电路电压计算：

$$U_{EL_1}=IR_{EL_1}=0.06A\times100\Omega=6V$$

$$U_{EL_2}=I_1R_{EL_2}=0.06A\times100\Omega=6V \text{ 或者 } U_{EL_2}=U_{E_1}-U_{EL_1}=6V$$

2. 状态 2

开关 S_1、S_2 闭合状态电路图及等效电路图（条件：$U_{E_1}=12V$，$R_{EL_1}=R_{EL_2}=R_{EL_3}=R_{EL_4}=100\Omega$），如图 4-3-15、图 4-3-16 所示。

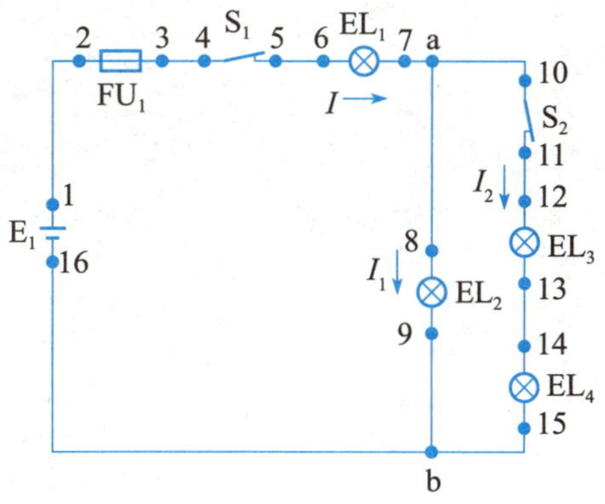

图 4-3-15 开关 S_1、S_2 闭合状态电路图

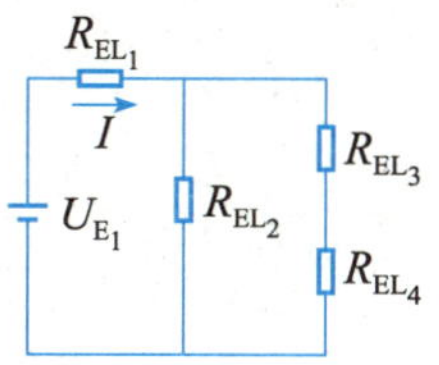

图 4-3-16 开关 S_1、S_2 闭合等效电路图

电流流动方向：

电源正极→熔断器 FU_1→开关 S_1→白炽灯 EL_1→{开关 S_2→白炽灯 EL_3→白炽灯 EL_4 / 白炽灯 EL_2}→电源负极

电路电阻计算：

$$R_{34}=R_{EL_3}+R_{EL_4}=200\Omega$$

$$R_{234}=\frac{1}{\frac{1}{R_{34}}+\frac{1}{R_{EL_2}}}=\frac{1}{\frac{1}{200}+\frac{1}{100}}\Omega=\frac{200}{3}\Omega$$

$$R=R_{EL_1}+R_{234}=\frac{500}{3}\Omega$$

电路电流、电压计算：

$$I=\frac{U_{E_1}}{R}=\frac{12V}{\frac{500}{3}\Omega}=0.072A$$

$$U_{EL_1}=IR_{EL_1}=0.072A\times100\Omega=7.2V$$

$$U_{EL_2}=U_{34}=U_{E_1}-U_{EL_1}=12V-7.2V=4.8V$$

$$I_1=\frac{U_{EL_2}}{R_{EL_2}}=\frac{4.8V}{100\Omega}=0.048A$$

$$I_2=I-I_1=0.072A-0.048A=0.024A$$

$$U_{EL_3}=U_{EL_4}=\frac{U_{34}}{2}=\frac{4.8V}{2}=2.4V$$

（五）电路排故

1. 任务准备

（1）故障设置类型。在实验箱的实物线路上，可以选择设置一个或多个故障点。可以设置的故障点（即故障元器件）见附录。

（2）实验箱设置故障。根据故障诊断电路图（见图 4-3-17）设置开关 S_2 开路和白炽灯 EL_3 短路故障。

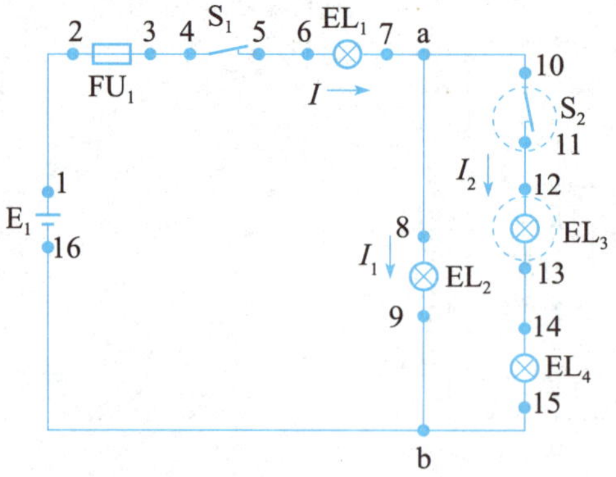

图 4-3-17　故障诊断电路图

2. 诊断分析

实施“故障现象、可能故障原因、故障检查过程、故障确认”4 个步骤达到“故障排除”的目的，并详细填写表 4-3-4 和表 4-3-5。

进入实验箱排故系统，进行电路排故。

(1) 操作实验箱相应开关，观察故障现象，分析故障原因，诊断故障。

(2) 确认故障点及故障类型，排除故障并验证。

以开关 S_2 开路和白炽灯 EL_3 短路两个故障同时存在为例，先排除开关 S_2 开路故障，再排除灯 EL_3 短路故障。

表 4-3-4　故障诊断过程记录表

<table>
<tr><th>内容</th><th colspan="4">结果记录</th></tr>
<tr><td>故障现象</td><td colspan="4">1. 开关 S_1、S_2 闭合，白炽灯 EL_1、EL_2 亮，白炽灯 EL_3、EL_4 不亮
2. 故障 1 排除后，出现故障现象：开关 S_1、S_2 闭合，白炽灯 EL_1、EL_2、EL_4 亮，白炽灯 EL_3 不亮</td></tr>
<tr><td>可能故障原因</td><td colspan="4">1. 开关 S_2 及白炽灯 EL_3、EL_4 开路，导线开路
2. 故障 1 排除后，故障 2 可能的原因：白炽灯 EL_3 短路</td></tr>
<tr><td rowspan="4">故障检查过程</td><td>测量内容</td><td>测量条件</td><td>测量结果</td><td>分析判断</td></tr>
<tr><td>10 点电位 V_{10}</td><td>通电，开关 S_1、S_2 闭合</td><td>$V_{10}=6V$</td><td>10 点之前线路正常，10 点电位偏高</td></tr>
<tr><td>11 点电位 V_{11}</td><td>通电，开关 S_1、S_2 闭合</td><td>$V_{11}=0V$</td><td>10 点—11 点开路</td></tr>
<tr><td>开关 S_2 电阻 R_{S_2}</td><td>断电，拔下 10 点导线，开关 S_2 闭合</td><td>R_{S_2} 为∞</td><td>S_2 开路</td></tr>
</table>

续表

内容	结果记录			
故障检查过程	复位开关 S_2 后，复查电阻 R_{S_2}	断电，拔下 10 点导线，开关 S_2 闭合	$R_{S_2}=0\Omega$	开关 S_2 恢复正常
	复位开关 S_2，测 12 点电位 V_{12}	通电，开关 S_1、S_2 闭合	$V_{12}=4V$	12 点电位偏低，本支路存在短路故障
	13 点电位 V_{13}	通电，开关 S_1、S_2 闭合	$V_{13}=4V$	白炽灯 EL_3 不亮，所以 12 点—13 点短路
	白炽灯 EL_3 电阻 R_{EL_3}	断电，拔下 12 点导线	$R_{EL_3}=0\Omega$	白炽灯 EL_3 短路
	复位白炽灯 EL_3 后，复查 12 点电位 V_{12}	通电，开关 S_1、S_2 闭合	$V_{12}=4.8V$	白炽灯 EL_3 恢复正常
	复查 13 点电位 V_{13}	通电，开关 S_1、S_2 闭合	$V_{13}=2.4V$	电路正常

表 4-3-5 故障确认记录表

序号	故障点及故障类型		确认是否正确
1	故障点	开关 S_2	□是 □否
	故障类型	开路	□是 □否
2	故障点	白炽灯 EL_3	□是 □否
	故障类型	短路	□是 □否

任务评价

对本任务进行评分，标准如表 4-3-6 所示。

表 4-3-6 汽车混联电路的连接、检测与排故评分表

项目	操作步骤	配分	测试内容描述	记录	扣分
元器件识读与检测	数字万用表使用	10	表笔正确插孔（2 分）		
			正确选择挡位（3 分）		
			测量方法正确（3 分）		
			旋转开关置于交流高电压挡或“OFF”位（2 分）		
	元器件识读	2	能根据电路图正确找到对应的元器件（2 分）		

续表

项目	操作步骤	配分	测试内容描述	记录	扣分
电工电路连接、检测、排故	接线图绘制	5	按原理图绘制接线图（5 分）		
	规范使用连线	4	正确使用电路连接线（4 分）		
	电路连线质量	10	连线没有交叉（2 分）		
			连线没有漏接（2 分）		
			元器件没有漏接（2 分）		
			元器件没有接错（2 分）		
			整体连线质量好（2 分）		
	电路功能测试	20	通电前用数字万用表检查线路（3 分）		
			电源接入正确（2 分）		
			功能实现（15 分）		
	数据记录	6	电位测量正确（2 分）		
			电压测量正确（2 分）		
			电流测量正确（2 分）		
	故障诊断	18	操作实验箱相应开关，观察故障现象，分析故障原因，诊断故障（18 分）		
	故障排除	15	确认故障点及故障类型（5 分）		
			排除所有故障（5 分）		
			故障排除后进行验证（5 分）		
	操作规范	10	个人防护（工作服等）（3 分）		
			操作过程的安全（3 分）		
			工具仪器仪表使用规范（4 分）		
总　　分					

项目小结

本项目主要介绍了欧姆定律、电源的外特性及电阻串联、并联、混联电路的特点，以及这几类电路中的电阻、电流、电压的测量与计算。为了使教学内容贴近生产生活实际，与工作岗位对接，教学中把实践操作性强、应用性强的内容，如“汽车串联电路”“汽车并联电路”“汽车混联电路”等作为本项目的重点；为了使教学过程尽可能与生产过程对接，本教材通过“搭接电路”“实验箱测量与排故”等设置教学环境与载体，并为下一个项目学习汽车电子电路做好准备。

同步练习

一、选择题

1. 当负载短路时，电源内压降等于（　　）。

A. 0　　B. 电源电动势

C. 端电压　　D. 都有可能

2. 由三只相同的灯泡组成的电路，如果其中一只灯泡突然熄灭，那么下列说法中正确的是（　　）。

A. 如果电路是串联电路，则另外两只灯泡一定正常发光

B. 如果电路是并联电路，则另外两只灯泡一定也熄灭

C. 如果电路是串联电路，则另外两只灯泡一定也熄灭

D. 如果电路是并联电路，则另外两只灯泡中有一只一定也熄灭

3. 在日常生活中，人们常说“开灯”“关灯”，其物理含义是（　　）。

A. 开灯是指闭合开关，关灯是指断开开关

B. 开灯、关灯均是指断开开关

C. 开灯、关灯均指闭合开关

D. 开灯、关灯均与开关无关

4. 由开关、电源和两只小灯泡组成的电路，当开关断开时，L_1 不发光，L_2 发光；当开关闭合时，L_1 和 L_2 都发光。关于灯泡与开关的连接情况，下列说法中正确的是（　　）。

A. L_1 和 L_2 并联，再与开关串联

B. L_2 和开关串联，再与 L_1 并联

C. L_1 和开关并联，再与 L_2 串联

D. L_1 和开关串联，再与 L_2 并联

5. 某同学安装电路时，想用一个开关同时控制两盏电灯的发光和熄灭，下列设计方法中正确的是（　　）。

A. 只能将两盏灯并联　　B. 只能将两盏灯串联

C. 两盏灯可以是串联，也可以是并联　　D. 以上说法都不正确

二、判断题

1. 在全电路中，负载电阻增大，电源端电压就增大。（　　）

2. 通过一只灯泡的电流也全部通过一只电铃，则电铃和灯泡一定是串联。（　　）

3. 两个或两个以上电阻的首尾依次连接所构成的无分支电路叫作串联电路。（　　）

4. 马路上的路灯看上去是排成一串串的，所以它们的连接方法是串联。（　　）

5. 汽车的两个大灯总是同时亮、同时灭，因此这两个大灯是串联的。（　　）

三、简答题

1. 有一个电阻为 8Ω 的灯泡，正常工作时的电流为 450mA。求：

(1) 要使灯泡正常工作，应给它串联还是并联一个阻值多大的电阻才能接到电压为 4.5V 的电源上？

(2) 要使灯泡正常工作，应给它串联还是并联一个阻值多大的电阻才能接到电流为1.35A的电路中？

2. 如下图所示，电源电动势 $E=8\text{V}$，内阻 $r=1\Omega$，外阻 $R_3=8\Omega$。

(1) 当开关S断开时，安培表的读数为2A，伏特表的读数为4V，求 R_1、R_2 的值。

(2) 当开关S闭合时，伏特表读数多大？

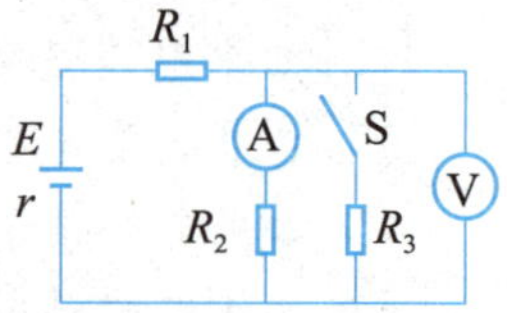

四、实训题

双速雨刮电动机的电路如下图所示。已知蓄电池电压为12V，电动机低速运转和高速运转时消耗的功率分别为60W和120W，继电器线圈电阻为60Ω。

(1) 按钮 S_1 按下后，电路的总电阻为________Ω，电路的总电流为________A。

(2) 按钮 S_2 按下后，电路的总电阻为________Ω，电路的总电流为________A。

(3) 按钮 S_1 按下，S_2 弹起时，流过继电器的电流为________Ω，此继电器为________功率继电器。

(4) 按钮 S_2 按下，S_1 弹起时，工作主电路的电流流动方向为蓄电池正极→熔断器FU→________→________→________→________→搭铁→蓄电池负极。

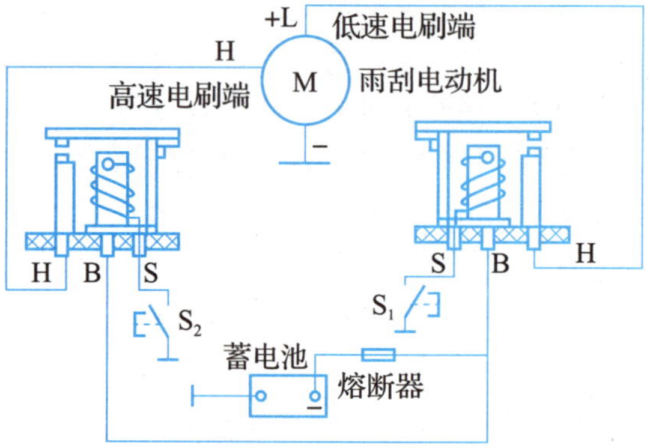

项目五

汽车电子电路

学习目标

知识目标

1. 熟悉晶体二极管、晶体三极管、发光二极管等常用半导体器件的基本性能。

2. 掌握焊接的基本方法及电烙铁使用的注意事项。

技能目标

1. 能够正确使用电烙铁制作汽车维修用试灯，并能在印制电路板上进行元器件的焊接。

2. 能够连接、检测汽车二极管和三极管电子电路，并能对其进行排故。

3. 能正确使用数字万用表检测电子电路中的电阻、电位、电压、电流等，并对其进行判断。

素养目标

1. 形成严谨的科学态度和精益求精的学习作风。

2. 通过探究、合作，培养自我学习意识和团队合作能力，提升职业素养。

知识框架

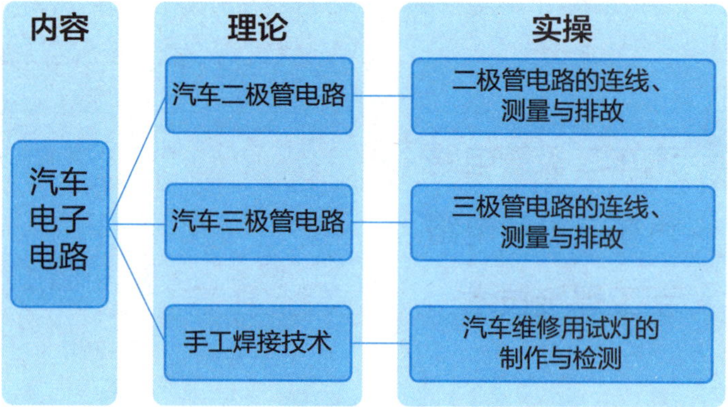

建议学时

12 学时。

项目导入

汽车上有许多电子元器件，如各种指示灯、二极管、三极管等，你知道它们有什么样的特性吗？你会对这些电子元器件进行测量吗？你知道焊接吗？会用电烙铁吗？本项目将学习常用汽车电子电路的制作、连线、测量与排故、手工焊接技术。

任务一 汽车二极管电路

任务导入

在汽车电路中由于各个电器总成或元器件的工作电流比较大，可能使汽车电源系统的电压出现波动，因此，在一些需要精确电压值的地方经常利用稳压管来获取所需电压，稳压管就是稳压二极管。图 5-1-1 是利用稳压管为汽车仪表提供稳定电源的电路，图中的稳压管与电阻串联而与仪表并联。当电源电压发生变化时，也只是引起不同大小的电流流过电阻和稳压管，改变电阻两端的电压，而稳压管始终维持一定的电压，从而起到稳压的作用。下面让我们来具体看看晶体管的特性。

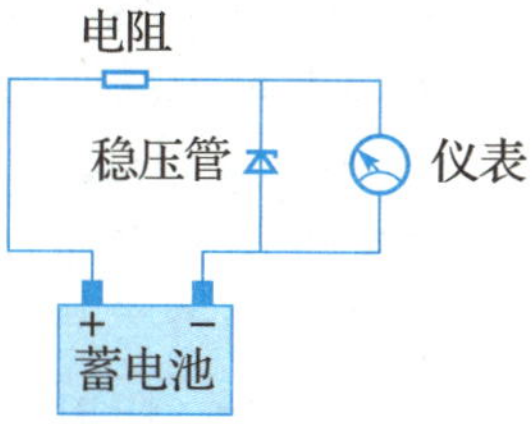

图 5-1-1　利用稳压管为汽车仪表提供稳定电源的电路

知识介绍

晶体二极管加一定的正向电压时导通，加反向电压时截止，这一导电特性，称为晶体二极管的单向导电性，如图 5-1-2 所示。二极管最重要的特性是单向导电性，在电路中，电流只能从二极管的正极流向负极。

二极管的认知与检测

一、正向特性

在电子电路中，将二极管的正极接在高电位端，负极接在低电位端，二极管会导通，这种连接方式称为正向偏置。但必须说明，当加在二极管两端的正向电压很小时，正向电流极小（几乎没有），称为死区，二极管电阻很大，仍处于截止状态。

当正向电压超过一定的数值（此值常称为门槛电压或截止电压，硅管约为 0.5V，锗管约为 0.2V）时，电流随电压的上升，开始时增大得较为缓慢，之后急剧增大，二极管电阻变得很小，进入导通状态。

二极管导通以后两端的电压基本保持不变，称为正向压降或导通电压。硅管的导通电压约为 0.7V，锗管约为 0.3V。

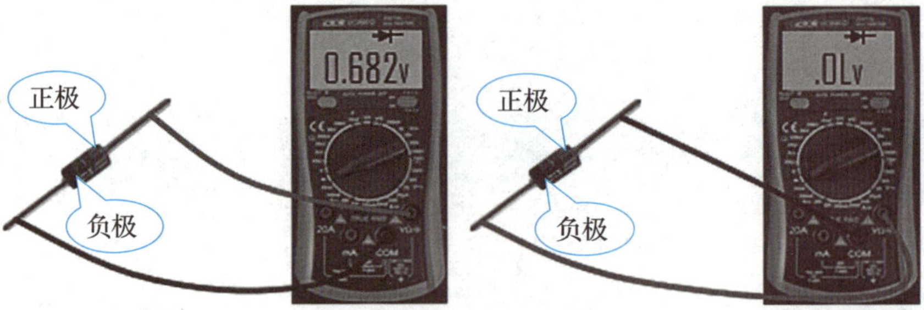

（a）加一定的正向电压，二极管导通　　（b）加反向电压，二极管截止

图 5-1-2　晶体二极管的单向导电性

二、反向特性

在电子电路中，将二极管的负极接在高电位端，正极接在低电位端，此时二极管中几乎没有电流流过，二极管处于截止状态，这种连接方式称为反向偏置。二极管处于反向偏置时，仍然会有微弱的反向电流流过二极管，称为漏电流。

当反向电压增加到某一数值（此电压值称为反向击穿电压）时，反向电流会突然急剧增大，这种现象称为反向电击穿，简称反向击穿。实践证明，普通二极管反向击穿后，很大的反向击穿电流会使 PN 结温度迅速升高而烧坏 PN 结，这就是从电击穿转成热击穿。应当指出，如果限制电击穿后的反向电流使它和反向电压的乘积不超过 PN 结的允许耗散功率，则二极管就不会引起热击穿。所以电击穿有时可以利用，而热击穿必须避免。

中国汽车

广东：新能源汽车发展动力十足

2023 年 4 月，习近平总书记来到广汽埃安考察。“在关键核心技术上下功夫，不断推动制造业高端化、智能化、绿色化，是总书记对我们的期望。”广汽埃安总经理回忆起当时的情景，仍难掩激动之情。

广东新能源汽车发展动力十足。2023 年，广东省新能源汽车产量达 253 万辆，约占全国的 26%。全国每 4 辆新能源汽车，就有 1 辆是“广东造”。

“从一块钢板开始，到整台车下线，16 个小时就可以完成全部工序。全自动生产线实现了大规模定制，提供超过 10 万种配置选项，25 种车色定制化混线生产。”广汽埃安总经理说。

广汽埃安智能生态工厂的智能化、数字化水平遥遥领先，每 53 秒便能下线一台车，产能利用率达 160%，成为全球唯一的新能源汽车“灯塔工厂”。

广汽埃安坚持自研+合资合作并行的路线，目前广汽埃安拥有研发人员 1 100 多名，专利约 1 000 个。

“通过聚焦 EV（纯电动汽车）+ICV（智能网联汽车）技术路线，我们推出了一系列原创、独占、领先的核心科技，为产品赋能。”广汽埃安总经理介绍，在纯电动汽车领域，广汽埃安已推出夸克电驱、弹匣电池 2.0 等技术产品，在电动机功率密度、电动机转速、电池安全性、电池寿命等关键指标上位居行业领先。

2023 年，广东新能源汽车产业集群加速发展，形成强大的发展势能。

深汕比亚迪汽车工业园、小鹏汽车广州工厂等全面投产；肇庆小鹏智能智造研究院建成运营；广东省组建全国唯一的国家地方共建新型储能创新中心，新型储能在建项目 100 个、总投资 2 290 亿元……

“比亚迪 2023 年销量突破 302 万台，同比增长超过 60%，蝉联全球新能源汽车销量第一。”比亚迪股份有限公司董事长兼总裁王传福表示，比亚迪将发挥龙头企业带动作用，结合全产业链核心技术优势，用原创性、颠覆性技术催生壮大新质生产力。

有地上跑的汽车，还有天上飞的汽车。

小鹏汇天公司自主研发了五代智能电动垂直起降载人飞行汽车，试飞 1.5 万余架次。据悉，目前，下一代“陆空两栖”飞行汽车正处于重点研发、攻坚阶段，预计在未来两三年实现量产。

广东省工信厅相关负责人表示，广东省正以电动汽车、智能网联汽车、燃料电池汽车为“三横”，以乘用车、商用车、公用车为“三纵”，以核心技术、核心资源、核心平台为“三核”，打造具备全球竞争力的新能源汽车产业集群。

任务实施

二极管电路的连接与测量

一、实训目标

（一）总体任务

（1）能够根据带二极管的电路图（见图 5－1－3），选择合适的元器件，在实验箱上用连接电线连接成实物线路，并对线路进行功能测试与分析，满足以下功能要求：

①开关 S_5 闭合、S_6 断开状态下，白炽灯 EL_5 亮。

②开关 S_5 闭合、S_6 闭合状态下，白炽灯 EL_5、EL_6 亮

③开关 S_5 断开、S_6 闭合状态下，白炽灯 EL_5、EL_6 亮。

（2）操作实验箱相应的开关，观察故障现象，分析故障原因，诊断、排除故障。

（二）具体要求

1. 元器件选择

（1）检查、校验所提供的仪器设备。

（2）根据电路图选择合适的元器件进行检测并判断好坏，如需更换请告知。

2. 线路连接

根据电路图，按连线规范要求完成线路连接。

3. 电路的检查、测量与分析

（1）使用数字万用表进行通电前电路检查，确认电路是否存在短路现象；

（2）根据图 5－1－4 所标注的测量点，通电后按要求测量相应的项目，并记录测量结

果（测量结果必须标注单位）。

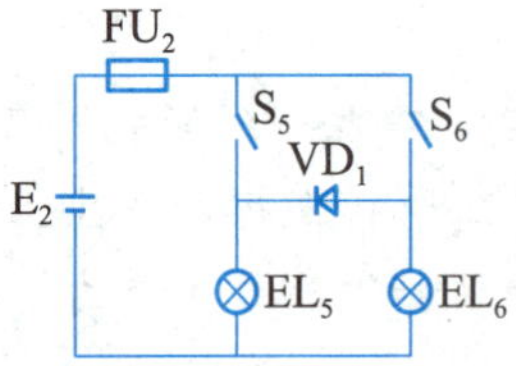

图 5-1-3　带二极管的电路图

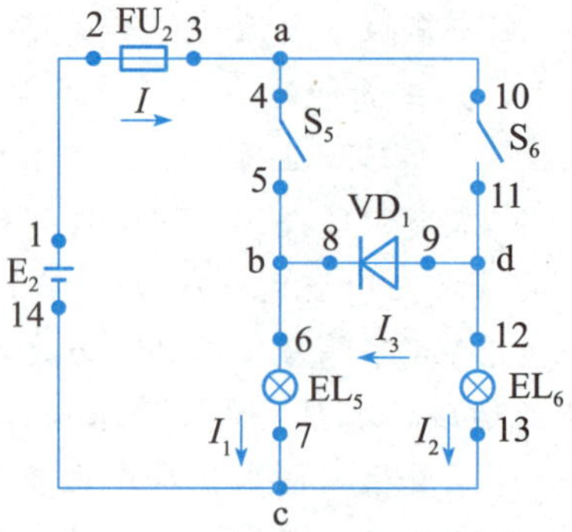

图 5-1-4　标注测量点的带二极管的电路图

（3）根据电路图，简要描述该电路实现的功能。

4. 电路排故

线路测量完成后，进入实验箱排故系统，进行电路排故。

（1）操作实验箱相应的开关，观察故障现象，分析故障原因，诊断故障。

（2）确认故障点及故障类型，排除故障并验证。

（3）若有多个故障点，要求逐个排除并验证。

二、实训准备

（1）器材准备：实验箱、数字万用表、实训手册、故障元器件及 220V 电源等。

（2）材料准备：导线、熔断器、白炽灯、开关、二极管等。

三、实训步骤

（一）元器件识读与检测

确保实验箱电源断开，然后识别、测量元器件，并填写表 5-1-1。

表 5-1-1　元器件识读记录表

序号	元器件名称	元器件测量记录
1	数字万用表检查校验	是否能正常使用：□是　□否
2	实验箱电源电压检查	是否正常：□是　□否
3	导线检查	是否正常：□是　□否
4	熔断器 FU_2	量程：________电阻测量值：________Ω
5	白炽灯 EL_5	量程：________电阻测量值：________Ω
6	白炽灯 EL_6	量程：________电阻测量值：________Ω
7	开关 S_5 闭合	量程：________电阻测量值：________Ω

续表

序号	元器件名称	元器件测量记录
8	开关 S_5 断开	量程：________电阻测量值：________ Ω
9	开关 S_6 闭合	量程：________电阻测量值：________ Ω
10	开关 S_6 断开	量程：________电阻测量值：________ Ω
11	二极管 VD_1	量程：________导通压降测量值：________ V

（二）线路连接与检验

1. 安全检查

确保实验箱电源处于切断状态。

2. 线路连接

根据电路图（见图 5－1－3），在实验箱上连接实物线路（见图 5－1－5）。

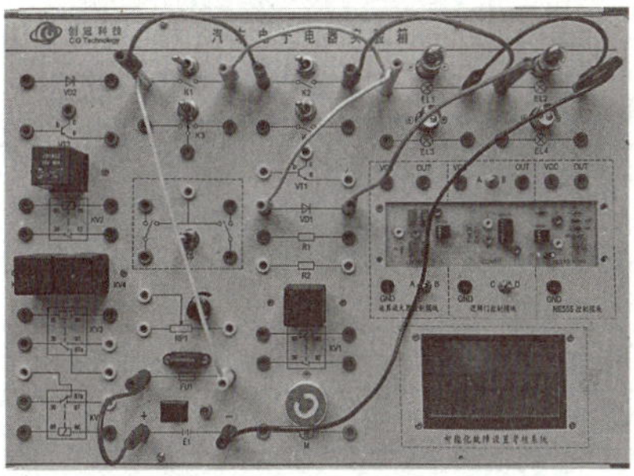

图 5－1－5　实验箱上连线完成的实物线路

3. 连线检查

对照电路图，仔细检查实物线路，确保连线正确无误，无短路故障。

4. 线路连接检验

（1）接通实验箱电源开关。

（2）开关 S_5 闭合、S_6 断开时，白炽灯 EL_5 亮，如图 5－1－6 所示。

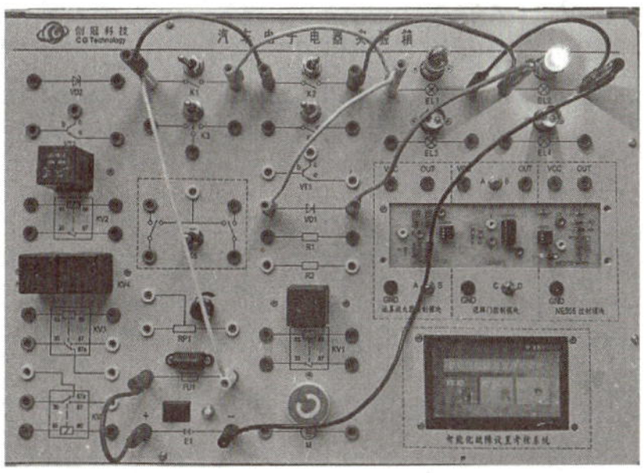

图 5－1－6　开关 S_5 闭合、S_6 断开状态电路图

（3）开关 S_5 闭合、S_6 闭合时，白炽灯 EL_5、EL_6 亮，如图 5－1－7 所示。

（4）开关 S_5 断开、S_6 闭合时，白炽灯 EL_5、EL_6 亮，如图 5－1－8 所示。

（5）结果评判：线路连接正确，工作正常。

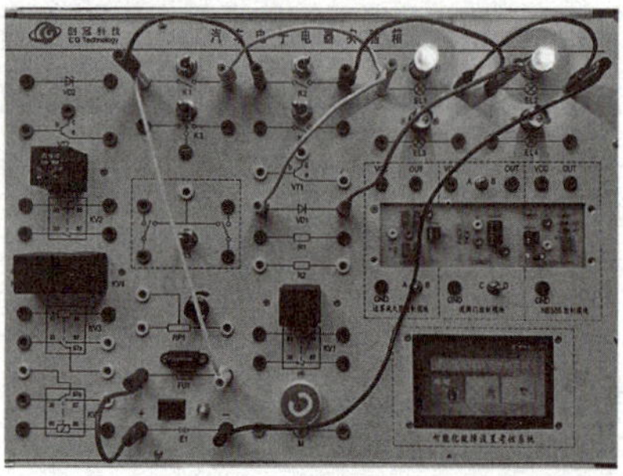

图 5-1-7　开关 S_5 闭合、S_6 闭合状态电路图

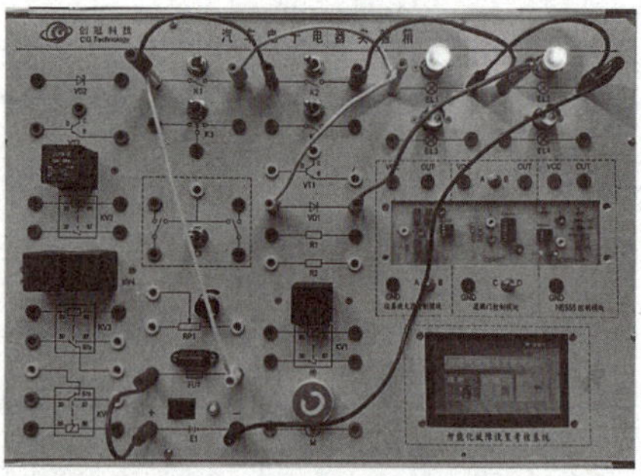

图 5-1-8　开关 S_5 断开、S_6 闭合状态电路图

（三）电路测量

在开关 S_5、S_6 处于断开、闭合的几种不同情况下，使用数字万用表测量实物线路的电位、电压、电流，把测量数据填写在表 5-1-2 中，并简要描述该电路实现的功能，填写表 5-1-3。

表 5-1-2　测量数据记录分析表

测量内容	测量点	S_5 闭合		S_5 断开	
		S_6 断开	S_6 闭合	S_6 断开	S_6 闭合
电位/V	1				
	3				
	4				
	5				
	6				
	7				
	8				
	9				
	10				
	11				
	12				
	13				
电流/A	I				
	I_1				
	I_2				
	I_3				
电压/V	U_{E_2}				
	U_{EL_5}				
	U_{EL_6}				
	U_{VD_1}				
工作状态	白炽灯 EL_5				
	白炽灯 EL_6				

表 5-1-3 电路实现的功能说明表

内容	功能简要描述
实现功能	

(四) 电路分析

1. 状态 1

开关 S_5 闭合、S_6 断开状态电路图及等效电路图（条件：$U_{E_2}=12V$，$R_{EL_5}=R_{EL_6}=100\Omega$，$U_{VD_1}=0.5V$），如图 5-1-9、图 5-1-10 所示。

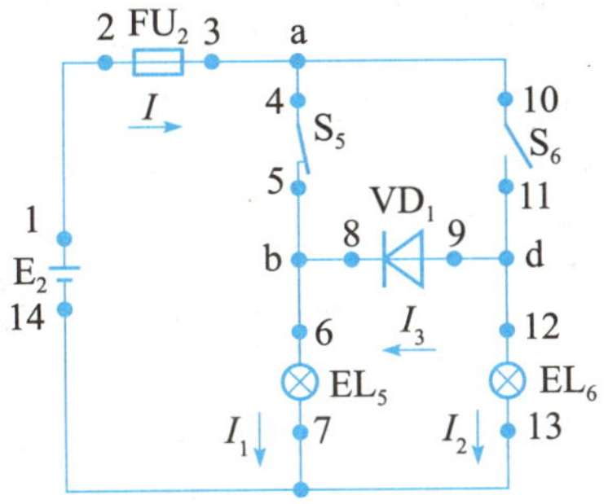

图 5-1-9 开关 S_5 闭合、S_6 断开状态电路图

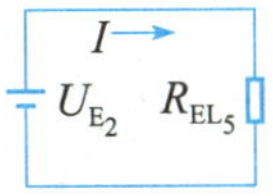

图 5-1-10 开关 S_5 闭合、S_6 断开状态等效电路图

电流流动方向：

电源正极→熔断器 FU_2→开关 S_5→白炽灯 EL_5→电源负极

电路电流计算：

$$I=I_1=\frac{U_{E_2}}{R_{EL_5}}=\frac{12V}{100\Omega}=0.12A$$

$$I_2=0A$$

$$I_3=0A$$

电路电压计算：

$$U_{EL_6}=0V$$

$$U_{VD_1}=U_{9-8}=-12V$$

$$U_{EL_5}=U_{E_2}=I_1R_{EL_5}=0.12A\times100\Omega=12V$$

2. 状态 2

开关 S_5 闭合、S_6 闭合状态电路图及等效电路图（条件：$U_{E_2}=12V$，$R_{EL_5}=R_{EL_6}=100\Omega$，$U_{VD_1}=0.5V$），如图 5-1-11、图 5-1-12 所示。

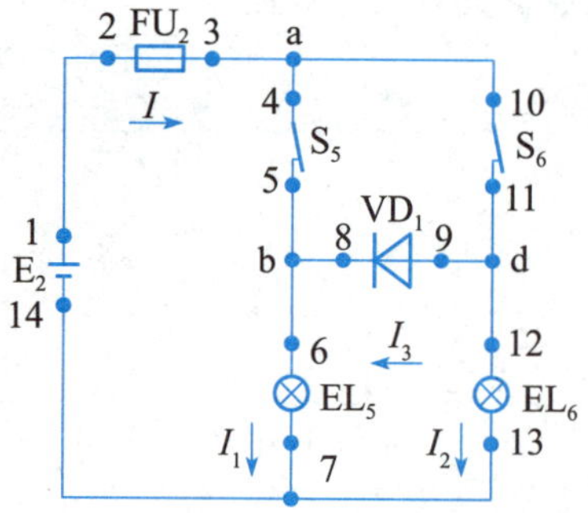

图 5-1-11　开关 S_5 闭合、S_6 闭合状态电路图

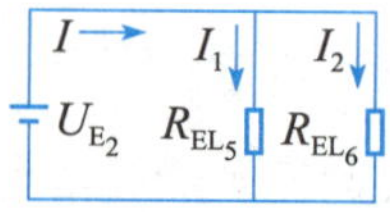

图 5-1-12　开关 S_5 闭合、S_6 闭合状态等效电路图

电流流动方向：

$$\text{电源正极} \rightarrow \text{熔断器 } FU_2 \rightarrow \begin{Bmatrix} \text{开关 } S_5 \rightarrow \text{白炽灯 } EL_5 \\ \text{开关 } S_6 \rightarrow \text{白炽灯 } EL_6 \end{Bmatrix} \rightarrow \text{电源负极}$$

电路电阻计算：

因为

$$R_{EL_5}=R_{EL_6}$$

所以并联后总电阻

$$R=\frac{R_{EL_5}}{2}=\frac{100}{2}\Omega=50\Omega$$

电路电流计算：

$$I=\frac{U_{E_2}}{R}=\frac{12V}{50\Omega}=0.24A$$

$$I_1=\frac{U_{E_2}}{R_{EL_5}}=\frac{12V}{100\Omega}=0.12A$$

$$I_2=I_1=0.12A$$

$$I_3=0A$$

电路电压计算：

$$U_{EL_5}=U_{E_2}=I_1R_{EL_5}=0.12A\times100\Omega=12V$$

$$U_{EL_6}=U_{E_2}=12V$$

$$U_{VD_1}=0V$$

3. 状态 3

开关 S_5 断开、S_6 闭合状态电路图及等效电路图（条件：$U_{E_2}=12V$，$R_{EL_5}=R_{EL_6}=100\Omega$，$U_{VD_1}=0.5V$），如图 5-1-13、图 5-1-14 所示。

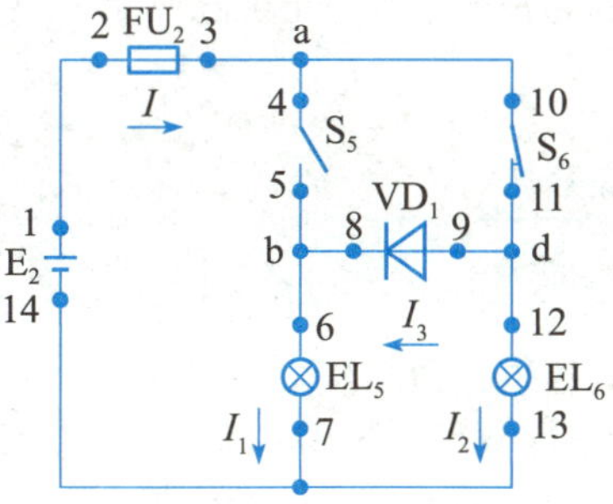

图 5-1-13　开关 S_5 断开、S_6 闭合状态电路图

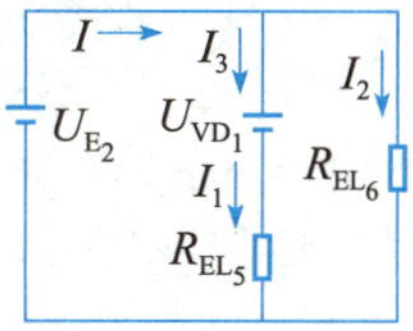

图 5-1-14　开关 S_5 断开、S_6 闭合状态等效电路图

电流流动方向：

电源正极→熔断器 FU_2→开关 S_6→$\left\{\begin{matrix}\text{二极管 } VD_1 \to \text{白炽灯 } EL_5 \\ \text{白炽灯 } EL_6\end{matrix}\right\}$→电源负极

电路电流计算：

$$I_1=I_3=\frac{U_{E_2}-U_{VD_1}}{R_{EL_5}}=\frac{12V-0.5V}{100\Omega}=0.115A$$

$$I_2=\frac{U_{E_2}}{R_{EL_6}}=\frac{12V}{100\Omega}=0.12A$$

$$I=I_1+I_3=0.115A+0.12A=0.235A$$

电路电压计算：

$$U_{EL_5}=U_{E_2}-U_{VD_1}=12V-0.5V=11.5V$$

$$U_{EL_6}=U_{E_2}=12V$$

（五）电路排故

1. 任务准备

（1）故障设置类型。在实验箱的实物线路上，可以选择设置一个或多个故障点。可以设置的故障点（即故障元器件）见附录。

（2）实验箱设置故障。根据图 5-1-15 所示的故障诊断电路图设置二极管 VD_1 开路和二极管 VD_1 短路故障。

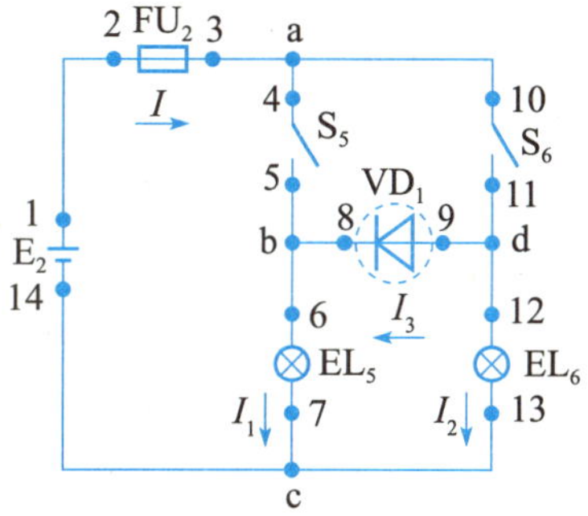

图 5-1-15　故障诊断电路图

2. 诊断分析

实施“故障现象、可能故障原因、故障检查过程、故障确认”4 个步骤达到“故障排除”的目的。

进入实验箱排故系统，进行电路排故。

（1）操作实验箱相应的开关，观察故障现象，分析故障原因，诊断故障，并填写表 5-1-4。

（2）确认故障点及故障类型，填写表 5-1-5，排除故障并验证。

以二极管 VD_1 开路和二极管 VD_1 短路两个故障同时存在为例，先排除二极管 VD_1 开路故障，再排除二极管 VD_1 短路故障。

表 5-1-4　故障诊断过程记录表

<table>
<tr><th>内容</th><th colspan="4">结果记录</th></tr>
<tr><td>故障现象</td><td colspan="4">1. 开关 S_6 闭合，开关 S_5 断开，白炽灯 EL_6 亮，白炽灯 EL_5 不亮
2. 故障 1 排除后，出现现象：开关 S_5 闭合，开关 S_6 断开，白炽灯 EL_5、EL_6 都亮</td></tr>
<tr><td>可能故障原因</td><td colspan="4">1. 二极管 VD_1、白炽灯 EL_5 开路，导线开路
2. 故障 1 排除后，故障 2 可能的原因：开关 S_6、二极管 VD_1 短路</td></tr>
<tr><td rowspan="11">故障检查过程</td><td>测量内容</td><td>测量条件</td><td>测量结果</td><td>分析判断</td></tr>
<tr><td>9 点电位 V_9</td><td>通电，开关 S_6 闭合</td><td>$V_9=12V$</td><td>9 点之前线路正常</td></tr>
<tr><td>8 点电位 V_8</td><td>通电，开关 S_6 闭合</td><td>$V_8=0V$</td><td>9 点—8 点开路</td></tr>
<tr><td>二极管 VD_1 电阻 R_{98}</td><td>断电，拔下 9 点导线</td><td>R_{98} 为∞</td><td>二极管 VD_1 开路</td></tr>
<tr><td>复位二极管 VD_1 后，复查电位 V_8</td><td>通电，开关 S_6 闭合</td><td>$V_8=12V$</td><td>8 点电位偏高，有短路故障</td></tr>
<tr><td>8 点电位 V_8</td><td>通电，开关 S_5 闭合</td><td>$V_8=12V$</td><td>8 点之前线路正常</td></tr>
<tr><td>9 点电位 V_9</td><td>通电，开关 S_5 闭合</td><td>$V_9=12V$</td><td>8 点—9 点短路或 10 点—11 点短路</td></tr>
<tr><td>二极管 VD_1 电阻 R_{89}</td><td>断电，拔下 8 点导线</td><td>R_{89} 为 0Ω</td><td>二极管 VD_1 短路</td></tr>
<tr><td>开关 S_6 电阻 R_{S_6}</td><td>断电，拔下 10 点导线，开关 S_6 断开</td><td>R_{S_6} 为∞</td><td>开关 S_6 正常</td></tr>
<tr><td>复位二极管 VD_1 后，9 点电位 V_9</td><td>通电，开关 S_5 闭合</td><td>$V_9=0V$</td><td>白炽灯 EL_6 不亮，二极管 VD_1 恢复正常</td></tr>
</table>

表 5-1-5　故障确认记录表

<table>
<tr><th>序号</th><th colspan="2">故障点及故障类型</th><th>确认是否正确</th></tr>
<tr><td rowspan="2">1</td><td>故障点</td><td>二极管 VD_1</td><td>□是　□否</td></tr>
<tr><td>故障类型</td><td>开路</td><td>□是　□否</td></tr>
<tr><td rowspan="2">2</td><td>故障点</td><td>二极管 VD_1</td><td>□是　□否</td></tr>
<tr><td>故障类型</td><td>短路</td><td>□是　□否</td></tr>
</table>

任务评价

对本任务进行评分，标准如表 5-1-6 所示。

表 5-1-6　二极管电路的连线、测量与排故评分表

项目	操作步骤	配分	测试内容描述	记录	扣分
元器件识读与检测	数字万用表使用	10	表笔正确插孔（2 分）		
			正确选择挡位（3 分）		
			测量方法正确（3 分）		
			旋转开关置于交流高压挡或“OFF”位（2 分）		
	元器件识读	2	能根据电路图正确找到对应的元器件（2 分）		
电工电路连接、检测、排故	接线图绘制	5	按原理图绘制接线图（5 分）		
	规范使用连线	4	正确使用电路连接线（4 分）		
	电路连线质量	10	连线没有交叉（2 分）		
			连线没有漏接（2 分）		
			元器件没有漏接（2 分）		
			元器件没有接错（2 分）		
			整体连线质量好（2 分）		
	电路功能测试	20	通电前用数字万用表检查线路（3 分）		
			电源接入正确（2 分）		
			功能实现（15 分）		
	数据记录	6	电位测量正确（2 分）		
			电压测量正确（2 分）		
			电流测量正确（2 分）		
	诊断故障	18	操作实验箱相应的开关，观察故障现象，分析故障原因，诊断故障（18 分）		
	故障排除	15	确认故障点及故障类型（5 分）		
			排除所有故障（5 分）		
			故障排除后进行验证（5 分）		
	操作规范	10	个人防护（工作服等）（3 分）		
			操作过程安全（3 分）		
			工具仪器仪表使用规范（4 分）		
总　分					

任务二 汽车三极管电路

任务导入

汽车在不同的道路上行驶，尤其是在一些路况相对较差的道路上行驶时，汽车车身会发生严重颠簸、振动等，很可能会导致汽车上一些电气线路与车体发生严重摩擦而使绝缘层损坏，引起电气线路发生搭铁短路故障。汽车电气搭铁探测器电路如图 5－2－1所示，该汽车电气搭铁探测器电路可以在完全不用拆解线路的情况下，方便而快捷地检测到搭铁短路故障所出现的准确位置，为汽车的检测与维修提供非常有力的保障。这是三极管在汽车上的典型应用。那么，三极管有哪几种工作状态呢？让我们一起来学习一下吧。

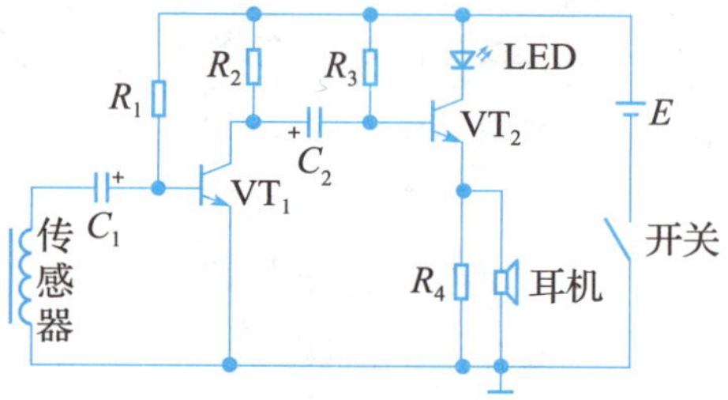

图 5－2－1 汽车电气搭铁探测器电路

知识介绍

三极管有三种工作状态：截止状态、放大状态与饱和导通状态。

三极管的认知与检测

一、截止状态

当加在三极管发射结的电压小于 PN 结的导通电压时，基极电流为零，集电极电流和发射极电流都为零，三极管这时失去了电流放大作用，集电极和发射极之间相当于开关的断开状态，称三极管处于截止状态。

二、放大状态

当加在三极管发射结的电压大于 PN 结的导通电压，并处于某一恰当的值时，三极管的发射结正向偏置，集电结反向偏置，这时基极电流对集电极电流起着控制作用，使三极管具有电流放大作用，其电流放大倍数 $\beta=\Delta I_c/\Delta I_b$，这时三极管处于放大状态。

三、饱和导通状态

当加在三极管发射结的电压大于 PN 结的导通电压，且基极电流增大到一定程度时，集电极电流不再随着基极电流的增大而增大，而是处于某一定值附近不怎么变化，这时三极管失去电流放大作用，集电极与发射极之间的电压很小，集电极和发射极之间相当于开关的导通状态，这种状态称为饱和导通状态。

根据三极管工作时各个电极的电位高低，就能判别三极管的工作状态，因此，电子维修人员在维修过程中，经常要拿多用电表测量三极管各管脚的电压，从而判别三极管的工作情况和工作状态。

汽车小知识

三极管放大电路在汽车电路中的应用

随着汽车工业的不断发展，汽车智能化程度也在不断提升，而三极管放大电路在汽车电路中起到举足重轻的作用。比如，汽车转向闪光器、汽车电子转速表、雨刮器间歇控制、电动汽油泵驱动、无触点三极管电喇叭、信号警报器等都是由三极管构成的多谐振荡放大电路来实现的。

三极管放大电路是电工电子设备中应用较为普遍的基本放大电路，其作用是将较为微弱的电信号转变为较强的电信号。一般情况下，电路中传感器所检测到的电信号往往比较微弱，只有微伏或毫伏数量级，而三极管放大电路的作用就是将这么微弱的信号放大，之后传输给汽车的控制单元 ECU。常见的三极管基本放大电路包括共射极、共集极和共基极 3 种形式，都是由单个三极管构成的单极放大电路。单极放大电路的电压和电流放大能力通常只有几十倍，不能满足实际放大电路的工作需求，所以，实际生产中的放大电路都是由多个单极放大电路组合到一起的，能获得足够大的电压和电流放大倍数。

一、汽车转向闪光器

当汽车行驶过程中，需要转向的时候，驾驶人通过拨动转向开关按钮，汽车转向闪光器便不停地闪动，以警示其他车辆和行人汽车的转向方向。转向灯闪光是由闪光器所在的三极管多谐振荡电路来完成的，电路如图 5－2－2(a) 所示。其电路工作的核心部分是由 2 个三极管 VT_1 和 VT_2，4 个电阻 R_1、R_2、R_3 和 R_4，2 个电容 C_1 和 C_2 构成的一个常见的完全对称的多谐振荡电路。在电路正常工作时，振荡信号开始从三极管 VT_2 的集电极经过二极管 VD 和电阻 R_5 输入到三极管 VT_3 的基极，当输入的振荡信号为正电位时，三极管 VT_3 处于饱和导通状态：当输入的振荡信号为负电位时，二极管 VD 处于反向截止的状态，从而使得没有电信号输送到三极管 VT_3 的基极，故其处于截止状态。在这种条件下，当汽车左转时，驾驶人通过拨动左转开关按钮，左转向灯就会随着三极管 VT_3 的导通和截止不停地闪光。

电路中的电阻 R_6 充当着三极管 VT_3 的负载电阻的作用，当汽车正常行驶不转向的时候，流经三极管 VT_3 的电流就会通过电阻 R_6 流回电源的负极。该汽车转向闪光器的振荡周期约为 0.8s，振荡频率大约为每分钟 75 次，亮灭比例接近 1∶1。闪光清晰度较高，振荡频率稳定，使用寿命较长。

二、汽车电子转速表

随着汽车电子的不断发展，一些指针仪表已由电子仪表逐渐代替，汽车电子转速表就是一个典型的例子。汽车电子转速表电路如图 5－2－2(b) 所示。该电路为有效利用电容充电放电产生的脉冲制作而成的汽车电子转速表的原理图。当汽车发动机正常运转的时候，电路中的分电器触电做周期性打开闭合动作，其打开闭合的频率随着汽车发动机转速的改变而改变，并成正比。如果汽车发动机的曲轴每转动一周，那么四冲程四缸汽车发动机的分电器触点就打开闭合两次，而六缸汽车发动机的分电器触点就打开闭合三次。当汽车电子转速表电路分电器触点打开闭合时，经由电容 C_1 和 C_2 充电放电而产生的截止导通电流，而转换成与其频率成正比的电流平均值，最终通过毫安表展现出来。因为电容放电电流的平均值与分电器触点导通截止的频率成正比，所以毫安表上的电子读数反映的发动机的实时转速。

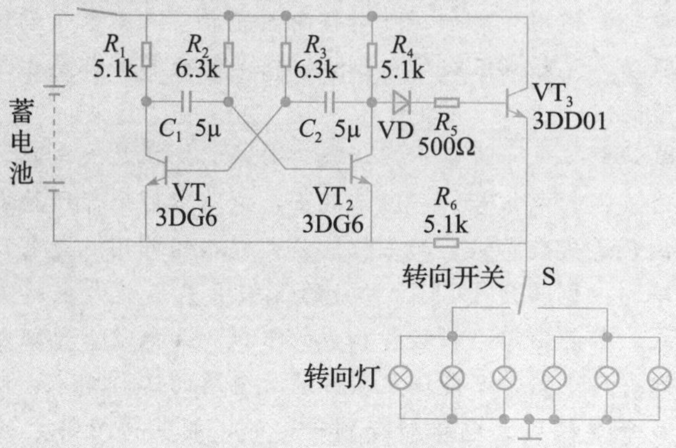

（a）汽车转向闪光器电路图

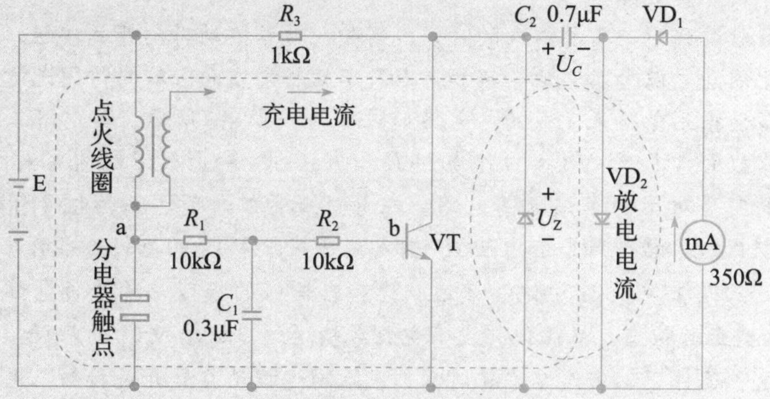

（b）汽车电子转速表电路图

图 5-2-2　三极管在汽车转向灯及电子转速表中的应用

任务实施

一、实训目标

（一）总体任务

（1）能够根据开关晶体管控制电路图（见图 5-2-3），选择合适的元器件，在实验箱上通过连接电线完成实物线路，并对线路进行功能测试与分析，满足以下功能要求：

①开关 S_8 打在 A 位的时候，三极管 VT_1 导通，白炽灯 EL_7 亮。

②开关 S_8 打在 B 位的时候，三极管 VT_1 截止，白炽灯 EL_7 不亮。

（2）操作实验箱相应开关，观察故障现象，分析故障原因，诊断、排除故障。

（二）具体要求

1. 元器件选择

（1）检查、校验所提供的仪器设备。

（2）根据电路图选择合适的元器件进行检测并判断好坏，如需更换请告知。

2. 线路连接

根据电路图，按连线规范要求完成线路连接。

3. 电路的检查、测量与分析

（1）使用数字万用表进行通电前电路检查，确认是否存在短路现象。

（2）根据图 5－2－4 所标注的测量点，通电后按要求测量相应的项目，并记录测量结果（测量结果必须标注单位）。

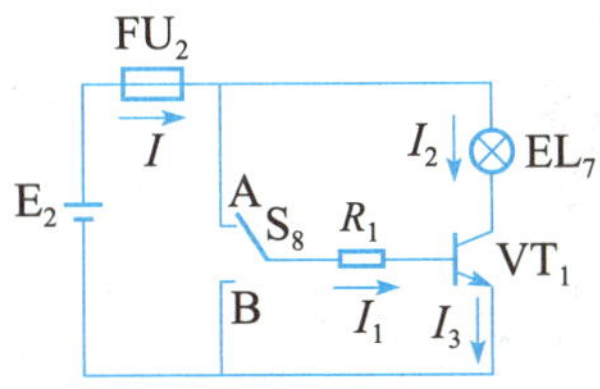

图 5－2－3　开关晶体管控制电路图

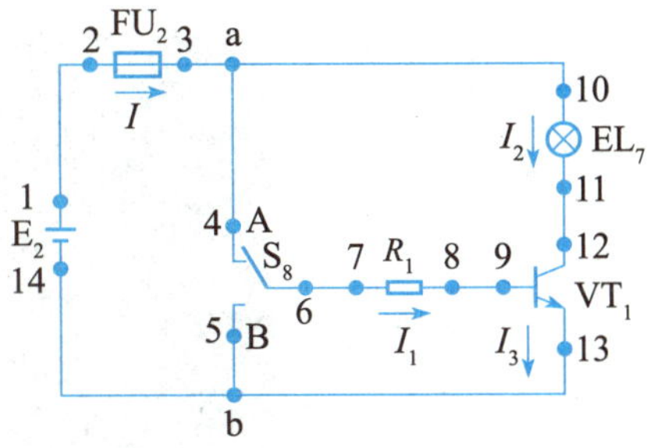

图 5－2－4　标注测量点的开关晶体管控制电路图

（3）根据电路图，简要描述该电路实现的功能。

4. 电路排故

线路测量完成后，进入实验箱排故系统，进行电路排故。

（1）操作实验箱相应开关，观察故障现象，分析故障原因，诊断故障。

（2）确认故障点及故障类型，排除故障并验证。

（3）若有多个故障点，要求逐个排除并验证。

二、实训准备

（1）器材准备：实验箱、数字万用表、实训手册、故障元器件及 220V 电源等。

（2）材料准备：导线、熔断器、白炽灯、开关、晶体管等。

三、实训步骤

（一）元器件识读与检测

确保汽车电工电子实验箱电源断开，然后识别、测量元器件，并填写表 5－2－1。

表 5-2-1　元器件识读记录表

序号	元器件名称	元器件测量记录
1	数字万用表检查校验	是否能正常使用：□是　　□否
2	实验箱电源电压检查	是否正常：　　　□是　　□否
3	导线检查	是否正常：　　　□是　　□否
4	熔断器 FU_2	量程：________电阻测量值：________Ω
5	白炽灯 EL_7	量程：________电阻测量值：________Ω
6	开关 S_8 打在 A 位	量程：________电阻测量值：________Ω
7	开关 S_8 打在 B 位	量程：________电阻测量值：________Ω
8	三极管 VT_1	量程：________导通电压测量值：________V

（二）线路连接与检验

1. 安全检查

确保实验箱电源处于切断状态。

2. 线路连接

根据电路图（见图 5-2-3），在实验箱上连线完成实物线路（见图 5-2-5）。

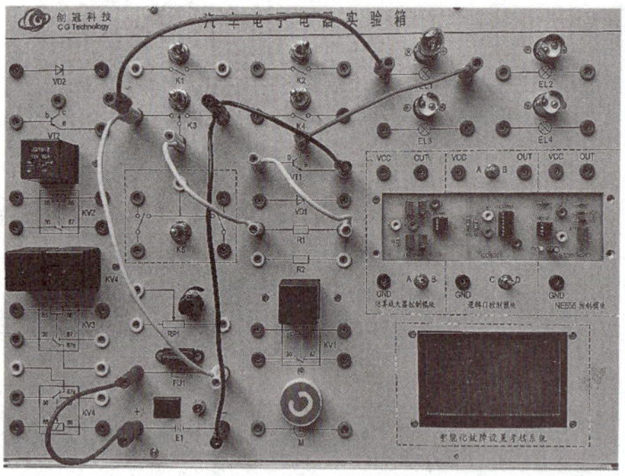

图 5-2-5　在实验箱上连线完成实物线路

3. 连线检查

对照电路图，仔细检查实物线路，确保连线正确无误。

4. 线路连接检验

（1）接通实验箱电源开关。

（2）开关 S_8 打在 A 位的时候，白炽灯 EL_7 亮，如图 5-2-6 所示。

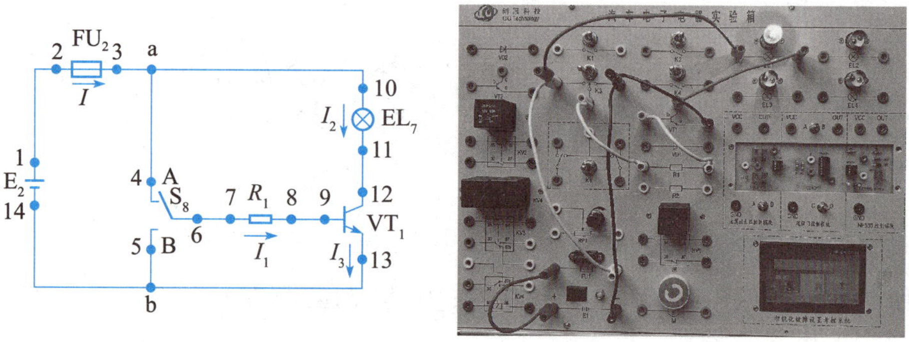

图 5-2-6　开关 S_8 打在 A 位时的电路图及实物线路图

（3）开关 S_8 打在 B 位的时候，白炽灯 EL_7 不亮，如图 5-2-7 所示。

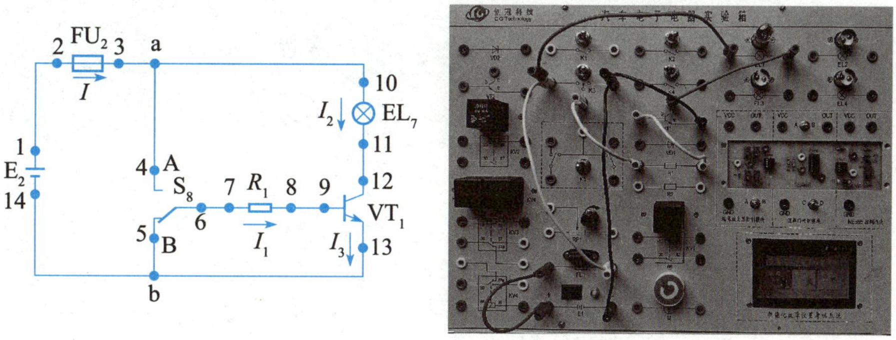

图 5-2-7　开关 S_8 打在 B 位时的电路图及实物线路图

（4）结果评判：线路连接正确，工作正常。

（三）电路测量

在开关 S_8 闭合时处于 A 位、B 位两种情况下，测量实物线路的电位、电流、电压，把测量数据填写在表 5-2-2 中，分析测量数据，并简要说明电路实现的功能，填写表 5-2-3。

表 5-2-2　测量数据记录分析表

测量内容	测量点	S_8 闭合	
		A 位	B 位
电位/V	1		
	3		
	4		
	5		
	6		
	7		
	8		
	9		
	10		
	11		
	12		
	13		
	14		
电流/A	I		
	I_1（I_b）		
	I_2（I_c）		
	I_3（I_e）		

续表

测量内容	测量点	S_8 闭合	
		A 位	B 位
电压/V	U_{E_2}		
	U_{R_1}		
	U_{be_1}		
	U_{ce_1}		
	U_{EL_7}		
工作状态	白炽灯 EL_7		

表 5-2-3　电路实现的功能说明表

内容	功能简要描述
实现功能	

（四）电路分析

1. 状态 1

开关 S_8 打在 A 位时的电路图及等效电路图（条件：$U_{E_2}=12V$，$U_{ce}=0.3V$，$U_{be}=0.7V$，$R_1=4.7k\Omega$，$R_{EL_7}=100\Omega$），如图 5-2-8、图 5-2-9 所示。

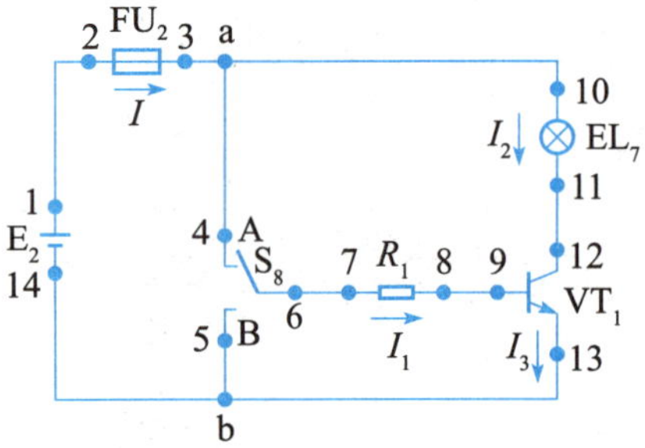

图 5-2-8　开关 S_8 打在 A 位时的电路图

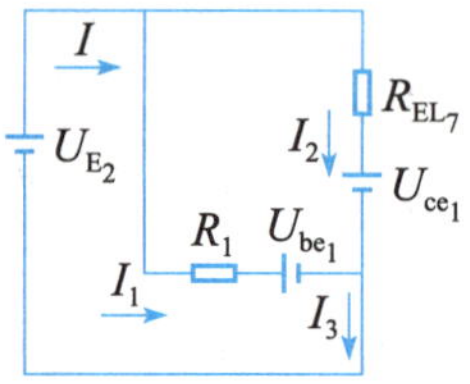

图 5-2-9　开关 S_8 打在 A 位时的等效电路图

电流流动方向：

电源正极→熔断器 FU_2→{白炽灯 EL_7→三极管 VT_1 集电极；开关 S_8→电阻 R_1→三极管 VT_1 基极}→三极管 VT_1 发射极→电源负极

电路电流计算：

$$I_1=\frac{U_{E_2}-U_{be}}{R_1}=\frac{12V-0.7V}{4700\Omega}=0.002A$$

$$I_{12}=\frac{U_{E_2}-U_{ce}}{R_{EL_7}}=\frac{12V-0.3V}{100\Omega}=0.117A$$

$$I=I_3=I_1+I_2=0.002A+0.117A=0.119A$$

电路电压计算：

$$U_{EL_7}=U_{E_2}-U_{ce}=12V-0.3V=11.7V$$

2. 状态 2

开关 S_8 打在 B 位时，三极管处于截止状态，其电路处于断路状态，电流值均为零，电压值 U_{EL_7} 也为零。

（五）电路排故

1. 任务准备

（1）故障设置类型。在实验箱的实物线路上，可以选择设置一个或多个故障点。可以设置的故障点（即故障元器件）见附录。

（2）实验箱设置故障。根据故障诊断电路图（见图 5-2-10）设置单刀双掷开关 S_8 的 A 位开路和三极管 VT_1 的 ce 短路故障。

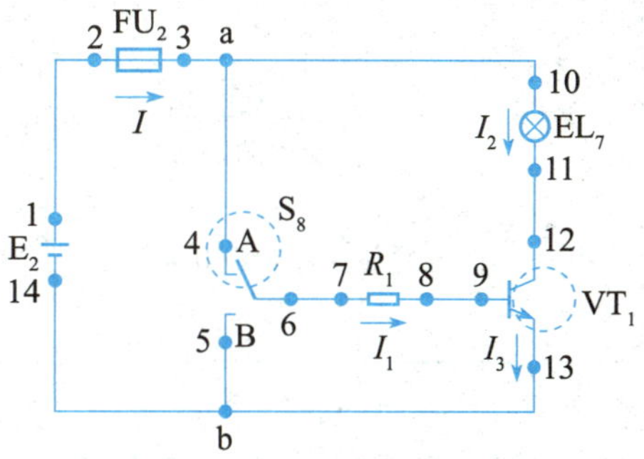

图 5-2-10　故障诊断电路图

2. 诊断分析

实施“故障现象、可能故障原因、故障检查过程、故障确认”4 个步骤达到“故障排除”的目的，并详细填写表 5-2-4 和表 5-2-5。

进入实验箱排故系统，进行电路排故。

（1）操作实验箱相应开关，观察故障现象，分析故障原因，诊断故障。

（2）确认故障点及故障类型，排除故障并验证。

以单刀双掷开关 S_8 的 A 位开路和三极管 VT_1 的 ce 短路两个故障同时存在为例，先排除单刀双掷开关 S_8 的 A 位开路故障，再排除三极管 VT_1 的 ce 短路故障。

表 5-2-4　故障诊断过程记录表

内容	结果记录			
故障现象	1. 开关 S_8 置 A 位时，白炽灯 EL_7 不亮 2. 故障 1 排除后，出现现象：开关 S_8 置 B 位时，白炽灯 EL_7 亮			
可能故障原因	1. 电源 E_2 断电，熔断器 FU_2、单刀双掷开关 S_8、电阻 R_1、三极管 VT_1、白炽灯 EL_7 开路，导线开路 2. 故障 1 排除后，故障 2 可能的原因：三极管 VT_1 的 ce 短路			
故障检查过程	测量内容	测量条件	测量结果	分析判断
	4 点电位 V_4	通电，开关 S_8 打在 A 位	$V_4=12V$	4 点之前线路正常
	6 点电位 V_6	通电，开关 S_8 打在 A 位	$V_6=0V$	4 点—6 点开路
	开关 S_8 电阻 R_{46}	断电，拔下 4 点导线，开关 S_8 打在 A 位	R_{48} 为∞	开关 S_8 的 A 位开路

续表

内容	结果记录			
故障检查过程	复位开关 S_8 后，复查电位 V_6	通电，开关 S_8 打在 A 位	$V_6=12V$	开关 S_8 的 A 位恢复正常
	12 点电位 V_{12}	通电，开关 S_8 打在 B 位	$V_{12}=0V$	白炽灯 EL_7 亮，12 点电位偏低，异常
	13 点电位 V_{13}	通电，开关 S_8 打在 B 位	$V_{13}=0V$	白炽灯 EL_7 亮，12 点—13 点短路
	三极管 VT_1 的 ce 间电阻 R_{ce}	断电，拔下 12 点导线	R_{ce} 为 0Ω	三极管 VT_1 的 ce 短路
	复位三极管 VT_1 后，12 点电位 V_{12}	通电，开关 S_8 打在 B 位	$V_{12}=12V$	灯 EL_7 不亮，三极管 VT_1 恢复正常

表 5-2-5　故障确认记录表

序号	故障点及故障类型		确认是否正确
1	故障点	开关 S_8 的 A 位	□是　□否
	故障类型	开路	□是　□否
2	故障点	三极管 VT_1 的 ce	□是　□否
	故障类型	短路	□是　□否

任务评价

对本任务进行评分，标准如表 5-2-6 所示。

表 5-2-6　三极管电路的连线、测量与排故评分表

项目	操作步骤	配分	测试内容描述	记录	扣分
元器件识读与检测	数字万用表使用	10	表笔正确插孔（2 分）		
			正确选择挡位（3 分）		
			测量方法正确（3 分）		
			旋转开关置于交流高电压挡或“OFF”位（2 分）		
	元器件识读	2	能根据电路图正确找到对应的元器件（2 分）		

续表

项目	操作步骤	配分	测试内容描述	记录	扣分
电工电路连接、检测、排故	接线图绘制	5	按原理图绘制接线图（5 分）		
	规范使用连线	4	正确使用电路连接线（4 分）		
	电路连线质量	10	连线没有交叉（2 分）		
			连线没有漏接（2 分）		
			元器件没有漏接（2 分）		
			元器件没有接错（2 分）		
			整体连线质量好（2 分）		
	电路功能测试	20	通电前用数字万用表检查线路（3 分）		
			电源接入正确（2 分）		
			功能实现（15 分）		
	数据记录	6	电位测量正确（2 分）		
			电压测量正确（2 分）		
			电流测量正确（2 分）		
	故障诊断	18	操作实验箱相应开关，观察故障现象，分析故障原因，诊断故障（18 分）		
	故障排除	15	确认故障点及故障类型（5 分）		
			排除所有故障（5 分）		
			故障排除后进行验证（5 分）		
	操作规范	10	个人防护（工作服等）（3 分）		
			操作过程的安全（3 分）		
			工具仪器仪表使用规范（4 分）		
总　分					

任务三　手工焊接技术

任务导入

电烙铁（见图 5－3－1）是一种广泛使用的维修工具，可用于电子和电器维修，可用于焊接元器件、连接导线和修复电路板等多种任务。尤其是在小型电子产品的维修过程中，需要高精度的焊接技术，电烙铁有助于技术人员准确控制和操作。它还可以用于家居维护中，在家庭电线和电器损坏时，使用电烙铁可以方便快捷地连接损坏部件。电烙铁也可以用于汽车维修，如连接车辆电缆或进行焊接。对于自己经常进行汽车改装的爱好者，电烙铁是必备工具之一。

图 5-3-1 电烙铁

总之，电烙铁是一种功能强大、使用广泛的工具，它不仅具有维修功能，还可以用于手工制作。在选择电烙铁时，需要根据实际的维修和制作需求来选择合适的型号和规格。

知识介绍

一、电烙铁介绍

（一）外热式电烙铁

外热式电烙铁一般由烙铁头、烙铁心、外壳、手柄、插头等部分组成。

（二）内热式电烙铁

内热式电烙铁由连接杆、手柄、弹簧夹、烙铁心、烙铁头（也称铜头）五部分组成。

（三）其他烙铁

1. 恒温电烙铁

恒温电烙铁的烙铁头内装有磁铁式的温度控制器来控制通电时间，实现恒温的目的。在焊接温度不宜过高、焊接时间不宜过长的元器件时，应选用恒温电烙铁，但它价格较高。

2. 吸锡电烙铁

吸锡电烙铁是将活塞式吸锡器与电烙铁融于一体的拆焊工具，它具有使用方便、灵活、适用范围宽等特点；不足之处是每次只能对一个焊点进行拆焊。

3. 气焊烙铁

一种用液化气、甲烷等可燃气体燃烧加热烙铁头的烙铁。气焊烙铁适用于供电不便或无法供给交流电的场合。

二、电烙铁的选择

（一）选用电烙铁的原则

（1）烙铁头的形状要适应被焊件物面要求和产品装配密度。

（2）烙铁头的顶端温度要与焊料的熔点相适应，一般要比焊料熔点高 30～80℃（不包括在电烙铁头接触焊接点时下降的温度）。

(3) 电烙铁热容量要适当。

(二) 选择电烙铁功率的原则

(1) 焊接集成电路、晶体管及其他受热易损的元器件时，考虑选用 20W 内热式电烙铁或 25W 外热式电烙铁。

(2) 焊接较粗导线及同轴电缆时，考虑选用 50W 内热式电烙铁或 45～75W 外热式电烙铁。

(3) 焊接较大元器件时，如金属底盘接地焊片，应选 100W 以上的电烙铁。

三、电烙铁的使用

(一) 电烙铁的握法

电烙铁的握法分为反握法、正握法和握笔法三种。

(1) 反握法：反握法是用五指把电烙铁的手柄握在掌内。此法适用于大功率电烙铁，焊接散热量大的被焊件。

(2) 正握法：正握法适用于较大的电烙铁，弯形烙铁头一般也用此法。

(3) 握笔法：用握笔的方法握电烙铁，此法适用于小功率电烙铁，焊接散热量小的被焊件，如焊接收音机、电视机的印制电路板等。

(二) 电烙铁使用前的处理

在使用前先通电给烙铁头“上锡”。接上电源，当烙铁头温度升到能熔锡时，将烙铁头在松香上沾涂一下，等松香冒烟后再沾涂一层焊锡，如此反复进行 2～3 次，使烙铁头的刃面全部挂上一层锡便可使用了。

电烙铁不宜长时间通电而不使用，这样容易使烙铁心加速氧化而烧断，缩短其寿命，同时也会使烙铁头因长时间加热而氧化，甚至被“烧死”而不再“吃锡”。

(三) 电烙铁使用的注意事项

(1) 根据焊接对象合理选用不同类型的电烙铁。

(2) 使用过程中不要任意敲击烙铁头以免损坏。内热式电烙铁连接杆钢管壁厚只有 0.2mm，不能用钳子夹以免损坏。在使用过程中应经常维护，保证烙铁头挂上一层薄锡。

四、手工焊接操作的基本步骤

掌握好电烙铁的温度和焊接时间，选择适当的烙铁头和焊点的接触位置，才可能得到良好的焊点。正确的手工焊接操作过程可以分成五个步骤，如图 5-3-2 所示。

(一) 基本操作步骤

(1) 步骤一：准备施焊 [见图 5-3-2(a)]，左手拿焊锡丝，右手握电烙铁，进入备焊状态。要求烙铁头保持干净，无焊渣等氧化物，并在表面镀有一层焊锡。

(2) 步骤二：加热焊件 [见图 5-3-2(b)]，烙铁头靠在两焊件的连接处，加热整个焊件，时间为 1～2s。对于在印制电路板上焊接元器件来说，要注意烙铁头同时接触两个被焊件。

(3) 步骤三：送入焊丝 [见图 5-3-2(c)]，焊件的焊接面被加热到一定温度时，焊锡丝从烙铁对面接触焊件。

注意：不要把焊锡丝直接送到烙铁头上。

（4）步骤四：移开焊丝［见图 5－3－2(d)］，当焊丝熔化一定量后，立即向左上 45°方向移开焊丝。

（5）步骤五：移开电烙铁［见图 5－3－2(e)］，焊锡浸润焊盘和焊件的施焊部位以后，向右上 45°方向移开电烙铁，结束焊接。从步骤三开始到步骤五结束，时间为 1～2s。

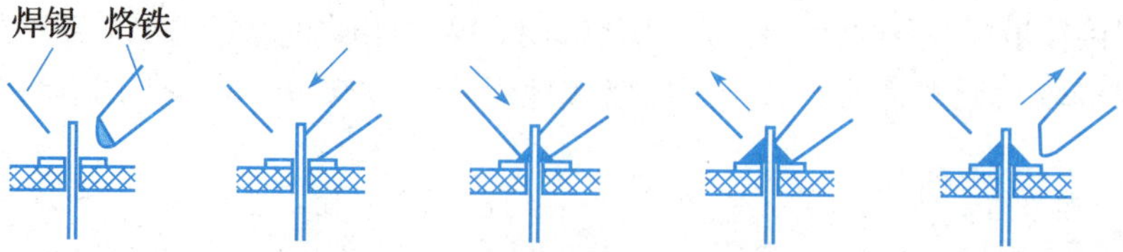

（a）准备施焊（b）加热焊件（c）送入焊丝（d）移开焊丝（e）移开电烙铁

图 5－3－2 手工焊接操作的步骤

（二）锡焊三步操作法

对于热容量小的焊件，如印制电路板上较细导线的连接，可以简化为三步操作。

（1）准备：同以上步骤一，如图 5－3－2(a) 所示。

（2）加热与送焊丝：烙铁头放在焊件上后即放入焊丝。

（3）去焊丝移电烙铁：焊锡在焊接面上浸润扩散达到预期范围后，立即拿开焊丝并移开电烙铁，并注意移去焊丝的时间不得滞后于移开电烙铁的时间。

五、印制电路板的焊接过程

（一）焊前准备

首先要熟悉所焊印制电路板的装配图，并按图样配料，检查元器件的型号、规格及数量是否符合图样要求，做好装配前元器件引线成形等准备工作。

（二）焊接顺序

元器件安装焊接顺序依次为电阻器、电容器、二极管、晶体管、集成电路、大功率管，其他元器件为先小后大。

（三）对元器件的焊接要求

（1）电阻器的焊接。按图样将电阻器准确装入规定位置，要求标记向上，字向一致。装完同一种规格后再装另一种规格，尽量使电阻器的高低一致。焊完后，将露在印制电路板表面的多余引脚齐根剪去。

（2）电容器的焊接。将电容器按图样装入规定位置，并注意有极性电容器其“＋”极与“－”极不能接错，电容器上的标记方向要易看、可见。先装玻璃釉电容器、有机介质电容器、瓷介电容器，最后装电解电容器。

（3）二极管的焊接。二极管焊接要注意以下几点：

①注意阳极与阴极的极性，不能装错。

②型号标记要易看、可见。

③焊接立式二极管时，对最短引线焊接时间不能超过 2s。

（4）晶体管的焊接。焊接晶体管需注意 e、b、c 三引线位置应插接正确。焊接时间尽可能短，焊接时用镊子夹住引脚，以利散热。焊接大功率晶体管时，若需加装散热片，应将接触面平整、打磨光滑后再紧固，若要求加垫绝缘薄膜时，切勿忘记加薄膜。引脚需与电路板连接时，要用塑料导线。

（5）集成电路的焊接。首先按图样要求，检查型号、引脚位置是否符合要求。焊接时先焊边沿的两只引脚，以使其定位，然后再从左到右、自上而下逐个焊接。对于电容器、二极管、晶体管露在印制电路板面上的多余引脚均需齐根剪去。

汽车小知识

热缩管在汽车上的应用

热缩管是线束生产加工过程中的重要组成部分（见图 5－3－3），汽车线束作为汽车电路的网络主体，作为汽车电气系统的连接组件，就像人体的神经与血管一样，将汽车的各个功能部分连接贯通。

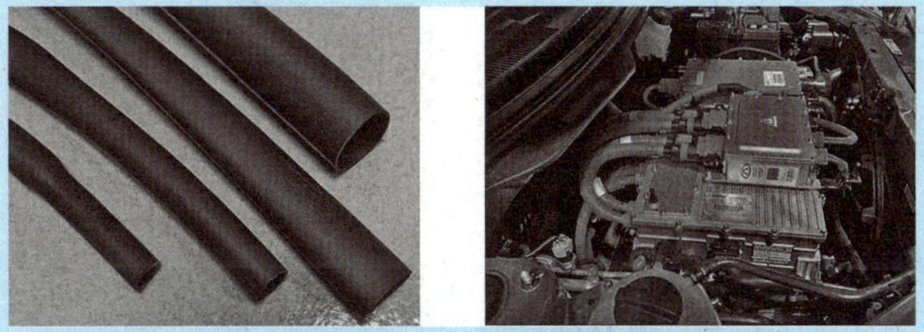

图 5－3－3　热缩管在汽车上的应用

热缩管在汽车线束生产制造过程中，对裸露的接触件端子、线束分线、合线节点等部位，有非常高效的绝缘保护作用。汽车线束的电子技术含量，是评价汽车性能的一项重要指标。汽车运行时的高温、油、水、机械摩擦等恶劣环境，使汽车线束必须要求高标准，热缩管中的汽车线束热缩管性能就是环保高阻燃、防水密封、耐油、耐机械摩擦。

目前，在汽车线束上使用的热缩管的种类很多，有标识用的号码热缩管、防水密封用的汽车线束双壁热缩管、耐高温与机械摩擦的氟橡胶热缩管、耐柴油的耐油热缩管等。

任务实施

汽车维修用试灯的制作

一、实训目标

（1）能够正确使用焊接工具，对元器件或电路板进行焊接。

（2）能够根据汽车维修用试灯原理图（见图 5－3－4），制作汽车维修用试灯成品（见图 5－3－5）。

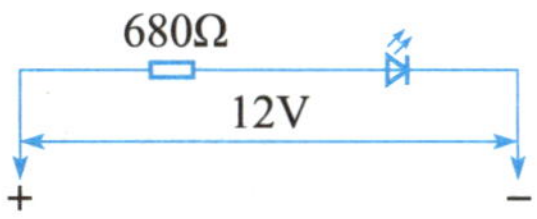

图 5－3－4　汽车维修用试灯原理图

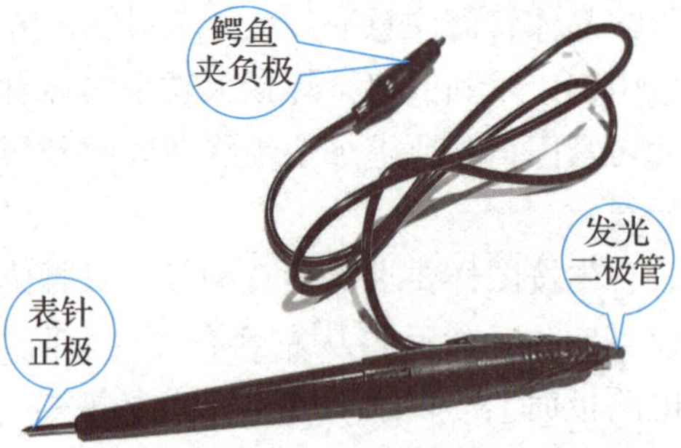

图 5-3-5　汽车维修用试灯成品

二、实训准备

（1）工具准备：电烙铁、电烙铁支架、数字万用表、剥线钳、尖嘴钳等（见图 5-3-6）。

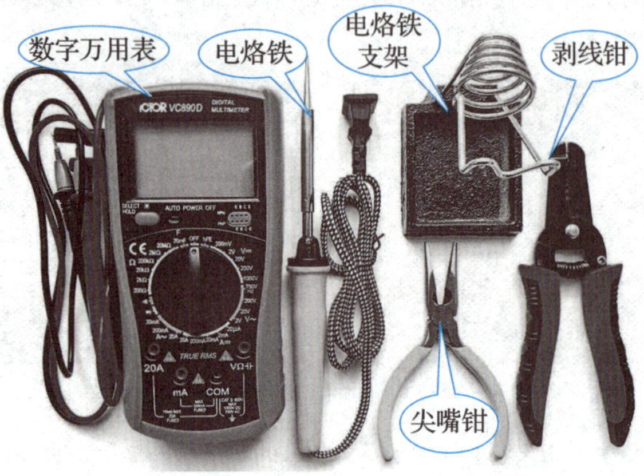

图 5-3-6　工具准备

（2）材料准备：助焊剂（松香）、焊锡、发光二极管、电阻（680Ω）、热缩管、鳄鱼夹、万用表笔、绝缘胶布等（见图 5-3-7）。

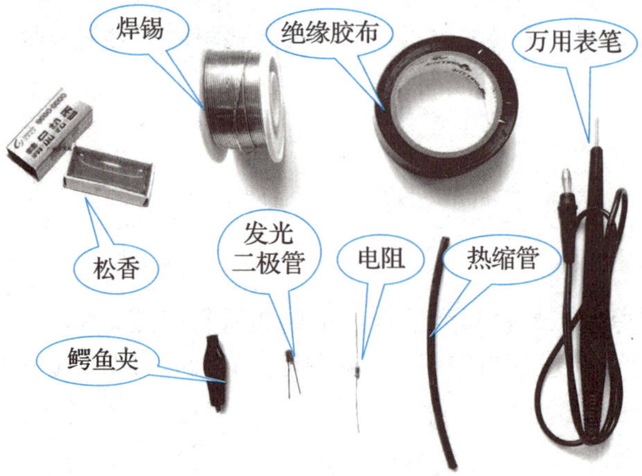

图 5-3-7　材料准备

三、实训步骤

（一）焊接

汽车维修用试灯的制作与检测焊接步骤如表 5－3－1 所示。

表 5－3－1 汽车维修用试灯的制作与检测焊接步骤

步骤	内容	图示
1	弯折发光二极管负极管脚	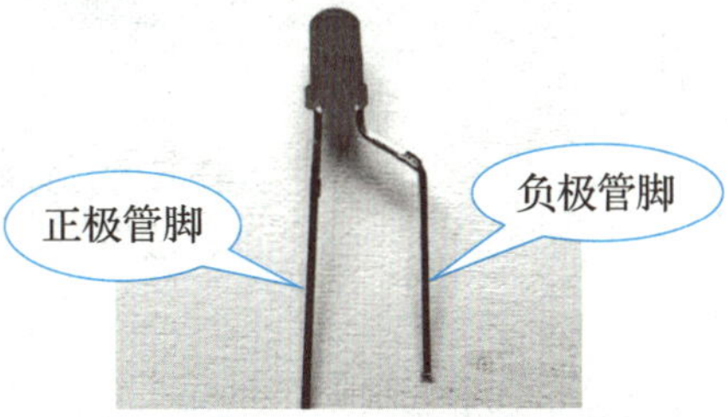
2	焊接发光二极管正极管脚与电阻	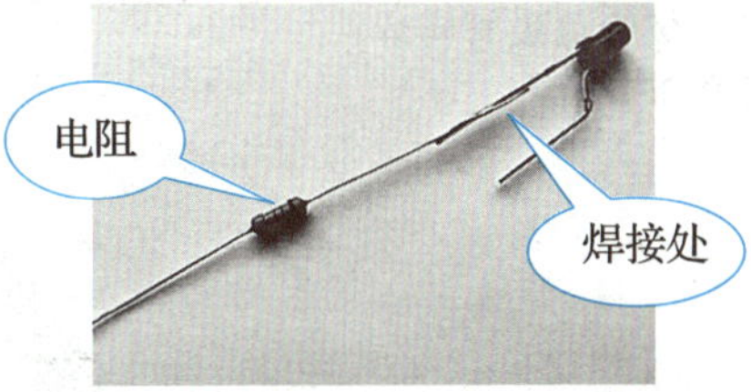
3	发光二极管正极管脚套入热缩管，并将热缩管热缩	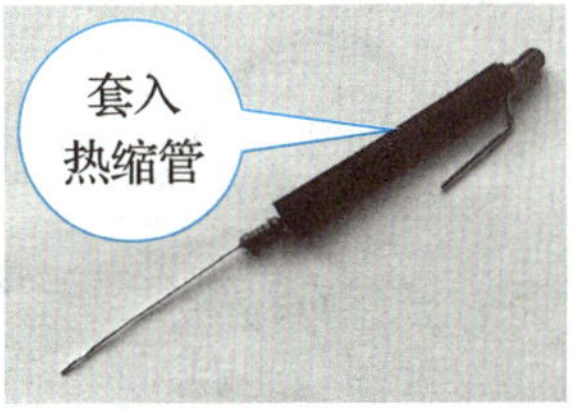 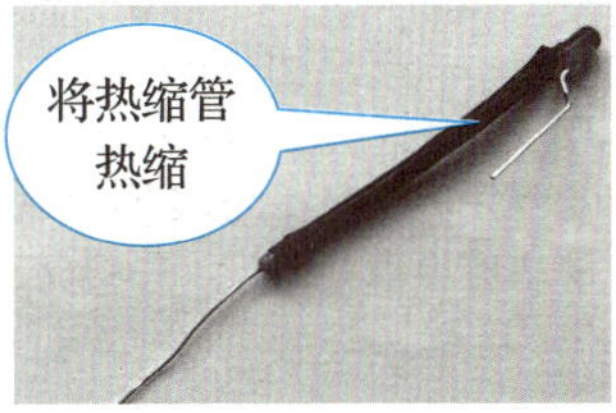
4	拧开万用表笔电线端，并将电线从中剪断	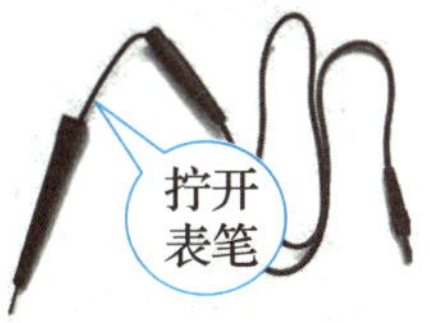 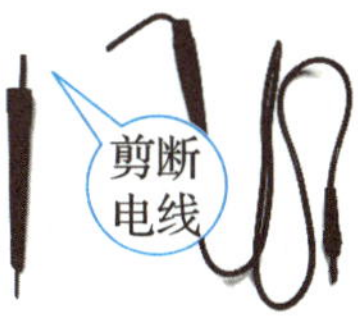
5	将万用表笔表针部分的电线剥皮，将发光二极管正极管脚插入表笔棒内	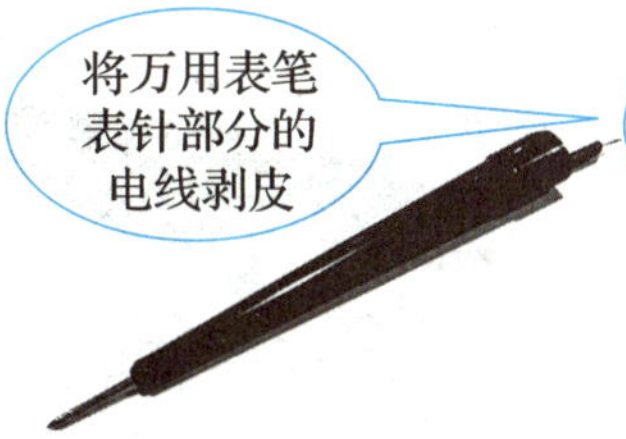 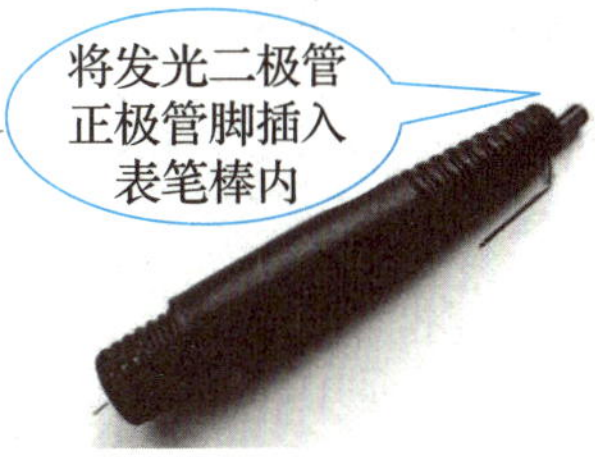

续表

步骤	内容	图示
6	先在万用表笔的表针部分电线套上热缩管，再将该电线与电阻焊接，并热缩	
7	将万用表笔剪下的电线一端剥皮、套上热缩管后，与发光二极管负极管脚焊接，并热缩	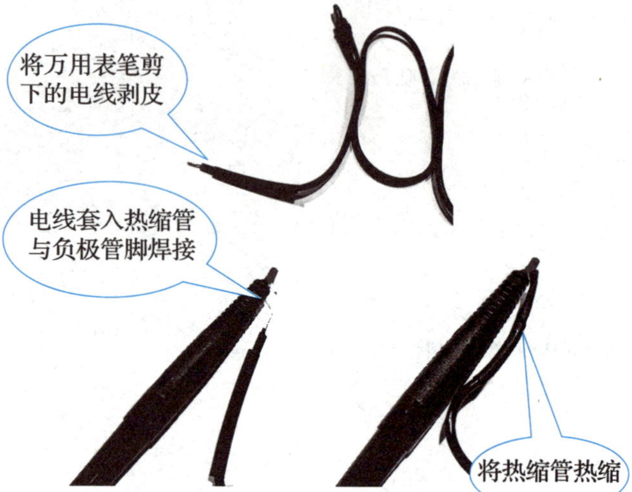
8	将发光二极管负极管脚电线剪掉表笔插头，并剥皮	
9	焊接鳄鱼夹与发光二极管负极管脚电线	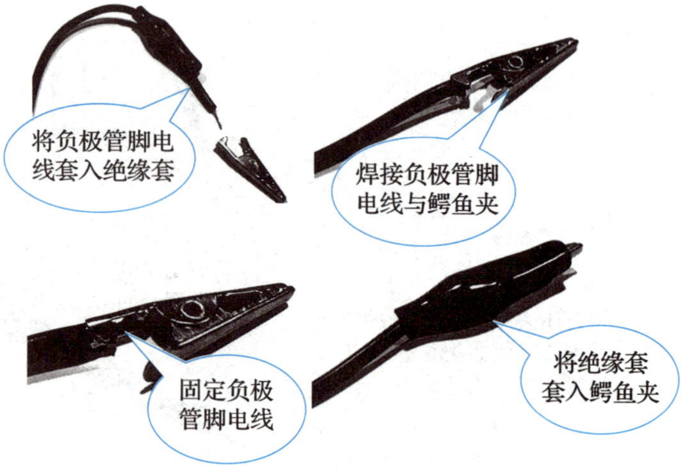

续表

步骤	内容	图示
10	用绝缘胶布包扎表笔棒与发光二极管，制作完成	

（二）检验

把表针接电池正极，鳄鱼夹接电池负极，发光二极管点亮，如图 5-3-8 所示。

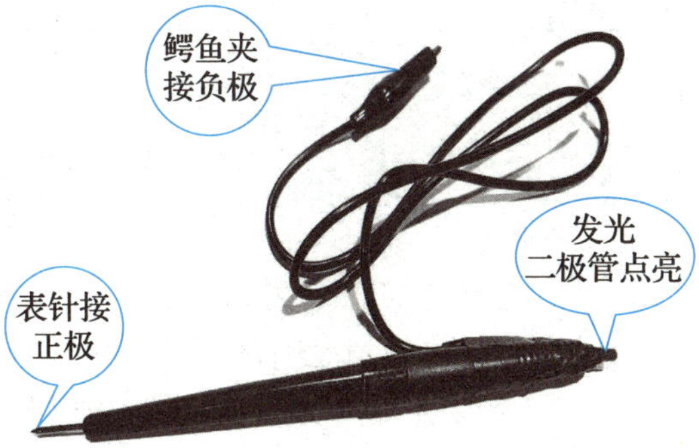

图 5-3-8　检验汽车维修用试灯

任务评价

对本任务进行评分，标准如表 5-3-2 所示。

表 5-3-2　汽车维修用试灯的制作与检测评分标准

考核项目及内容	评分标准	分数	学生自评	小组互评	教师评价	小计
团队合作	是否和谐	5				
活动参与	是否积极主动	5				
安全生产	有无安全隐患	10				
现场 7S	是否做到	10				

续表

考核项目及内容		评分标准	分数	学生自评	小组互评	教师评价	小计
任务方案		是否正确、合理	15				
操作过程	前期准备	整理工位及工位布置，设备的外观检查	5				
	导线焊接	导线位置安装正确；导线剪切、剥皮等正确	10				
	焊点质量	焊点光滑、均匀；无搭焊、虚焊、漏焊、桥接、毛刺等	10				
	操作规范	工作台上工具摆放整齐；正确使用电烙铁等工具	5				
任务完成情况		是否圆满完成任务	10				
工具和设备使用		是否规范、标准	10				
劳动纪律		是否严格遵守	5				
总分			100				
教师签名：　　年　月　日				得分			

项目小结

本项目先介绍了晶体二极管、晶体三极管的基本特性，然后介绍了电烙铁及其使用。为了使教学内容贴近生产生活实际，与工作岗位对接，教学中把实践操作性强、应用性强的内容，作为本项目的实操内容；为了使教学过程尽可能与生产过程对接，本教材通过“搭接电路”“成品制作”等设置教学环境与载体，并为今后的电路维修做好准备。

同步练习

一、选择题

1. 以下选项中，不是三极管的三种工作状态的是（　　）。

A. 截止状态　　B. 放大状态　　C. 饱和导通状态　　D. 死区状态

2. 三极管的结构中不包含以下（　　）区。

A. 集电　　B. 基　　C. 基极　　D. 发射

3. 若晶体三极管工作在截止状态，则要求（　　）。

A. 发射结正偏，集电结正偏

B. 发射结正偏，集电结反偏

C. 发射结反偏，集电结正偏

D. 发射结反偏，集电结反偏

4. 当二极管正向电压达到某一数值时，二极管才能导通，这一数值称为二极管的（　　）。

A. 正向电压　　B. 正向压降

C. 门槛电压　　D. 偏置电压

5. 一般每个焊点在（　　）内完成。

A. 1～2s　　B. 1.5～3s　　C. 2～4s　　D. 1.5～4s

二、判断题

1. 内热式电烙铁比外热式电烙铁发热快、热效率高。（　　）

2. 焊接同轴电缆时，应选用 100W 以上的电烙铁。（　　）

3. 无论是哪种晶体管，当处于放大状态时，b 极电位总是高于 e 极电位，c 极电位总是高于 b 极电位。（　　）

4. 二极管击穿后的反向电阻应该为无穷大。（　　）

5. 若发现缺少晶体管，可使用一个二极管再使用电烙铁焊接一个 P 型或者 N 型半导体来制成所需的晶体管。（　　）

三、简答题

1. 写出晶体二极管的特性。

2. 写出晶体三极管的特性。

3. 写出手工焊接操作过程的五个步骤。

四、实训题

二极管控制电灯电路线路连接。

(1) 根据电路图，连接实物电路。

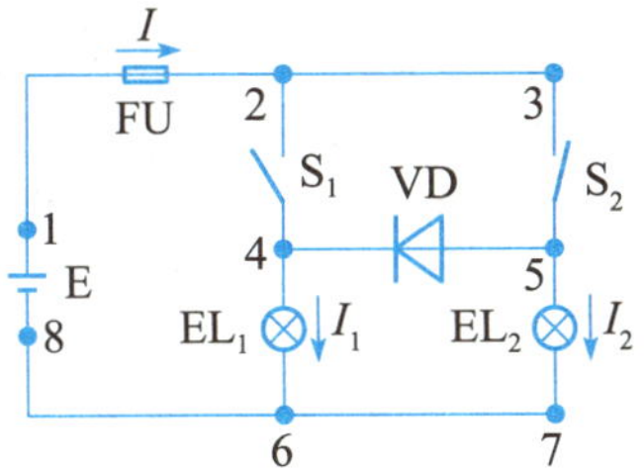

电路图

（2）填写数据测量表。

数据测量表

测量内容	测量点	开关全断开	S_1 闭合	S_2 闭合	开关全闭合
电位/V	3				
	4				
	5				
	6				
电压/V	U_{VD}（U_{5-4}）				
	U_{EL_1}				
	U_{EL_2}				
电流/A	I_{FU}				
	I_{VD}				
	I_{EL_1}				
	I_{EL_2}				
工作状态	VD				
	EL_1				
	EL_2				

项目六

磁场与电磁感应

任务一　磁场与电磁感应认知

任务二　汽车继电器电路

任务三　直流电动机电路

学习目标

知识目标

1. 理解磁场的基本概念，会用安培定则确定直线电流磁场和通电螺线管磁场的方向。
2. 了解磁感线、磁感应强度、磁通的概念。
3. 理解磁场对电流的作用和电磁感应现象。
4. 了解电磁元器件继电器、电动机、发电机在汽车中的应用。

技能目标

1. 学会制作简易的电磁铁和电动机。
2. 能够连接继电器电路，并能对其进行测量、分析与排故。
3. 能够连接电动机电路，并能对其进行测量、分析与排故。

素养目标

1. 形成严谨的科学态度和精益求精的学习作风。
2. 通过探究、合作，培养自我学习意识和团队合作能力，提升职业素养。

知识框架

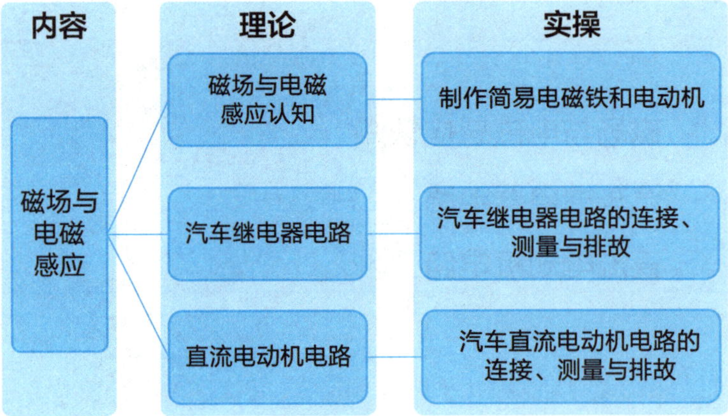

建议学时

12 学时。

项目导入

平时我们听说过许多把电和磁连在一起的词汇，如电磁铁、电磁炉、电磁波、电磁场等，电与磁究竟是怎样的关系呢？人们把电磁场与导体相互作用产生电的现象称为电磁感应。奥斯特做了一系列的实验，用来探明产生感应电流的条件和确定电磁效应的规律，法拉第根据电磁感应的规律制作出了第一台发电机。继电器、发电机、电动机、变压器等重要的电力设备都是直接应用电磁感应原理制成的。

任务一 磁场与电磁感应认知

任务导入

图 6－1－1 所示为大型起重机将废弃车辆吊起的场景，电磁起重机上没有吊钩，却能够吊起成吨的钢铁。你知道这是为什么吗？

图 6－1－1 大型起重机吊起废弃车辆

在工业生产中广泛应用的电磁铁是利用电流的磁效应制成的。对一定形状的铁磁性物体，用包有绝缘层的导线缠绕几十匝，并把该绕组的两端接到一个直流电源上，即可得到电磁铁。工人师傅在操作电磁起重机时，只要按动串联在其中的按钮，电磁起重机就可以将铁质物件灵活地移动。你能解释这一现象及其原因吗？本节将学习磁场、电流的磁效应及相关知识。

知识介绍

一、磁现象和电流的磁效应

（一）磁现象

（1）磁和磁体。物体具有吸引铁、钴、镍等物质的性质叫磁性。具有磁性的物体叫磁体。

（2）磁极。磁体的各部分磁性强弱不同，磁性最强的部分叫磁极。任何磁体都有两个磁极，一个叫南极（S 极），另一个叫北极（N 极）。

（3）磁极间的相互作用。同名磁极相互排斥，异名磁极相互吸引。

（4）磁化。使原来没有磁性的物体获得磁性的过程叫作磁化。

（二）电流的磁效应

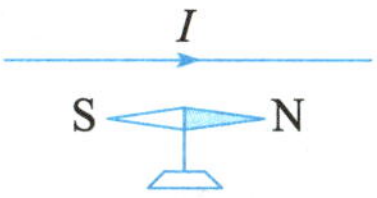

图 6－1－2 奥斯特实验

1820 年，丹麦物理学家奥斯特发现，沿南北方向放置的导线通电后，其下方与导线平行的小磁针会发生偏转，如图 6－1－2 所示。奥斯特实验发现了电流的磁效应，首次揭示了电与磁的联系，即电流的磁效应。通电导线周围有磁场，即电流的周围有磁场，电流的磁场使放在导线周围的磁针发生偏转，磁场的方向跟电流的方向有关，这种现象叫作电流的磁效应。

二、磁场和磁感线

（一）磁场

（1）磁场的定义。磁场是磁体或电流周围空间存在的一种特殊物质。磁体与磁体之间、磁体与通电导体之间、通电导体与通电导体之间的相互作用，是通过磁场发生的。磁场与电场一样，都是场物质，都是真实存在的。磁场是传递磁作用的一种物质。

（2）磁场的基本性质。磁场对放入其中的磁体、通电导体或运动电荷有力的作用。

（3）磁场的产生。①永磁体周围存在磁场；②通电导体周围存在磁场——电流的磁效应；③运动电荷的周围存在磁场。

（二）磁感线

常见磁场磁感线的分布图如图 6－1－3 所示。

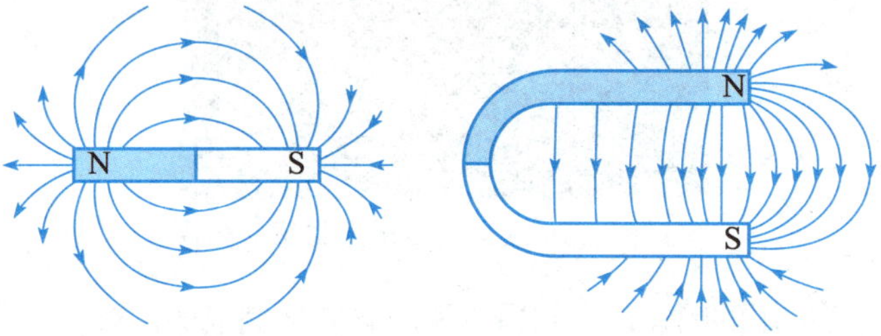

（a）条形磁铁　　（b）蹄形磁铁

图 6－1－3　常见磁场磁感线的分布图

（1）磁感线在磁体的外部是从北极（N 极）出来，进入南极（S 极），在磁体的内部则是由南极回到北极，形成一条闭合的曲线。

（2）磁感线的疏密程度表示磁场的强弱。磁感线密集的地方磁场较强，磁感线稀疏的地方磁场较弱。

（3）磁感线上每一点的切线方向为该点的磁场方向。

（4）磁感线是为了形象地研究磁场而在磁场中假想出来的一组有方向的曲线，并不是客观存在于磁场中的真实曲线。

（5）磁感线在空间不相交，不相切，也不中断。

（6）没有磁感线的地方，并不表示没有磁场存在，通过磁场中的任一点总能而且只能画出一条磁感线。

三、几种常见的磁场

（一）直线电流的磁场

1. 安培定则

右手握住导线，让伸直的拇指所指的方向与电流方向一致，弯曲的四指所指的方向就是磁感线环绕的方向，也叫右手螺旋定则，如图 6－1－4 所示。

2. 分布特点

（1）通电直导线周围的磁感线是以导线上各点为圆心的同心圆，实际电流磁场为空间图形。

（2）磁场的强弱与距导线的距离有关，离导线越近，磁场越强；离导线越远，磁场越弱。

（二）通电螺线管的磁场

1. 安培定则

用右手握住螺线管，让弯曲的四指所指的方向跟电流方向一致，大拇指所指的方向就是螺线管中心轴线上的磁感线的方向，如图 6-1-5 所示。

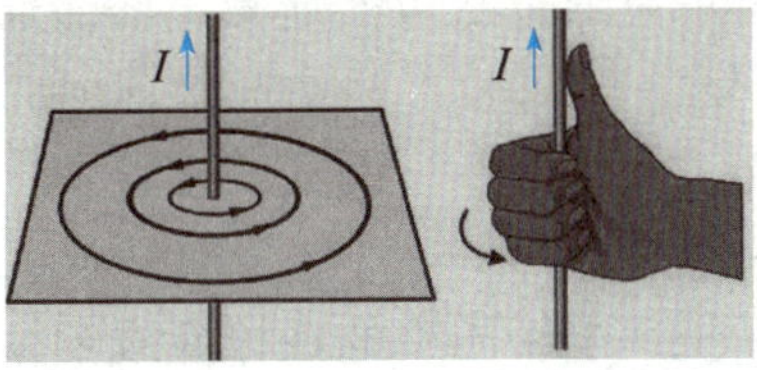

图 6-1-4　直流电流的磁场及安培定则

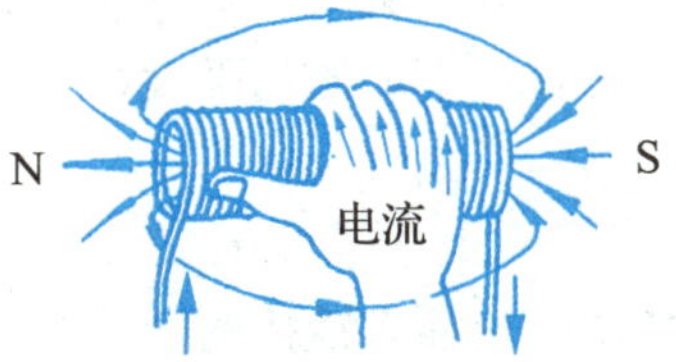

图 6-1-5　通电螺线管的磁场及安培定则

2. 分布特点

（1）内部近似为匀强磁场且比外部强，方向由 S 极指向 N 极，外部类似条形磁铁，由 N 极指向 S 极。

（2）环形电流宏观上其实就是只有一匝的通电螺线管，通电螺线管则是由许多匝环形电流串联而成的。因此，通电螺线管的磁场也就是这些环形电流磁场的叠加。

四、磁感应强度

磁场的强弱用磁感应强度（B）表示。它的大小是这样定义的：将 1m 长的导线垂直于磁场方向放入磁场中，并通以 1A 的电流，如果受到的磁场力为 1N，则导线所处磁场的磁感应强度为 1 特斯拉（T）。

磁场越强，磁感应强度越大；磁场越弱，磁感应强度越小。普通永磁体磁极附近的磁感应强度一般为 0.4～0.7T，电动机和变压器铁心中心的磁感应强度为 0.8～1.4T，地面附近磁场的磁感应强度只有 0.000 05T。

五、磁通

为了定量地描述磁场在某一范围内的分布及变化情况，引入了磁通这一物理量。设在磁感应强度为 B 的均匀磁场中，有一个与磁场方向垂直的平面，面积为 S，则把 B 与 S 的乘积定义为穿过这个平面的磁通量［见图 6-1-6(a)］，简称磁通。用 Φ 表示磁通，则有

$$\Phi = BS$$

磁通的单位是韦伯（Wb），简称韦。

如果磁场方向不与所讨论的平面垂直［见图 6-1-6(b)］，则应以这个平面在垂直于磁场向上的投影面积 S' 与 B 的乘积来表示磁通。

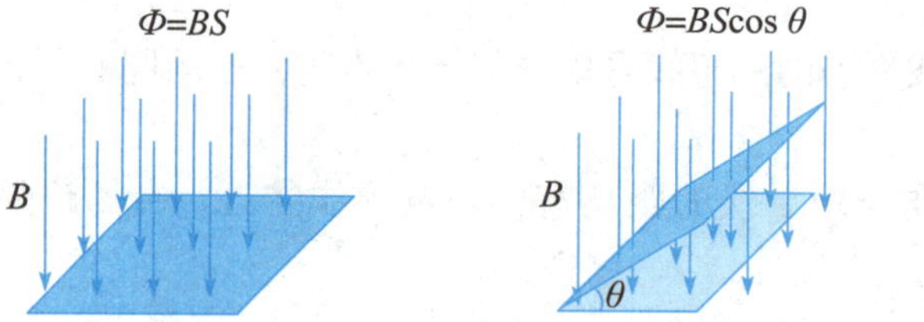

（a）平面与磁场方向垂直　（b）平面与磁场方向不垂直

图 6－1－6　磁通

当面积一定时，通过该面积的磁感线越多，磁通越大，磁场越强。这一概念在电气工程上有极其重要的意义，如变压器、电动机、电磁铁等就是通过尽可能地减小漏磁通，增强一定铁心截面下的磁场强度来提高其工作效率的。

六、磁导率

如果用一个插有铁棒的通电线圈去吸引铁屑，然后把通电线圈中的铁棒换成铜棒再去吸引铁屑，便会发现在这两种情况下吸力大小不同，前者比后者吸力大得多。这表明不同的媒介质对磁场的影响不同，影响的程度与媒介质的导磁性能有关。

磁导率就是一个用来表示媒介质导磁性能的物理量，用 μ 表示，其单位为 H/m（亨/米）。由实验测得真空中的磁导率 $\mu_0=4\pi\times10^{-7}$ H/m，为一常数。

自然界中大多数物质对磁场的影响甚微，只有少数物质对磁场有明显的影响。为了比较媒介质对磁场的影响，人们把任一物质的磁导率与真空的磁导率的比值定义为相对磁导率，用 μ_r 表示，即

$$\mu_r=\frac{\mu}{\mu_0}$$

相对磁导率只是一个比值，它表明在其他条件相同的情况下，媒介质中的磁感应强度是真空中磁感应强度的倍数。

创新强国

磁悬浮列车

2019 年 5 月 23 日 10 时 50 分，中国时速 600km 高速磁悬浮试验样车在青岛下线（见图 6－1－7）。这标志着中国在高速磁悬浮技术领域实现重大突破。

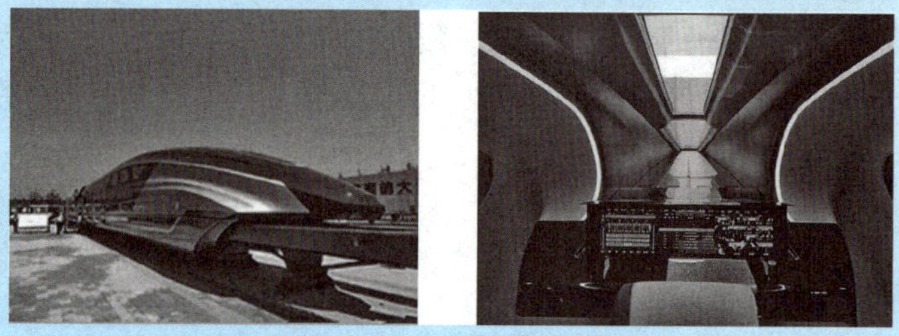

图 6－1－7　磁悬浮列车

磁悬浮有3个基本原理。第一个原理是当靠近金属的磁场变化时，金属上的电子会移动，并且产生电流。第二个原理是电流的磁效应。当电流在电线或一块金属中流动时，会产生磁场。通电的线圈就成了一块磁铁。磁悬浮的第三个原理是磁铁间会彼此作用，同极性相斥，异极性相吸。现在看看磁悬浮是如何作用的：磁铁从一块金属的上方经过，金属上的电子因磁场改变而开始移动（第一个原理）。电子形成回路，所以接着也产生了本身的磁场（第二个原理）。

图6-1-8以最简单的方式来表达这个过程，移动的磁铁使金属中出现一块假想的磁铁。这块假想磁铁具有方向性，因是同极性相对，因此会对原有的磁铁产生斥力。也就是说，如果原有的磁铁是北极在下，假想磁铁则是北极在上；反之亦然。因为磁铁的同极相斥（第三个原理），让磁铁在一块金属上方移动，结果会对移动中的磁铁产生一股往上推动的力。如果磁铁移动得足够快，这个力量会大得足以克服向下的重力，举起移动的磁铁。所以当磁铁移动时，会使得自己浮在金属上方，并靠着本身电子移动产生的力保持浮力。这个过程就是所谓的磁悬浮，这个原理可以适用在列车上。

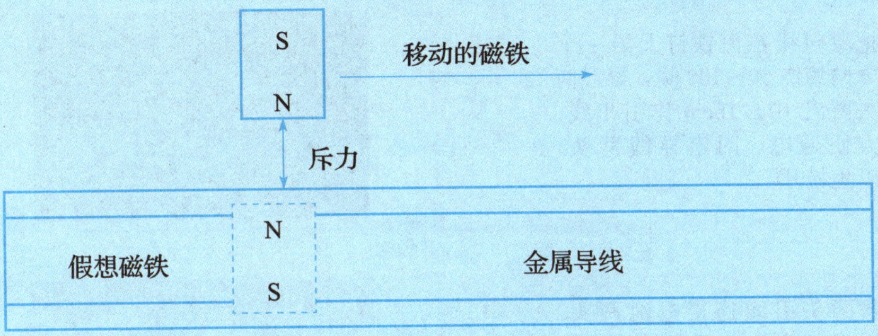

图6-1-8 磁悬浮列车工作原理

任务实施

一、实训目标

（1）学会制作简易电磁铁。

（2）学会制作简易电动机，从而了解电与磁的相互作用。

二、实训准备

（1）工具准备：斜口钳、尖嘴钳。

（2）实训材料：电池、漆包线、双面胶、铁钉、回形针、块状磁铁、强力胶水、砂纸、电工胶布等。

三、实训步骤

（1）制作简易电磁铁，如表6-1-1所示。

表 6-1-1　制作简易电磁铁步骤

序号	步骤	图示
1	准备材料（双面胶、电池、铁钉、漆包线）	
2	把漆包线一圈一圈地缠绕在铁钉上，先在铁钉上粘一层双面胶，这样可以防止铜丝乱跑	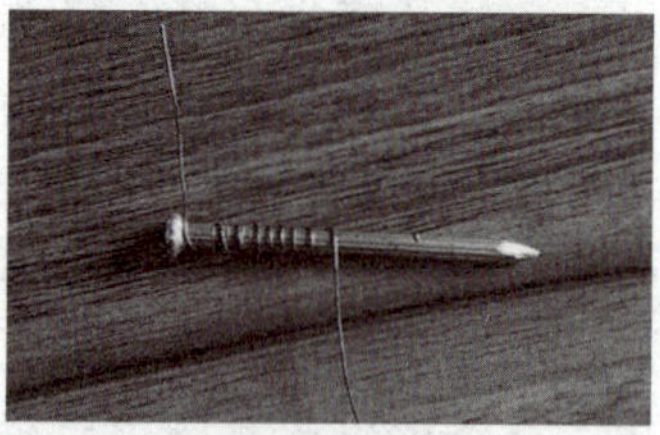
3	把漆包线在大铁钉上沿一个方向缠绕 50～100 圈，导线两头留出 10～15cm 作引出线，方便通电，固定导线两头，以免松开	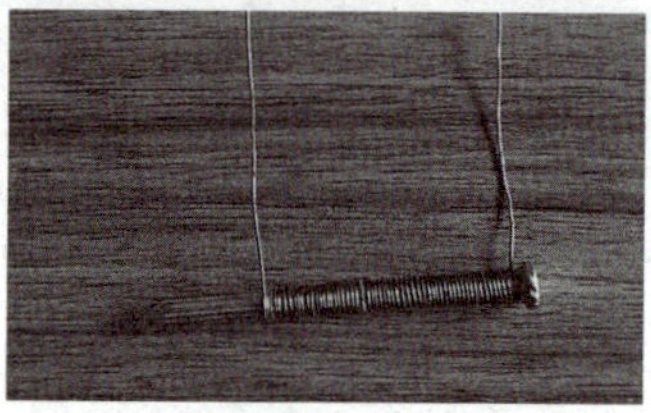
4	将两头引线连接电池两头，再将钉头放入回形针堆，回形针被吸起来 得出结论：我们制作的电磁铁可以产生磁性	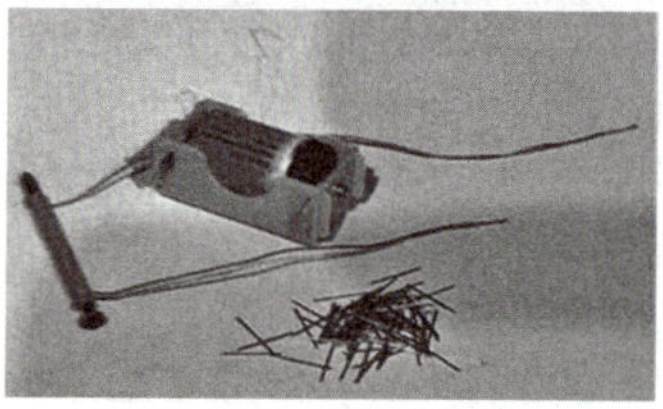

注意事项：①不要把电磁铁长时间连接电池，那样会让电池作废。

②实验中电池短路会发热，小心烫手；生活中一些钢铁是没有磁性的，可被普通磁铁吸引的铁钉实验效果会更好。

③导线要有绝缘包层，沿同一个方向缠绕且缠绕圈数多更容易成功。

（2）制作简易电动机，如表 6-1-2 所示。

表 6-1-2　制作简易电动机步骤

序号	步骤	图示
1	准备材料（电池、漆包线、磁铁、回形针）	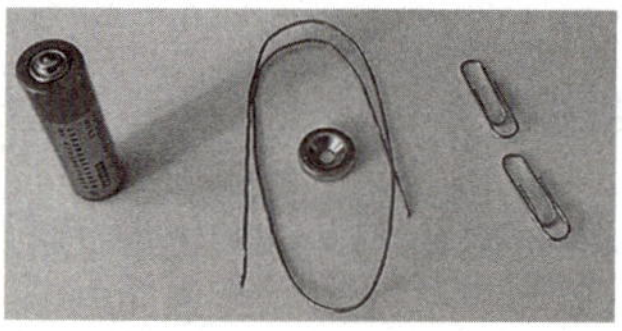

续表

序号	步骤	图示
2	缠制线圈，将漆包线绕在电池上，绕 10 圈左右，形成线圈，确保线圈紧密平整，可用强力胶水固定	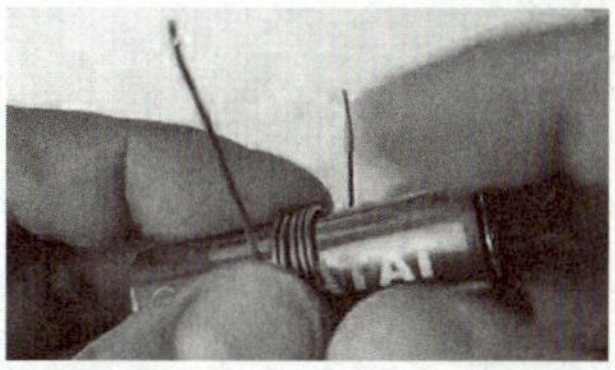
3	弯折两边引脚至水平位置	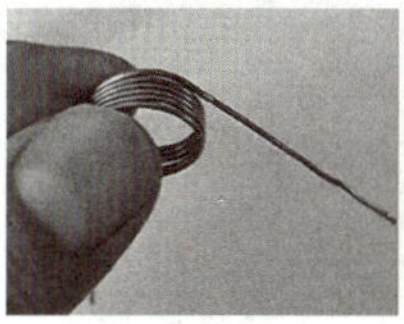 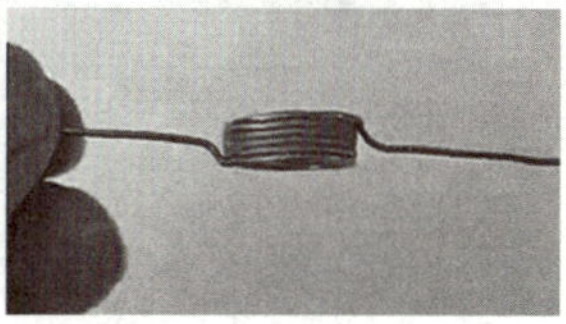
4	用砂纸将导线两端的绝缘漆打磨掉，一端打磨掉一半，另一端全部打磨掉	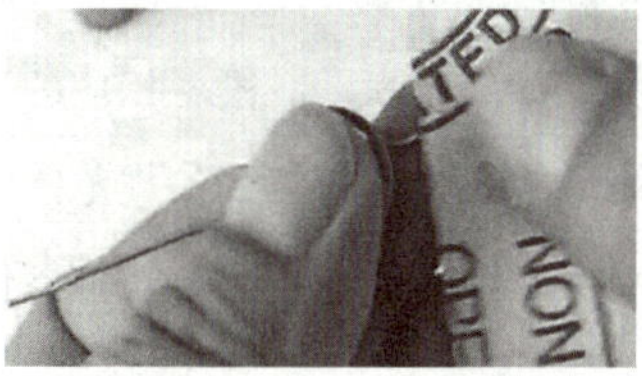
5	用尖嘴钳弯折回形针，作为支架使用，确保两个支架高度一致	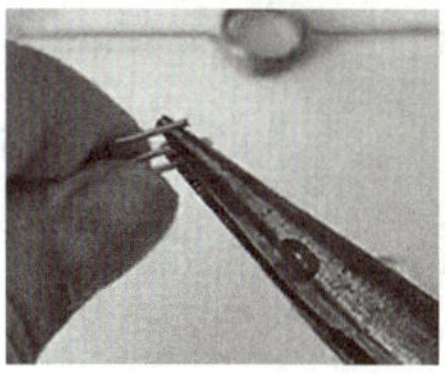 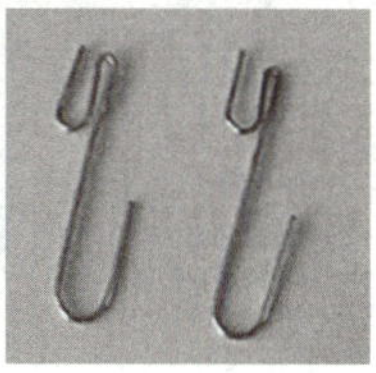
6	将支架固定在电池上，用电工胶带粘牢	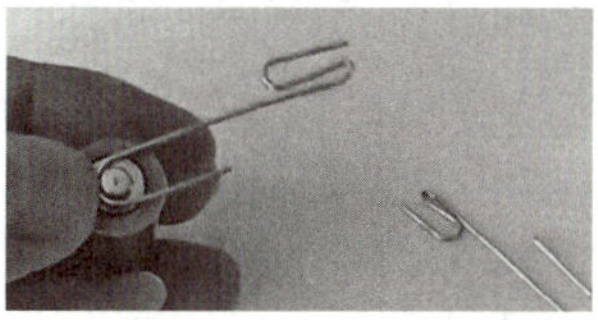
7	将磁铁固定在电池上	
8	将线圈放到支架上，这时候线圈开始转动起来	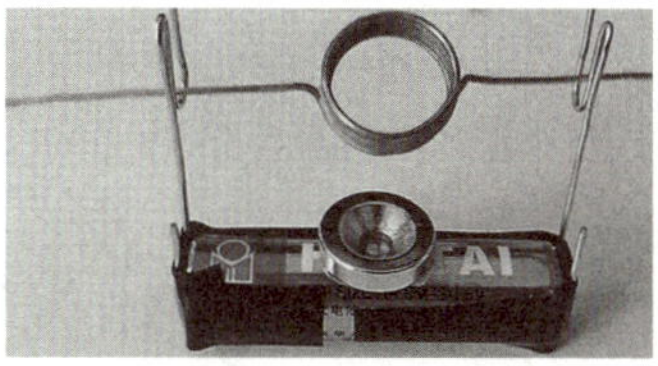

任务评价

对本任务进行评分，标准如表 6－1－3 所示。

表 6－1－3　制作简易电磁铁和电动机评分标准

<table>
<tr><th colspan="2">考核项目及内容</th><th>评分标准</th><th>分数</th><th>学生自评</th><th>小组互评</th><th>教师评价</th><th>小计</th></tr>
<tr><td colspan="2">团队合作</td><td>是否和谐</td><td>5</td><td></td><td></td><td></td><td></td></tr>
<tr><td colspan="2">活动参与</td><td>是否积极主动</td><td>5</td><td></td><td></td><td></td><td></td></tr>
<tr><td colspan="2">安全生产</td><td>有无安全隐患</td><td>10</td><td></td><td></td><td></td><td></td></tr>
<tr><td colspan="2">现场 7S</td><td>是否做到</td><td>10</td><td></td><td></td><td></td><td></td></tr>
<tr><td colspan="2">任务方案</td><td>是否正确、合理</td><td>15</td><td></td><td></td><td></td><td></td></tr>
<tr><td rowspan="4">操作过程</td><td>前期准备</td><td>准备相应的工具和材料</td><td>5</td><td></td><td></td><td></td><td></td></tr>
<tr><td>制作简易电磁铁</td><td>正确、规范制作简易电磁铁</td><td>10</td><td></td><td></td><td></td><td></td></tr>
<tr><td>制作简易电动机</td><td>正确、规范制作简易电动机</td><td>10</td><td></td><td></td><td></td><td></td></tr>
<tr><td>分析现象对应的原因</td><td>能描述清楚原因，
透过现象看本质</td><td>5</td><td></td><td></td><td></td><td></td></tr>
<tr><td colspan="2">任务完成情况</td><td>是否圆满完成任务</td><td>5</td><td></td><td></td><td></td><td></td></tr>
<tr><td colspan="2">工具和设备使用</td><td>是否规范、标准</td><td>10</td><td></td><td></td><td></td><td></td></tr>
<tr><td colspan="2">劳动纪律</td><td>是否严格遵守</td><td>5</td><td></td><td></td><td></td><td></td></tr>
<tr><td colspan="2">实训工单填写</td><td>是否完整、规范</td><td>5</td><td></td><td></td><td></td><td></td></tr>
<tr><td colspan="3">总分</td><td>100</td><td></td><td></td><td></td><td></td></tr>
<tr><td colspan="4">教师签名：　　　　　　　　　　年　　月　　日</td><td colspan="2">得分</td><td colspan="2"></td></tr>
</table>

任务二　汽车继电器电路

任务导入

汽车电路中，继电器是一个非常重要的元器件，常应用于起动电路、大功率元器件供电电路、照明电路和雨刮器电路等方面。以起动电路为例（见图 6－2－1），电瓶和发动机之间有一根电缆，如果直接接通，电缆会很粗，造成成本的很大浪费。为了克服这一劣势，汽车设计师常常使用继电器来作为开关，这样既达到了起停发动机的目的，同时也保证了安全性。

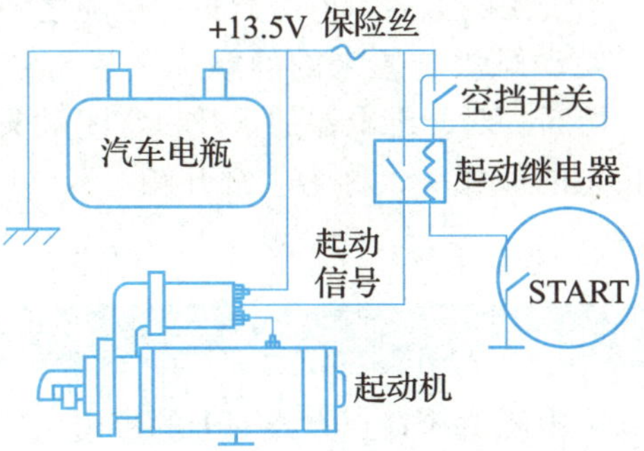

图 6-2-1 起动电路

知识介绍

一、继电器的作用

电磁继电器是一种典型的电磁元器件，它是通过电磁作用，在没有电气接触的情况下，将一个电路中的信号传递给另一个电路。它具有控制系统（又称输入回路）和被控制系统（又称输出回路），通常应用于自动控制电路中。它实际上是用较小的电流、较低的电压去控制较大的电流、较高的电压的一种自动开关，故在电路中起着自动调节、安全保护、转换电路等作用。

二、继电器的结构

最常见的继电器是电磁继电器，电磁继电器的结构一般由电磁铁、衔铁、弹簧、触头等组成，其中，触头是实现电路开闭的关键部分，而衔铁则是用来传递电磁力的重要元器件。其工作电路由低压控制电路和高压工作电路两部分构成，如图 6-2-2 所示。

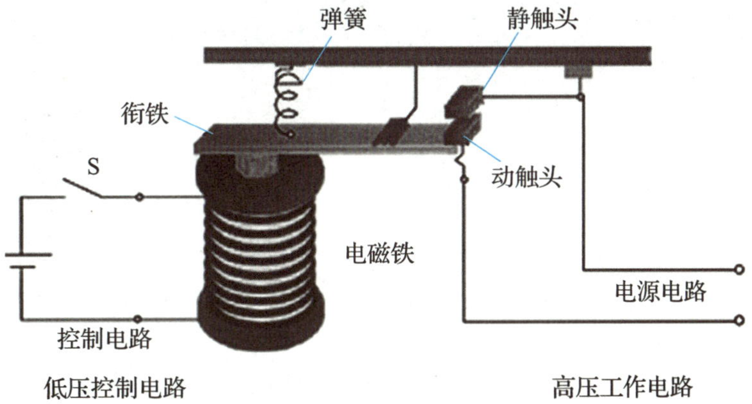

图 6-2-2 电磁继电器结构原理图

三、继电器的工作原理

只要在线圈两端加上一定的电压，线圈中就会流过一定的电流，从而产生电磁效应，衔铁就会在电磁力的吸引作用下克服返回弹簧的拉力吸向铁心，从而带动衔铁的动触头与静触头（常开触头）吸合。当线圈断电后，电磁的吸力也随之消失，衔铁就会在弹簧的反作用力下返回原来的位置，使动触头与原来的静触头（常闭触头）释放。这样吸合、释放，从而实现电路的导通、切断。对于继电器的常开、常闭触头，可以这样来区分：继电器线圈未通电时处于断开状态的静触头，称为“常开触头”，处于接通状态的静触头称为“常闭触头”。

汽车小知识

电磁感应在点火线圈上的应用

点火线圈的外形如图 6－2－3 所示，其内部的电路结构如图 6－2－4 所示。

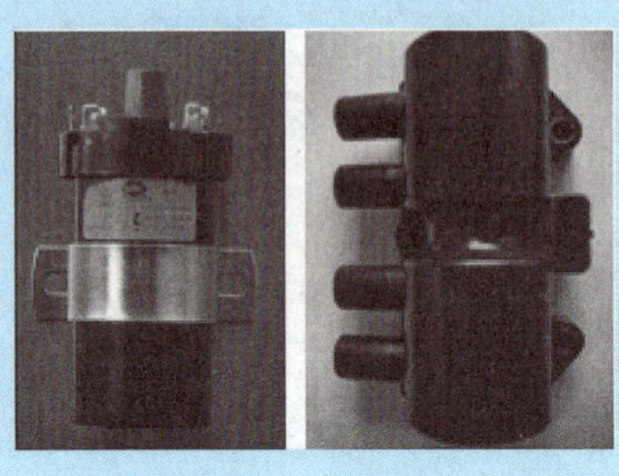

图 6－2－3　点火线圈的外形

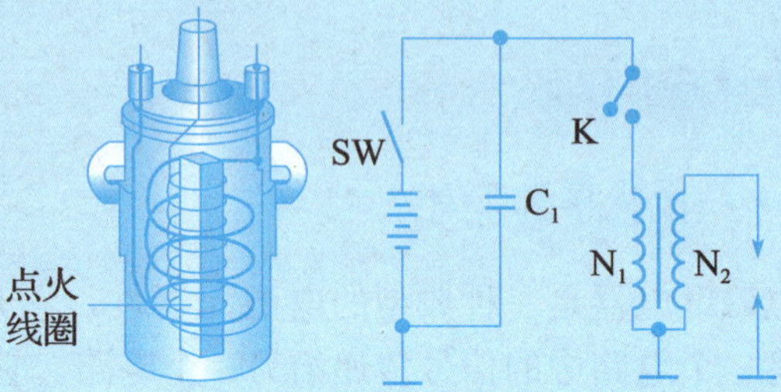

图 6－2－4　点火线圈内部的电路结构

点火线圈里面有一次绕组和二次绕组。一次绕组一端经开关装置（断电器）与车上低压直流电源（＋）连接，另一端与二次绕组一端连接后接地，二次绕组的另一端与高压线输出端连接输出高压电。

当一次绕组接通电源时，随着电流的增大，周围产生一个很强的磁场，储存了磁场能，当开关装置使一次绕组电路断开时，一次绕组的磁通迅速减小，从而使二次绕组感应出很高的电压，将火花塞点火间隙间的燃油混合气击穿形成火花，点燃混合气做功。一次绕组中磁场消失速度越快，电流断开瞬间的电流越大，两个绕组的匝数比越大，二次绕组感应出来的电压越高。

任务实施

一、实训目标

（一）总体任务

继电器控制灯光电路的连接与检测

（1）能够根据继电器控制灯光电路图（见图 6－2－5）选择合适的元器件，在实验箱上用连接电线连接成实物线路，并对线路进行功能测试与分析，满足以下功能要求：

①开关 S_1 闭合时，继电器 KV_3 常闭触头（30—87a）导通，灯 EL_1 亮。

②开关 S_1、S_2 闭合时，继电器 KV_3 工作，常开触头（30—87）闭合，灯 EL_2 亮。

（2）操作实验箱相应开关，观察故障现象，分析故障原因，诊断、排除故障。

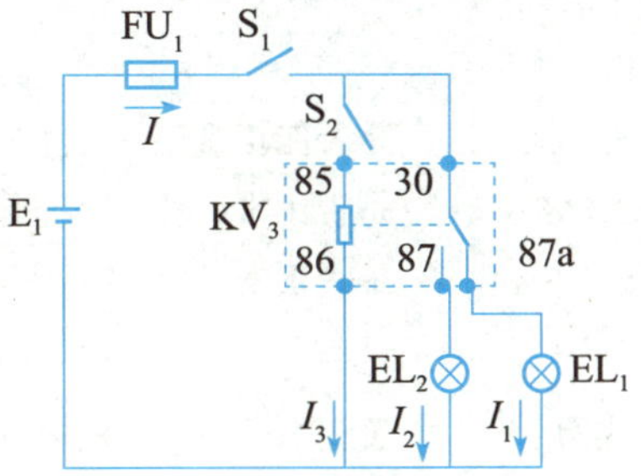

图 6-2-5 继电器控制灯光电路图

（二）具体要求

1. 元器件选择

（1）检查、校验所提供的仪器设备。

（2）根据电路图选择合适的元器件进行检测并判断好坏，如需更换请告知。

2. 线路连接

根据电路图，按连线规范要求完成线路连接。

3. 电路的检查、测量与分析（测量结果必须标注单位）

（1）使用数字万用表进行通电前检查，确认电路是否存在短路现象。

（2）根据图 6-2-6 所标注的测量点，通电后按要求测量相应的项目，并记录测量结果。

（3）根据电路图，简要描述该电路实现的功能。

4. 电路排故

线路测量完成后，进入实验箱排故系统，进行电路排故。

（1）操作实验箱相应开关，观察故障现象，分析故障原因，诊断故障。

（2）确认故障点及故障类型，排除故障并验证。

（3）若有多个故障点，要求逐个排除并验证。

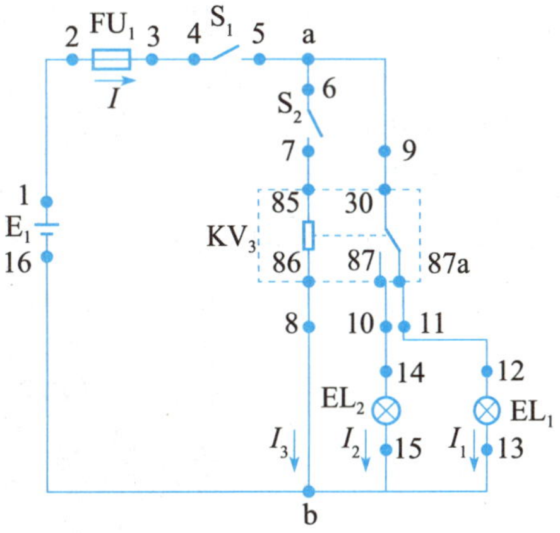

图 6-2-6 带测量点的继电器控制灯光电路

二、实训准备

（1）器材准备：实验箱、数字万用表、实训手册、故障元器件及 220V 电源等。

（2）材料准备：导线、熔断器、继电器、白炽灯、开关等。

三、实训步骤

（一）元器件识读与检测

确保汽车电工电子实验箱电源断开，然后识别、测量元器件，并填写表 6-2-1。

表 6-2-1　元器件识读记录表

序号	元器件名称	元器件测量记录
1	数字万用表检查校验	是否能正常使用：□是　□否
2	实验箱电源电压检查	是否正常：□是　□否
3	导线检查	是否正常：□是　□否
4	熔断器 FU_1	量程：______电阻测量值：______Ω
5	继电器 KV_3 线圈	量程：______电阻测量值：______Ω
6	继电器 KV_3 常开触头	量程：______电阻测量值：______Ω
7	继电器 KV_3 常闭触头	量程：______电阻测量值：______Ω
8	白炽灯 EL_1	量程：______电阻测量值：______Ω
9	白炽灯 EL_2	量程：______电阻测量值：______Ω
10	开关 S_1 闭合	量程：______电阻测量值：______Ω
11	开关 S_1 断开	量程：______电阻测量值：______Ω
12	开关 S_2 闭合	量程：______电阻测量值：______Ω
13	开关 S_2 断开	量程：______电阻测量值：______Ω

（二）线路连接与检验

1. 安全检查

确保实验箱电源处于切断状态。

2. 线路连接

根据电路图（见图 6-2-5），在实验箱上连线完成实物线路（见图 6-2-7）。

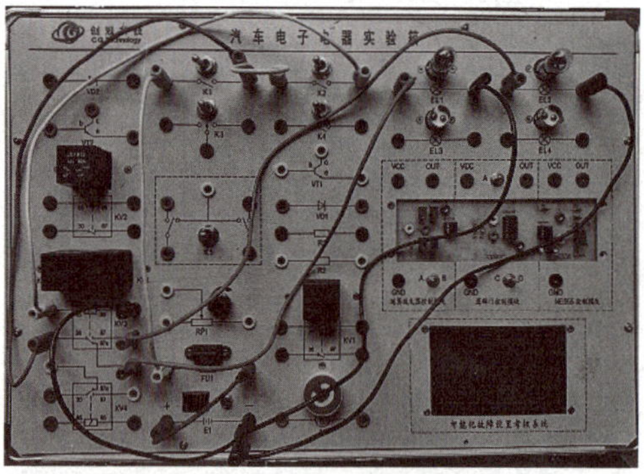

图 6-2-7　在实验箱上连线完成实物线路

3. 连线检查

对照电路图，仔细检查实物线路，确保连线正确无误。

4. 线路连接检验

（1）接通实验箱电源开关。

（2）开关 S_1 闭合时，继电器 KV_3 常闭触头导通，白炽灯 EL_1 亮，如图 6-2-8 所示。

（3）开关 S_1、S_2 闭合时，继电器 KV_3 常开触头闭合，白炽灯 EL_2 亮，如图 6-2-9 所示。

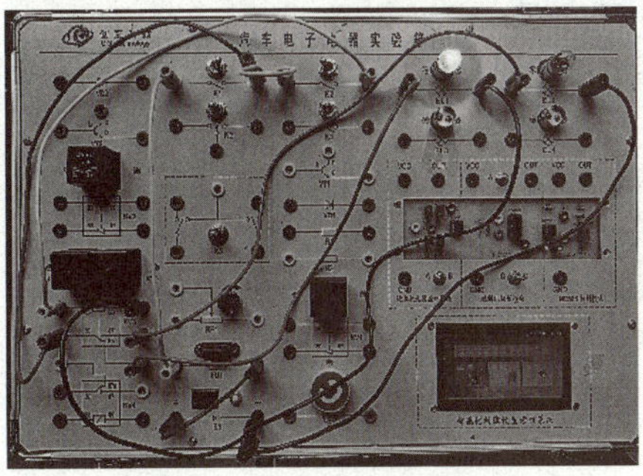

图 6-2-8　开关 S_1 闭合时电路工作状况

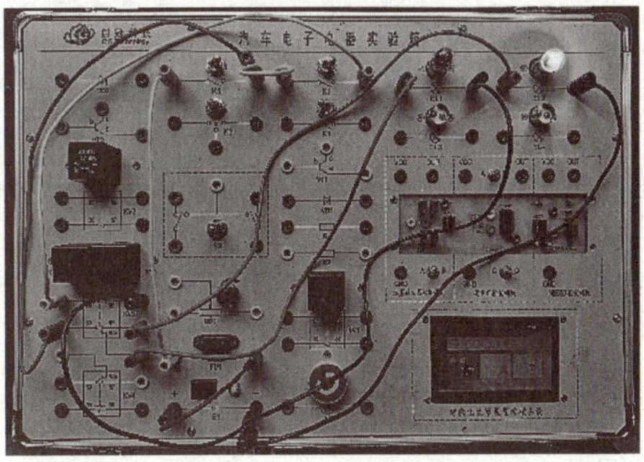

图 6-2-9　开关 S_1、S_2 闭合时电路工作状况

（4）结果评判：线路连接正确，工作正常。

（三）电路测量

在开关 S_1、S_2 处于断开、闭合的几种情况下，测量实物线路的电位、电流、电压，把测量数据填写在表 6-2-2 中，分析测量数据，并简要描述电路实现的功能，填写表 6-2-3。

表 6-2-2　测量数据记录分析表

测量内容	测量点	S_1 闭合		S_1 断开	
		S_2 断开	S_2 闭合	S_2 断开	S_2 闭合
电位/V	1				
	4				
	7				
	9				
	12				
	14				
	15				
电流/A	I				
	I_1				
	I_2				
	I_3				
电压/V	U_{E_1}				
	$U_{KV_3(85-86)}$				
	U_{EL_1}				
	U_{EL_2}				
工作状态	继电器 KV_3				
	白炽灯 EL_1				
	白炽灯 EL_2				

表 6-2-3　电路实现的功能说明表

内容	功能简要描述
实现功能	

（四）电路分析

1. 状态 1

开关 S_1 闭合状态电路图及等效电路（条件：$U_{E_1}=12V$，$R_{KV_3}=50\Omega$，$R_{EL_1}=R_{EL_2}=100\Omega$），如图 6-2-10、图 6-2-11 所示。

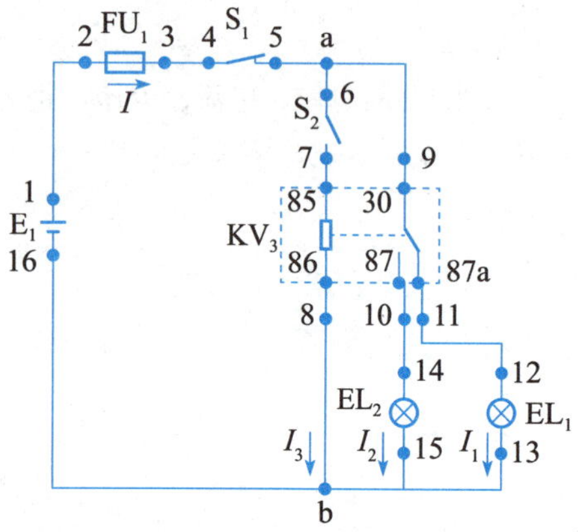

图 6-2-10　开关 S_1 闭合状态电路图

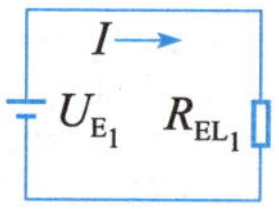

图 6-2-11　开关 S_1 闭合状态等效电路

电流流动方向：

电源正极→熔断器 FU_1→开关 S_1→继电器常闭触头(30—87a)→白炽灯 EL_1→电源负极

电路电阻计算：

$$R=R_{EL_1}=100\Omega$$

电路电流计算：

$$I=I_1=\frac{U_{E_1}}{R_{EL_1}}=\frac{12V}{100\Omega}=0.12A$$

$$I_2=I_3=0A$$

电路电压计算：

$$U_{EL_1}=U_{E_1}=12V$$

$$U_{EL_2}=U_{KV_3}=0V$$

2. 状态 2

开关 S_1、S_2 闭合状态电路图及等效电路（条件：$U_{E_1}=12V$，$R_{KV_3}=50\Omega$，$R_{EL_1}=R_{EL_2}=100\Omega$），如图 6-2-12、图 6-2-13 所示。

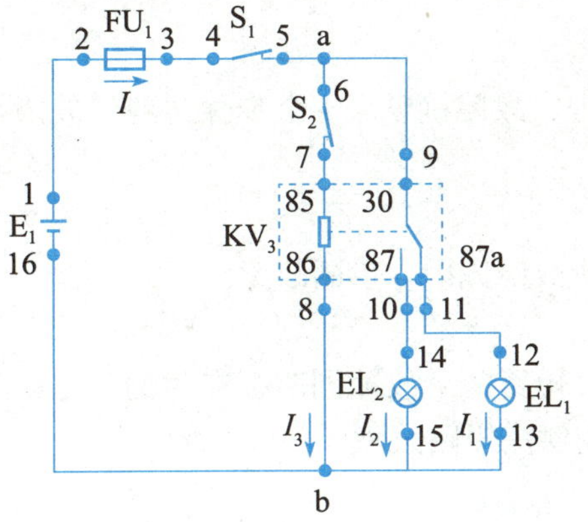

图 6-2-12　开关 S_1、S_2 闭合状态电路图

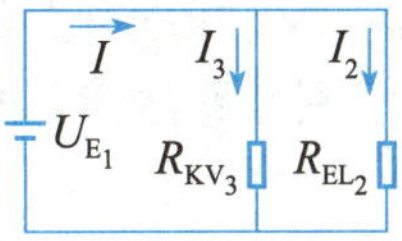

图 6-2-13　开关 S_1、S_2 闭合状态等效电路

电流流动方向：

电源正极→熔断器 FU_1→开关 S_1→{开关 S_2→继电器 KV_3 线圈(85—86)；继电器 KV_3 触头(30—87)→白炽灯 EL_2}→电源负极

电路电阻计算（并联后电阻）：

$$R=\frac{1}{\frac{1}{R_{EL_2}}+\frac{1}{R_{KV_3}}}=\frac{1}{\frac{1}{100}+\frac{1}{50}}\Omega=33.33\Omega$$

电路电流计算：

$$I_2=\frac{U_{E_1}}{R_{EL_2}}=\frac{12V}{100\Omega}=0.12A$$

$$I_3=\frac{U_{E_1}}{R_{KV_3}}=\frac{12V}{50\Omega}=0.24A$$

$$I=I_2+I_3=0.36A$$

$$I_1=0A$$

电路电压计算：

$$U_{KV_3}=U_{EL_2}=U_{E_1}=12V$$

$$U_{EL_1}=0V$$

（五）电路排故

1. 任务准备

（1）故障设置类型。在实验箱的实物线路上，可以选择设置一个或多个故障点。可以设置的故障点（即故障元器件）见附录。

（2）实验箱设置故障。根据图 6-2-14 所示的故障诊断电路图设置继电器 KV_3 线圈开路和继电器

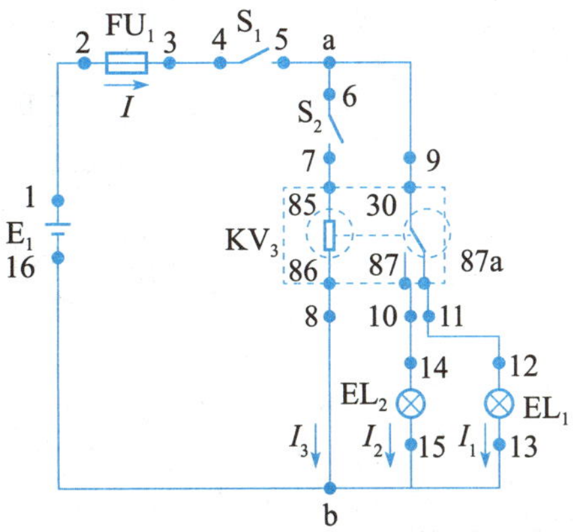

图 6-2-14　故障诊断电路图

KV_3 常闭触头短路故障。

2. 诊断分析

实施“故障现象、可能故障原因、故障检查过程、故障确认”4 个步骤达到“故障排除”的目的，并详细填写表 6－2－4 和表 6－2－5。

进入实验箱排故系统，进行电路排故。

（1）操作实验箱相应开关，观察故障现象，分析故障原因，诊断故障。

（2）确认故障点及故障类型，排除故障并验证。

以继电器 KV_3 线圈开路和继电器 KV_3 常闭触头短路两个故障同时存在为例，先排除继电器 KV_3 线圈开路故障，再排除继电器 KV_3 常闭触头短路故障。

表 6－2－4　故障诊断过程记录表

内容	结果记录			
故障现象	1. 开关 S_1、S_2 闭合时，白炽灯 EL_1 亮，白炽灯 EL_2 不亮 2. 故障 1 排除后，出现故障现象：开关 S_1、S_2 闭合时，白炽灯 EL_1、EL_2 亮			
可能故障原因	1. 开关 S_2、继电器 KV_3 线圈开路，导线开路；或者继电器 KV_3 常开触头、白炽灯 EL_2 开路，导线开路，同时，继电器 KV_3 常闭触头短路 2. 故障 1 排除后，故障 2 可能的原因：继电器 KV_3 常闭触头短路			
故障检查过程	测量内容	测量条件	测量结果	分析判断
	9 点电位 V_9	通电，开关 S_1、S_2 闭合	$V_9=12V$	9 点之前线路正常
	10 点电位 V_{10}	通电，开关 S_1、S_2 闭合	$V_{10}=0V$	9 点—10 点开路 或 7 点—b 点开路
	继电器 KV_3 线圈电阻 R_{KV_3}	断电，拔下 7 点导线	R_{KV_3} 为∞	继电器 KV_3 线圈开路
	复位继电器 KV_3 线圈后，复查 V_{10}	通电，开关 S_1、S_2 闭合	$V_{10}=12V$	白炽灯 EL_2 亮，继电器 KV_3 线圈恢复正常
	11 点电位 V_{11}	通电，开关 S_1、S_2 闭合	$V_{11}=12V$	电位偏高， 电路存在短路
	继电器 KV_3 常闭触头（30—87a）电阻 $R_{KV_3(30-87a)}$	拔下 9 点导线，通电，开关 S_1、S_2 闭合	$R_{KV_3(30-87a)}=0\Omega$	继电器 KV_3 常闭触头短路
	复位继电器 KV_3 常闭触头后，复查电位 V_{11}	通电，开关 S_1、S_2 闭合	$V_{11}=0V$	白炽灯 EL_1 不亮，继电器 KV_3 常闭触头恢复正常

表 6-2-5　故障确认记录表

序号	故障点及故障类型		确认是否正确
1	故障点	继电器 KV_3 线圈	□是　□否
	故障类型	开路	□是　□否
2	故障点	继电器 KV_3 常闭触头	□是　□否
	故障类型	短路	□是　□否

任务评价

对本任务进行评分，标准如表 6-2-6 所示。

表 6-2-6　汽车继电器电路的连接、测量与排故评分表

项目	操作步骤	配分	测试内容描述	记录	扣分
元器件识读与检测	数字万用表使用	10	表笔正确插孔（2 分）		
			正确选择挡位（3 分）		
			测量方法正确（3 分）		
			旋转开关置于交流高电压挡或“OFF”位（2 分）		
	元器件识读	2	能根据电路图正确找到对应的元器件（2 分）		
电工电路连接、检测、排故	接线图绘制	5	按原理图绘制接线图（5 分）		
	规范使用连线	4	正确使用电路连接线（4 分）		
	电路连线质量	10	连线没有交叉（2 分）		
			连线没有漏接（2 分）		
			元器件没有漏接（2 分）		
			元器件没有接错（2 分）		
			整体连线质量好（2 分）		
	电路功能测试	20	通电前用数字万用表检查线路（3 分）		
			电源接入正确（2 分）		
			功能实现（15 分）		
	数据记录	6	电位测量正确（2 分）		
			电压测量正确（2 分）		
			电流测量正确（2 分）		
	故障诊断	18	操作实验箱相应的开关，观察故障现象，分析故障原因，诊断故障（18 分）		
	故障排除	15	确认故障点及故障类型（5 分）		
			排除所有故障（5 分）		
			故障排除后进行验证（5 分）		
	操作规范	10	个人防护（工作服等）（3 分）		
			操作过程的安全（3 分）		
			工具仪器仪表使用规范（4 分）		
总　分					

任务三 直流电动机电路

任务导入

汽车电路中，既有电动机，也有发电机（见图 6－3－1），这两者有很多相同的地方，也有不同的地方。电动机广泛应用于各种机械设备的驱动，如泵、风机、压缩机、机床等。它们可以通过控制电动机的转速和旋转方向来控制机械设备的运动状态和速度。发电机则主要用于电力系统的发电环节，可以将机械能转化为电能，供给各种电气设备使用。发电机在电力系统中的地位至关重要，对于保障电力系统的稳定运行具有重要作用。你知道电动机和发电机的基本工作原理吗？知道它们的结构吗？本节将详细介绍直流电动机的原理和结构。

（a）汽车电动机

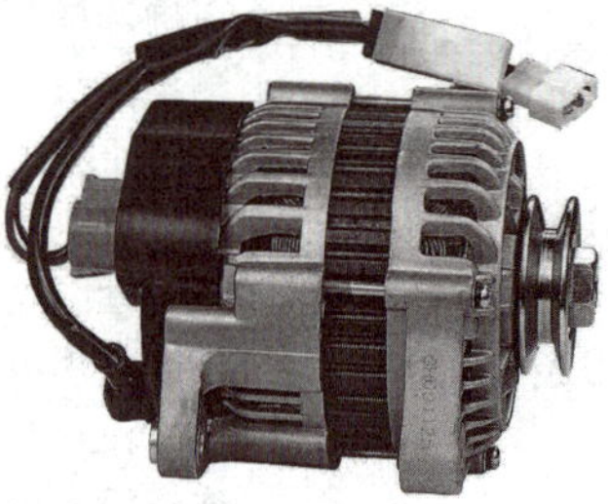

（b）汽车发电机

图 6－3－1 汽车电动机和汽车发电机

知识介绍

一、磁场对电流的作用

两个永久磁铁相互靠近，由于磁场彼此作用，它们相互间具有作用力。电流通过导体，在导体周围会产生磁场，若将它放进另一个永久磁铁的磁场中，显然也会受到作用力，这个力称为电磁力。

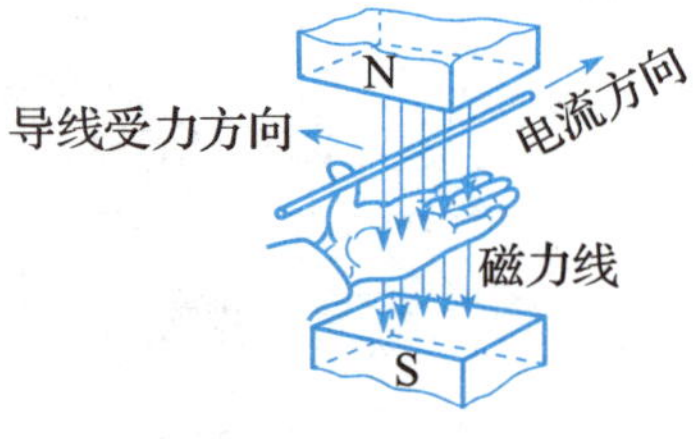

图 6－3－2 左手定则

通电直导体在磁场内的受力方向可用左手定则来判断。如图 6－3－2 所示，平伸左手，使大拇指与其余四个手指垂直，并且都跟手掌处在同一个平面内，让磁感线垂直穿入掌心，并使四指指向电流的方向，则大拇指所指的方向是通电直导体所受电磁力的方向。

一个垂直于磁场的通电直导体在磁场中受到的磁场力 F 的大小由下式决定：

$$F=BIL$$

式中，B——磁感应强度，单位为 T（特）；

I——电流，单位为 A（安）；

L——直导体长度，单位为 m（米）。

如果通电直导体与磁场不垂直，则磁场对电流的作用力比垂直时要小；如果两者平行，则作用力为零。

二、直流电动机的工作原理

利用磁场对电流的作用，人们制成了电动机。图 6－3－3 所示为直流电动机的原理图。图 6－3－4 所示为直流电动机的结构图，它主要由定子绕组（又称励磁绕组、永磁磁极）、转子、电刷和定子铁心等组成。

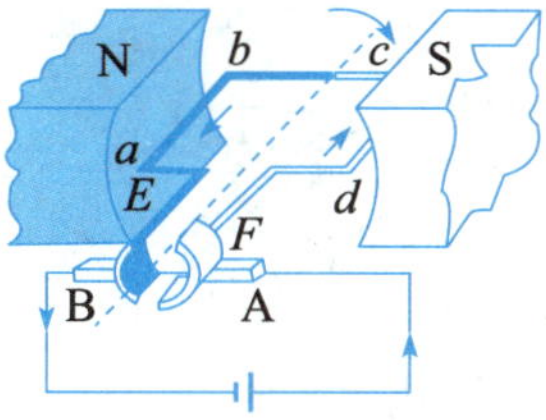

图 6－3－3 直流电动机的原理图

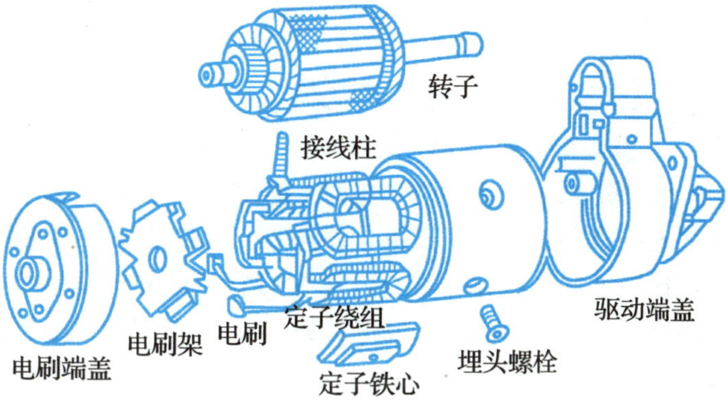

图 6－3－4 直流电动机的结构图

图 6－3－3 中，线圈的旋转方向可用左手定则判断，当线圈平面与磁感线平行时，线圈在 N 极一侧的部分所受的电磁力向上，在 S 极一侧的部分所受的电磁力向下，线圈按顺时针方向转动，这时线圈所产生的转矩最大。当线圈平面与磁感线垂直时，电磁转矩为零，但线圈靠惯性仍继续转动。通过换向器的作用，与电源负极相连的电刷 B 始终与转到 N 极一侧的导线相连，电流方向恒为由电刷 B 流出线圈；与电源正极相连的电刷 A 始终与转到 S 极一侧的导线相连，电流方向恒为由电刷 A 流入线圈。因此，线圈始终能按顺时针方向连续旋转。

汽车上用到的直流电动机有很多，其中汽车起动机（见图 6－3－5）内有一个功率较大的电动机。此外，还有多个功率较小的微型直流电动机，如头枕座椅用电动机、刮水器电动机、音响用微型电动机等。

图 6－3－5 汽车起动机

三、电磁感应

（一）电磁感应现象

在图 6－3－6 所示的电磁感应实验中，当用一块条形磁铁快速插入线圈时，会观察到检流计指针向一个方向偏转；如果条形磁铁在线圈内静止不动，检流计指针不偏转；当将条形磁铁由线圈中迅速拔出时，又会观察到检流计指针向另一方向偏转。

上述实验现象说明：当导体做切割磁感线运动或者线圈中的磁通发生变化时，在导体

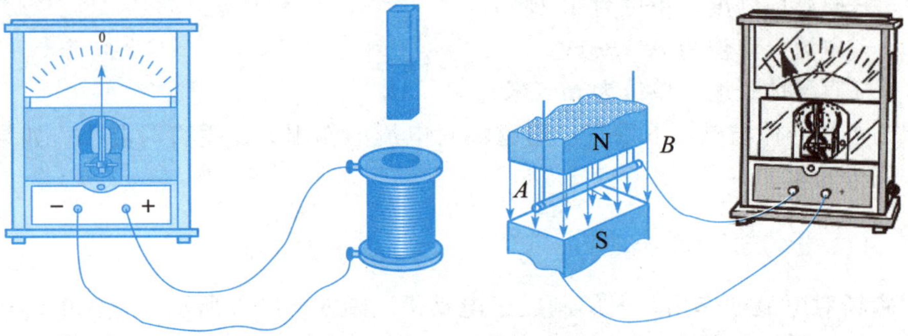

图 6－3－6　电磁感应实验

或线圈中都会产生感应电动势。若导体或线圈构成闭合回路，则导体或线圈中将有电流流过。

（二）直导体中的感应电动势

1. 感应电动势的方向

做切割磁感线运动的导体产生的感应电动势的方向可由右手定则来确定：伸平右手，伸直四指，并使拇指与四指垂直，让磁感线垂直穿过掌心，使大拇指指向导体运动方向，则四指所指的方向就是感应电动势的方向（或感应电流的方向），如图 6－3－7 所示。

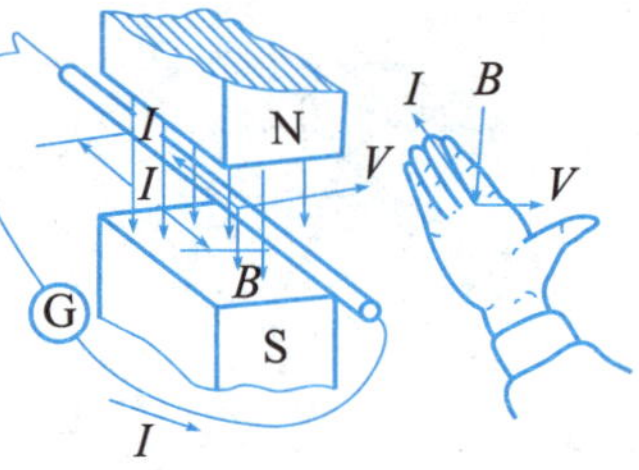

图 6－3－7　右手定则

需要注意：判断感应电动势方向时，要把导体看成一个电源，在导体内部，感应电动势的方向由负极指向正极。感应电流的方向与感应电动势的方向相同。如果直导体不形成闭合回路，则导体中只产生感应电动势，而无感应电流。

2. 感应电动势的大小

当导体、导体运动方向和磁感线方向三者互相垂直时，导体中的感应电动势为

$$e=BLv$$

式中，B——磁感应强度，单位为 T（特）；

L——导体长度，单位为 m（米）；

v——导体运动的速度，单位为 m/s（米每秒）。

如果导体运动方向与磁感线方向有一夹角 α，则导体中的感应电动势为

$$e=BLV\sin\alpha$$

由上式可知，当导体的运动方向与磁感线垂直时（$\alpha=90°$），导体中的感应电动势最大；当导体的运动方向与磁感线平行时（$\alpha=0°$），导体中的感应电动势为零。

四、发电机的工作原理

发电机就是应用导线切割磁感线产生感应电动势的原理发电的，如图 6－3－8 所示。在实际应用中，将导线做成线圈，使其在磁场中转动，从而得到连续的电流。

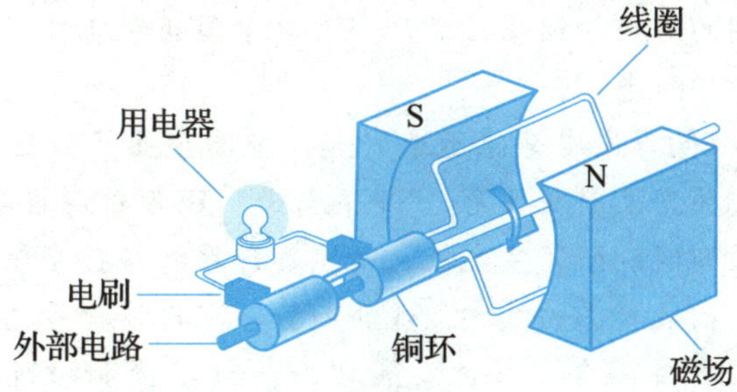

图 6-3-8　发电机的工作原理

发电机通常由定子、转子、前/后端盖及轴承等部件构成。定子由定子铁心、线圈绕组、机座以及固定这些部分的其他结构件组成。定子的功用是产生交流电。转子由转子铁心（或磁极、磁扼）绕组、护环、中心环、滑环、风扇及转轴等部件组成。转子的功用是产生磁场，安装在定子里边。发电机的主要结构如图 6-3-9 所示。

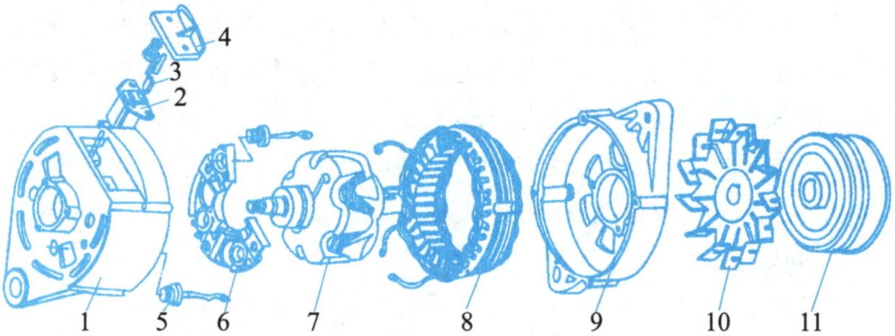

图 6-3-9　发电机的主要结构

1—后端盖　2—电刷架　3—电刷　4—电刷弹簧压盖　5—硅二极管
6—元器件板　7—转子　8—定子　9—前端盖　10—风扇　11—V 带

创新强国

欧洲市场迎来更多“中国智造”

近年来，中国产业升级发展势头强劲，技术含量较高、附加值较高的高技术制造业持续较快增长。如今，具有创新、低碳、绿色基因的高科技产品正在成为中国出口新的增长点，并越来越多地出现在欧洲市场，为欧洲消费者带来更多智慧和绿色的新体验。

在英国，比亚迪 ATTO3 以安全、设计、性能等多项优胜指标，被英媒评选为英国 2023 年度最佳电动汽车；在西班牙，多款搭载折叠屏、新型屏幕、卫星通信、超大容量电池、炫酷灯带等硬件和功能的中国智能手机，成为 2024 世界移动通信大会上的亮眼“明星”；在葡萄牙，中国制造的光伏板占据该国约 85%的市场份额；在挪威，经销商批量下单来自广东深圳的智能清洁机器人，以应对居高不下的人力成本……近年来，越来越多“中国智造”产品进入欧洲市场。

以电动汽车为例，据全国乘用车市场信息联席会的数据，2023 年，中国新能源汽车出口 120.3 万辆，同比增长 77.6%。在出口的 120.3 万辆汽车中，欧洲占比达 38%，远超其他地区。

此外，在欧洲多国的超市、酒店、工厂，来自中国的智能机器人也成为“新面孔”，为厂家提供精准、高效的服务。

“随着数字革命与绿色革命在全球迅速兴起，中国企业凭借自身的研发实力和制造能力在数字、绿色等相关产业崭露头角，‘中国智造’逐步跻身世界领先行列。”中国社会科学院欧洲研究所欧洲经济研究室主任、研究员孙彦红在接受记者采访时分析称，在此背景下，中国对欧洲出口产品的结构呈现新趋势，即科技含量高、特别是数字技术含量高的产品占比快速提升。融合了绿色发展理念与数字技术的新能源汽车、新能源电池、无人机、智能家居等“中国智造”产品以优质的性能和有竞争力的价格受到欧洲市场的欢迎。

近年来，顺应全球绿色低碳发展趋势，中国政府和企业不断推动制造业高端化、智能化、绿色化发展，“中国制造”正向“中国智造”转变，部分领域已向全球价值链中高端迈进，“中国智造”成为一张新的“中国名片”。

西班牙是欧洲第二大太阳能发电市场。作为欧洲最大的已投运光伏电站，西班牙弗朗西斯科·皮萨罗太阳能发电厂所使用的太阳能电池板全部来自中国。西班牙光伏协会秘书长何塞·多诺索·阿隆索表示，中国光伏产品的质量和成本优势有目共睹，目前西班牙从中国进口的光伏产品主要是逆变器和光伏板，这些产品都非常有竞争力。

葡萄牙同样是中国光伏产品的进口大国。葡萄牙可再生能源协会首席执行官佩德罗·阿马拉尔·乔治表示，中国制造的光伏板均获得最高质量认证，得到了包括电力公司、融资机构等的认可。

德国电动滑板车制造商特里特布雷特公司营销经理亚辛·哈吉谈及中国在电动汽车领域的雄厚实力时直言，中国的技术走在世界前列，在设计方面也具前瞻性，“如果没有中国的创新，我们在德国就不会走得这么远，因为我们的许多技术以及我们与许多跨国公司的合作，都是在中国奠定的基础”。

许英明认为，绿色低碳领域一直是中欧合作应对全球气候变化的重要着力点。未来，中欧可以在绿色基础设施、绿色能源装备、绿色技术、绿色服务、绿色金融等领域加强交流合作，同时推动构建绿色低碳产业链供应链合作体系，降低绿色产品和技术的市场准入成本，并携手开拓第三方市场。

资料来源：严瑜．欧洲市场迎来更多“中国智造”．人民日报海外版，2024-03-21.

任务实施

一、实训目标

（一）总体任务

直流电动机正反转电路的连接与检测

（1）能够根据正反转开关控制的直流电动机电路图（见图 6-3-10），选择合适的元器件，在实验箱上用连接电线连接完成实物线路，并对线路进行功能测试与分析，满足以下功能要求：

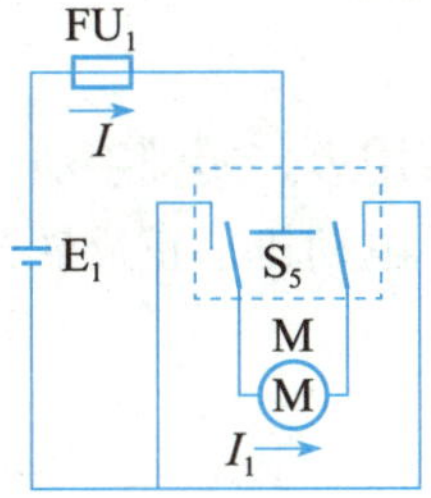

图 6-3-10 正反转开关控制的直流电动机电路图

①开关 S_5 左闭合时，电动机 M 顺时针转动。

②开关 S_5 右闭合时，电动机 M 逆时针转动。

(2) 操作实验箱相应开关，观察故障现象，分析故障原因，诊断、排除故障。

(二) 具体要求

1. 元器件选择

(1) 检查、校验所提供的仪器设备。

(2) 根据电路图选择合适的元器件进行检测并判断好坏，如需更换请告知。

2. 线路连接

根据电路图，按连线规范要求完成线路连接。

3. 电路的检查、测量与分析

(1) 使用数字万用表进行通电前检查，确认电路是否存在短路现象。

(2) 根据图 6-3-11 所标注的测量点，通电后按要求测量相应的项目，并记录测量结果（测量结果必须标注单位）。

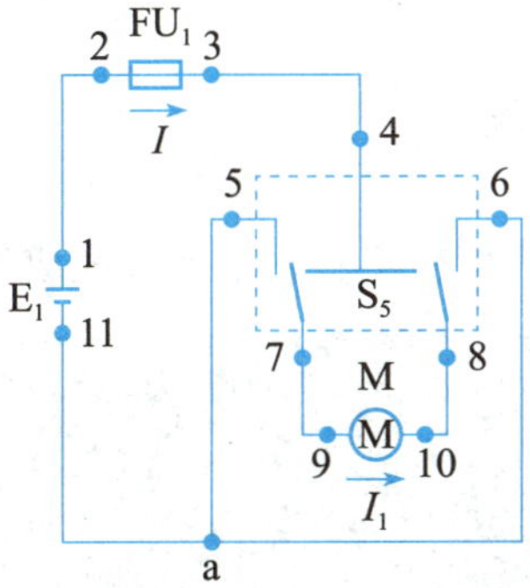

图 6-3-11 带测量点的正反转开关控制的直流电动机电路图

(3) 根据电路图，简要描述该电路实现的功能。

4. 电路排故

线路测量完成后，进入实验箱排故系统，进行电路排故。

(1) 操作实验箱相应开关，观察故障现象，分析故障原因，诊断故障。

(2) 确认故障点及故障类型，排除故障并验证。

(3) 若有多个故障点，要求逐个排除并验证。

二、实训准备

（1）器材准备：实验箱、数字万用表、实训手册、故障元器件及 220V 电源等。
（2）材料准备：导线、熔断器、电动机、正反转开关等。

三、实训步骤

（一）元器件识读与测量

确保汽车电工电子实验箱电源断开，然后识别、测量元器件，并填写表 6－3－1。

表 6－3－1　元器件识读与测量记录表

序号	元器件名称	元器件测量记录
1	数字万用表检查校验	是否能正常使用：□是　　□否
2	实验箱电源电压检查	是否正常：　　　□是　　□否
3	导线检查	是否正常：　　　□是　　□否
4	熔断器 FU_1	量程：________电阻测量值：________ Ω
5	电动机 M	量程：________电阻测量值：________ Ω
6	开关 S_5 左闭合	量程：________电阻测量值：________ Ω
7	开关 S_5 右闭合	量程：________电阻测量值：________ Ω
8	开关 S_5 断开	量程：________电阻测量值：________ Ω

（二）线路连接与检验

1. 安全检查

确保实验箱电源处于切断状态。

2. 线路连接

根据电路图（见图 6－3－10），在实验箱上连线完成实物线路（见图 6－3－12）。

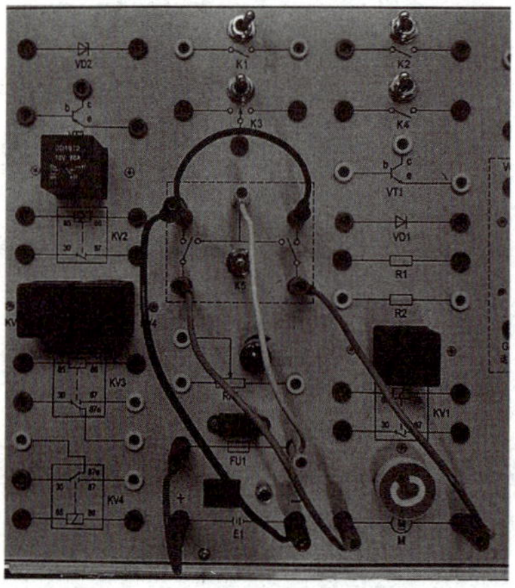

图 6－3－12　在实验箱上连线完成实物线路

3. 连线检查

对照电路图，仔细检查实物线路，确保连线正确无误。

4. 线路连接检验

（1）接通实验箱电源开关。

（2）开关 S_5 左闭合时，电动机 M 顺时针转动，如图 6－3－13 所示。

（3）开关 S_5 右闭合时，电动机 M 逆时针转动，如图 6－3－14 所示。

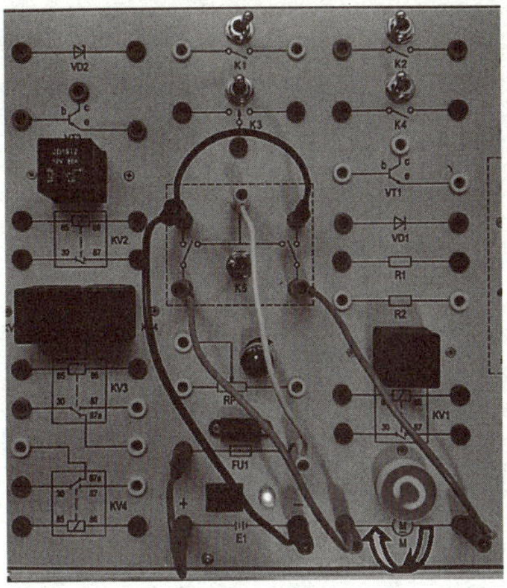

图 6－3－13　开关 S_5 左闭合时电路工作状况

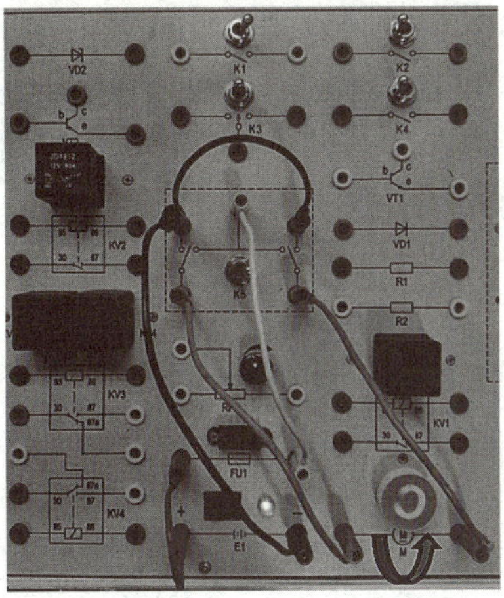

图 6－3－14　开关 S_5 右闭合时电路工作状况

（4）结果评判：线路连接正确，工作正常。

（三）电路测量

在开关 S_5 处于断开、左/右闭合的几种情况下，测量实物线路的电位、电流、电压，把测量数据填写在表 6－3－2 中，分析测量数据，并简要描述电路实现的功能，填写表 6－3－3。

表 6－3－2　测量数据记录分析表

测量内容	测量点	S_5 状态		
		S_5 断开	S_5 左闭合	S_5 右闭合
电位/V	1			
	4			
	5			
	6			
	9			
	10			
电流/A	I			
	I_1			
电压/V	U_{E_1}			
	$U_{M(9-10)}$			
	$U_{S_5(4-7)}$			
	$U_{S_5(4-8)}$			
工作状态	M			

表 6-3-3　电路实现的功能说明表

内容	功能简要描述
实现功能	

（四）电路分析

1. 状态 1

开关 S_5 左闭合状态电路图及等效电路（条件：$U_{E_1}=12V$，$R_M=10\Omega$），如图 6-3-15、图 6-3-16 所示。

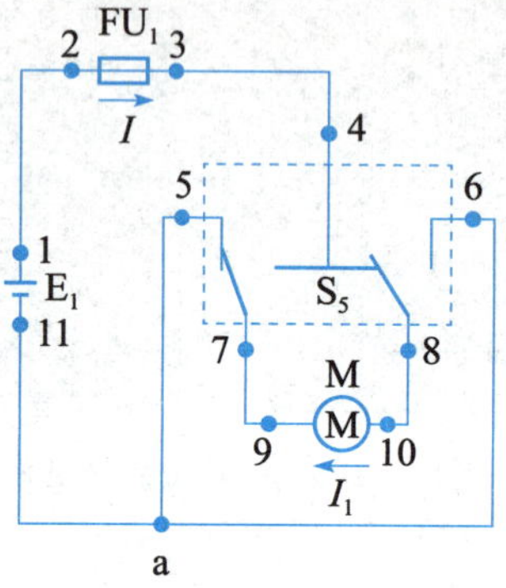

图 6-3-15　开关 S_5 左闭合状态电路图

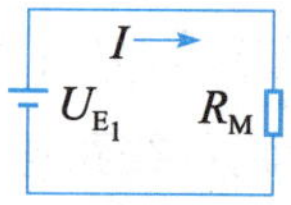

图 6-3-16　开关 S_5 左闭合状态等效电路

电流流动方向：

电源正极→熔断器 FU_1→开关 S_5(4—8)→电动机 M→开关 S_5(7—5)→电源负极

电路电阻计算：

$$R=R_M=10\Omega$$

电路电流计算：

$$I=I_1=\frac{U_{E_1}}{R_M}=\frac{12V}{10\Omega}=1.2A$$

电路电压计算：

$$U_{M(9-10)}=-U_{E_4}=-12V$$

2. 状态 2

开关 S_5 右闭合状态电路图及等效电路（条件：$U_{E1}=12V$，$R_M=10\Omega$），如图 6-3-17、图 6-3-18 所示。

电流流动方向：

电源正极→熔断器 FU_1→开关 S_5(4—7)→电动机 M→开关 S_5(8—6)→电源负极

电路电阻计算：

$$R=R_M=10\Omega$$

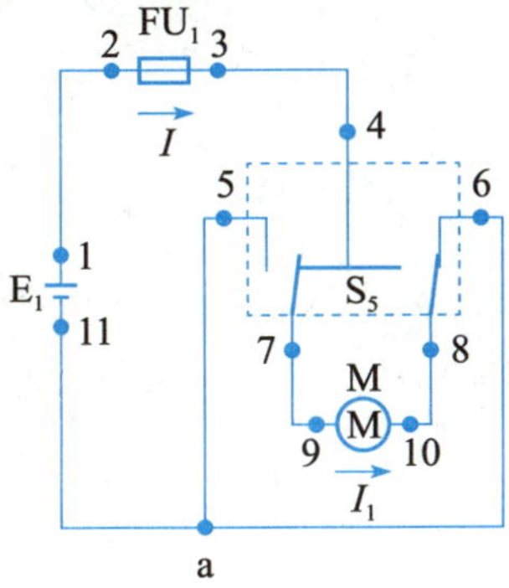

图 6-3-17　开关 S_5 右闭合状态电路图

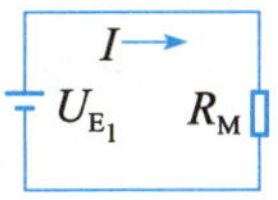

图 6-3-18　开关 S_5 右闭合状态等效电路

电路电流计算：

$$I=I_1=\frac{U_{E_1}}{R_M}=\frac{12V}{10\Omega}=1.2A$$

电路电压计算：

$$U_{M(9-10)}=U_{E_4}=12V$$

（五）电路排故

1. 任务准备

（1）故障设置类型。在实验箱的实物线路上，可以选择设置一个或多个故障点。可以设置的故障点（即故障元器件）见附录。

（2）实验箱设置故障。根据图 6-3-19 所示的电路图设置开关 S_5 左侧开路和电动机 M 开路故障。

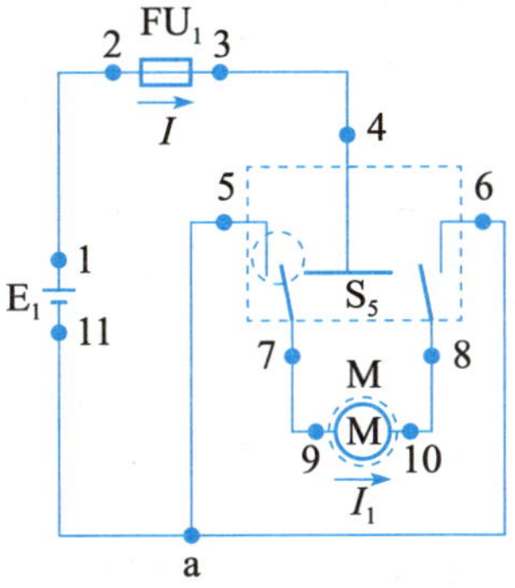

图 6-3-19　开关 S_5 左侧开路和电动机 M 开路故障

2. 诊断分析

实施“故障现象、可能故障原因、故障检查过程、故障确认”4 个步骤达到“故障排除”的目的，并详细填写表 6-3-4 和表 6-3-5。

表 6-3-4 故障诊断过程记录表

<table>
<tr><th>内容</th><th colspan="4">结果记录</th></tr>
<tr><td>故障现象</td><td colspan="4">开关 S_5 左闭合，电动机 M 不转动</td></tr>
<tr><td>可能故障原因</td><td colspan="4">电源 E_1 断电，熔断器 FU_1、开关 S_5、电动机 M 开路，导线开路</td></tr>
<tr><td rowspan="9">故障检查过程</td><td>测量内容</td><td>测量条件</td><td>测量结果</td><td>分析判断</td></tr>
<tr><td>10 点电位 V_{10}</td><td>通电，开关 S_5 左闭合</td><td>$V_{10}=12V$</td><td>10 点之前线路正常</td></tr>
<tr><td>9 点电位 V_9</td><td>通电，开关 S_5 左闭合</td><td>$V_9=0V$</td><td>电动机 M 不转，10 点—9 点开路</td></tr>
<tr><td>电动机 M 电阻 R_M</td><td>断电，拔下 10 点导线</td><td>R_M 为∞</td><td>电动机 M 开路</td></tr>
<tr><td>复位电动机 M 后，复查电位 V_9</td><td>通电，开关 S_5 左闭合</td><td>$V_9=12V$</td><td>电位偏高，电动机 M 不转，电路有开路故障</td></tr>
<tr><td>7 点电位 V_7</td><td>通电，开关 S_5 左闭合</td><td>$V_7=12V$</td><td>7 点之前线路通路，电位偏高，电路开路</td></tr>
<tr><td>5 点电位 V_5</td><td>通电，开关 S_5 左闭合</td><td>$V_5=0V$</td><td>电动机 M 不转，7 点—5 点开路</td></tr>
<tr><td>开关 S_5 电阻 $R_{S_5(7-5)}$</td><td>断电，拔下 7 点导线</td><td>$R_{S_5(7-5)}$ 为∞</td><td>开关 S_5 左侧开路</td></tr>
<tr><td>复位开关 S_5 后，复查电位 V_7</td><td>通电，开关 S_5 左闭合</td><td>$V_7=0V$</td><td>电动机 M 转动，开关 S_5 恢复正常</td></tr>
</table>

表 6-3-5 故障确认记录表

<table>
<tr><th>序号</th><th colspan="2">故障点及故障类型</th><th>确认是否正确</th></tr>
<tr><td rowspan="2">1</td><td>故障点</td><td>电动机 M</td><td>□是　□否</td></tr>
<tr><td>故障类型</td><td>开路</td><td>□是　□否</td></tr>
<tr><td rowspan="2">2</td><td>故障点</td><td>开关 S_5 左侧</td><td>□是　□否</td></tr>
<tr><td>故障类型</td><td>开路</td><td>□是　□否</td></tr>
</table>

进入实验箱排故系统，进行电路排故。

（1）操作实验箱相应开关，观察故障现象，分析故障原因，诊断故障。

（2）确认故障点及故障类型，排除故障并验证。

以开关 S_5 左侧开路和电动机 M 开路两个故障同时存在为例，先排除电动机 M 开路故障，再排除开关 S_5 左侧开路故障。

任务评价

对本任务进行评分，标准如表 6-3-6 所示。

表 6-3-6 汽车直流电动机电路的连接、测量与排故评分表

项目	操作步骤	配分	测试内容描述	记录	扣分
元器件识读与检测	数字万用表使用	10	表笔正确插孔（2 分）		
			正确选择挡位（3 分）		
			测量方法正确（3 分）		
			旋转开关置于交流高电压挡或“OFF”位（2 分）		
	元器件识读	2	能根据电路图正确找到对应的元器件（2 分）		
电工电路连接、检测、排故	接线图绘制	5	按原理图绘制接线图（5 分）		
	规范使用连线	4	正确使用电路连接线（4 分）		
	电路连线质量	10	连线没有交叉（2 分）		
			连线没有漏接（2 分）		
			元器件没有漏接（2 分）		
			元器件没有接错（2 分）		
			整体连线质量好（2 分）		
	电路功能测试	20	通电前用数字万用表检查线路（3 分）		
			电源接入正确（2 分）		
			功能实现（15 分）		
	数据记录	6	电位测量正确（2 分）		
			电压测量正确（2 分）		
			电流测量正确（2 分）		
	故障诊断	18	操作实验箱相应的开关，观察故障现象，分析故障原因，诊断故障（18 分）		
	故障排除	15	确认故障点及故障类型（5 分）		
			排除所有故障（5 分）		
			故障排除后进行验证（5 分）		
	操作规范	10	个人防护（工作服等）（3 分）		
			操作过程的安全（3 分）		
			工具仪器仪表使用规范（4 分）		
总分					

项目小结

本项目先介绍了磁场与电磁感应的相关知识点以及利用电磁相关知识的继电器，然后介绍了运用磁场对电流作用的电动机和利用电磁感应现象的发电机。为了使教学内容贴近生产生活实际，与工作岗位对接，教学中把实践操作性强、应用性强的内容，如“制作简易的电磁铁和电动机”“汽车继电器电路的连接、测量与排故”“汽车直流电动机电路的连接、测量与排故”等作为本项目的实操内容；为了使教学过程尽可能与生产过程对接，本教材通过“搭接电路”“成品制作”等设置教学环境与载体，为今后的电路维修做好准备。

• 同步练习 •

一、选择题

1. 为了定量描述磁场在某一范围内的分布及变化情况，引入（　　）这一物理量。

A. 磁感应强度　　B. 磁感线　　C. 磁通量　　D. 磁导率

2. 下面关于电磁继电器的说法，不正确的一项是（　　）。

A. 使用电磁继电器可以直接控制电路的通断

B. 操作时控制的是低电压、弱电流的通断

C. 电磁继电器是利用电磁铁控制工作电路的一种开关

D. 电磁继电器是自动控制电路的重要部件

3. 在下列电器中，应用直流电动机工作的是（　　）。

A. 吹风机　　B. 电饭煲　　C. 电热水器　　D. 电视机

4. 下列选项中，不属于直流电动机定子组成部分的是（　　）。

A. 主磁极　　B. 换向极　　C. 电枢绕组　　D. 电刷装置

5. 磁场的强弱用（　　）表示。

A. 磁感应强度　　B. 磁感线　　C. 磁通量　　D. 磁导率

二、判断题

1. 通电导体周围存在磁场。（　　）

2. 用右手握住螺线管，让弯曲的四指所指的方向与电流方向一致，大拇指所指的方向就是螺线管中心轴线上的磁感线的方向（大拇指指向螺线管北极）。（　　）

3. 电动机、电磁铁等就是通过尽可能地减小漏磁通，增强一定铁心截面下的磁场强度来提高其工作效率的。（　　）

4. 车用继电器主要起自动调节、安全保护和转换电路等作用。（　　）

5. 交流发电机是根据电磁感应原理制成的。（　　）

三、简答题

1. 简述用右手定则确定通电长直导线和通电螺线管磁场方向的方法。

2. 如图所示，简单说明电磁继电器的工作过程。

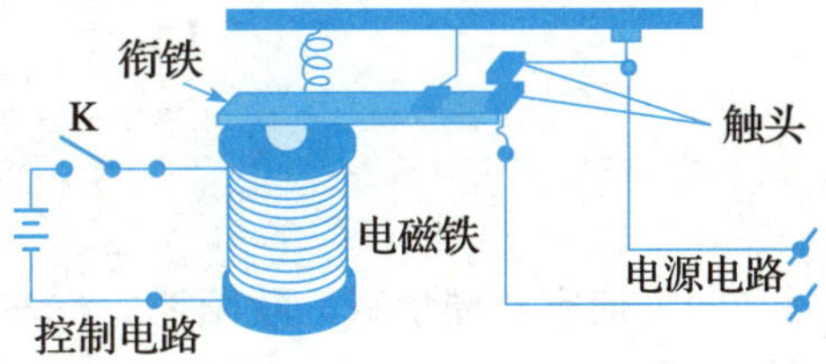

3. 写出交流发电机的组成。

四、实训题

正反转开关控制电动机电路线路连接。

（1）根据如图所示的电路图，连接实物电路。

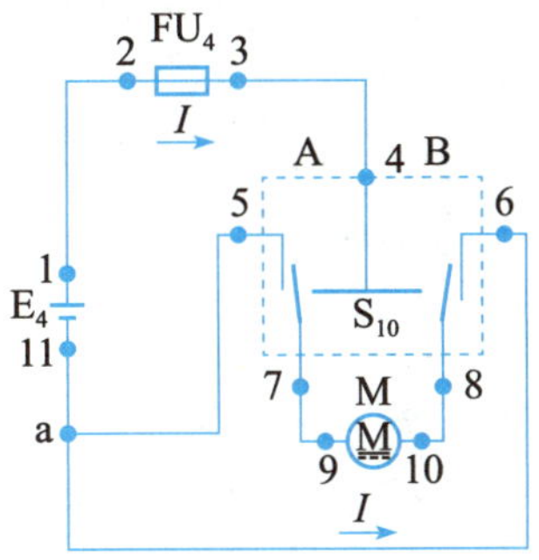

电路图

（2）进行数据测量并填写下表。

数据测量记录分析表

测量内容	测量点	S_{10} 断开	S_{10} 左闭合	S_{10} 右闭合
电位/V	4			
	5			
	6			
	9			
	10			
电压/V	U_E			
	U_M			
电流/A	I_{FU}			
	I_M			
工作状态	M			

参考文献

[1] 何宇，周学斌，欧阳博．汽车电气设备构造与拆装．天津：天津科学技术出版社，2022.

[2] 人力资源社会保障部教材办公室．电工与电子技术基础．4 版．北京：中国劳动社会保障出版社，2020.

[3] 陈雅萍．电工电子技术基础与技能．3 版．北京：高等教育出版社，2018.

[4] 陈开考，庞志康．汽车电工电子技术基础．2 版．北京：机械工业出版社，2015.

附　　录

汽车电工电子实验箱元器件故障点（故障元器件）一览表

序号	元器件符号	电气符号	元器件名称	正常参数	故障点 1	故障 1 参数	故障点 2	故障 2 参数
1	E_1	 E_1	电源电动势	$E_1=12V$	E_1 开路	$E_1=-0.34V$		
2	FU_1	 FU_1	熔断器	$R_{FU_1}=0\Omega$	FU_1 开路	FU_1 电阻为∞		
3	S_1	 S	开关	闭合电阻 0Ω，断开电阻∞	S_1、S_2、S_4 开路	S 闭合，R_S 为∞	S_1、S_2、S_4 短路	S 断开，R_S 为 0
4	S_2							
5	S_4							
6	K_3	 a b K_3	单刀双掷开关	闭合电阻为 0Ω，断开电阻为∞	K_3 左侧开路	左闭合时，K_3 左侧电阻为∞	K_3 右侧短路	K_3 断开时，右侧电阻为 0
7	K_5	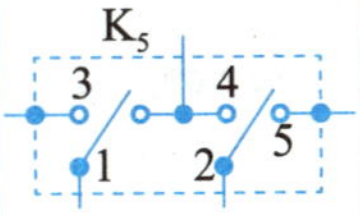 K_5 3 4 1 2 5	正反转开关	双联动，左闭合 1—3，2—4 通，右闭合 1—4，2—5 通	K_5 左侧开路	左闭合时，R_{1-3} 为∞	K_5 公共端开路	左闭合时 R_{2-4} 为∞，右闭合时 R_{1-4} 为∞
8	EL_1	 EL_1	白炽灯	$R_{EL_1}=2\Omega$	EL_1～EL_4 开路	电阻为∞	EL_1～EL_4 短路	电阻为 0
9	EL_2							
10	EL_3							
11	EL_4							
12	M		直流电动机	$R_M=10\Omega$	M 开路	电阻为∞	M 短路	电阻为 0
13	KV_1	 KV_1	继电器（单触头/4 头）	$R_{KV_1}=80\Omega$	KV_1～KV_4 线圈开路	线圈电阻为∞	KV_1、KV_2 触头短路	触头电阻为 0
14	KV_2			$R_{KV_2}=80\Omega$				
15	KV_3	 KV_3	继电器（双触头/5 头）	$R_{KV_3}=80\Omega$			KV_3 常闭触头短路	通电，常闭触头电阻为 0
16	KV_4			$R_{KV_4}=80\Omega$			KV_4 常开触头短路	断电，常开触头电阻为 0

续表

序号	元器件符号	电气符号	元器件名称	正常参数	故障点 1	故障 1 参数	故障点 2	故障 2 参数
17	R_1		电阻	1kΩ	R_1、R_2 开路	电阻为∞		
18	R_2			100Ω				
19	R_{P_1}	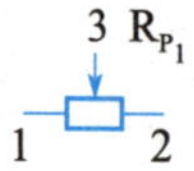	可变电位器	0～10kΩ	R_{P_1} 滑动端开路	R_{1-3} 为∞，R_{2-3} 为∞	R_{P_1} 固定端开路	R_{1-3} 正常，R_{1-2}、R_{2-3} 为∞
20	VD_1		二极管	$U_{VD_1}=0.609V$，正向电阻为 1.6MΩ	VD_1、VD_2 开路	VD_1、VD_2 正向、反向电阻都为∞（20MΩ 挡）	VD_1、VD_2 短路	VD_1、VD_2 正向、反向电阻都为 0（200Ω 挡）
21	VD_2		稳压二极管	$U_{VD_2}=0.675V$，正向电阻为 6MΩ				
22	VT_1		NPN 型三极管	$U_{be}=U_{bc}=0.652V$ $R_{be}=R_{bc}=5.5MΩ$	VT_{1-b} 开路	R_{be} 和 R_{bc} 为∞	VT_{1-ce} 短路	$U_{ce}\leqslant 0.2V$，$R_{ce}=0Ω$
23	VT_2		PNP 型三极管	$U_{eb}=U_{cb}=0.643V$ $R_{eb}=R_{cb}=5MΩ$	VT_{2-b} 开路	R_{eb} 和 R_{cb} 为∞	VT_{2-ce} 短路	

新编21世纪职业教育精品教材
适用于职业院校、技工院校汽车类专业

汽车电工电子基础（微课版）习题集

主　编◎刘　洁　王顺锋　刘　聪
副主编◎刘志飞　封焕云　吴　凯
王东旭　孙晓燕　范淑娟

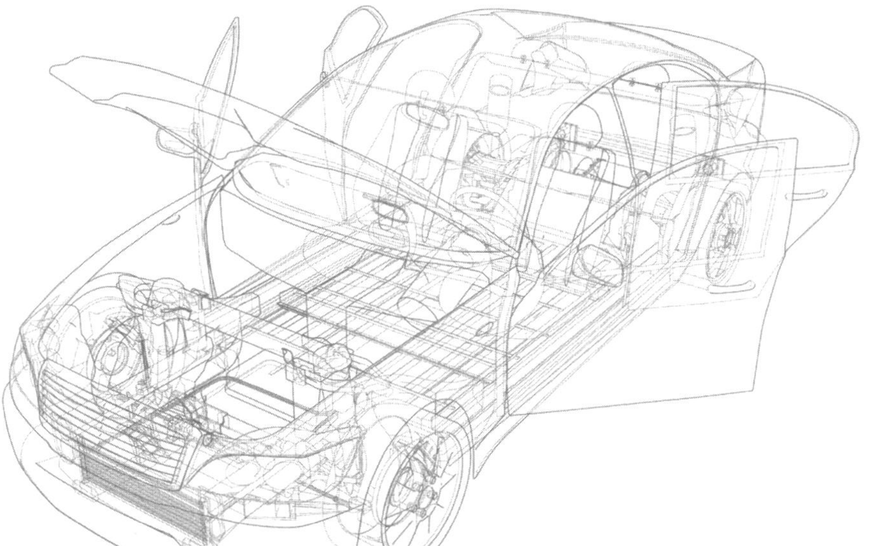

中国人民大学出版社
·北京·

目 录
CONTENTS

项目一　课程基础

任务一　认识汽车电工电子实验实训室

一、填空题

1. ________是为电路提供电能的装置，一般的电工实验实训室都配有多组电源，以满足不同的电工实验实训需要。

2. 电源通常有________电源和________电源两大类。

3. 可调直流稳压电源，调节直流稳定电源输出电压在________之间变化。

4. 数字万用表使用的________V 干电池。

5. 普通的两孔、三孔插座或者插线排都可输出________V、________Hz 的交流电，三孔插座还带有________线。

6. 直流电源用字母________或符号________表示，交流电源用字母________或符号________表示。

7. 任何电气设备内部未经验明无电时，一律视为________，不准触及，任何接、拆线都必须切断________后方可进行。

8. 用数字万用表测量直流电压，判断电量是否充足。如 1.5V 干电池，其电压值低于 1.5V 时，说明电量________。

二、判断题

(　　) 1. 单相交流电源中两个并列的三孔插座可输出 220V、50Hz 的交流电，还带有接地线。

(　　) 2. 线电压是每两根相线之间的电压，相电压是任一相线与中性线之间的电压。

(　　) 3. 电气设备安装检修后，需经检验后方可使用。

(　　) 4. 电源通常有直流和交流两大类，直流用字母“AC”表示，交流用字母“DC”表示。

(　　) 5. 任何电气设备内部未经验明无电时，一律视为有电，不准触及。

(　　) 6. 任何接、拆线都必须切断电源后才可进行。

(　　) 7. 电气设备安装检修后，可立即使用。

(　　) 8. 若家中没有三孔插座，可把电气设备的三孔插脚改成两孔插脚使用。

(　　) 9. 万用表使用的是 12V 干电池。

(　　) 10. 可调直流稳压电源通过调节电压调节旋钮，调节直流稳定电源输出电压在 12～24V 之间变化。

三、简答题

1. 简述电工实验实训室使用的两大类电源。

2. 简述汽车电工电子实验实训室操作规程。

四、综合题

写出下列实验实训室配置的名称。

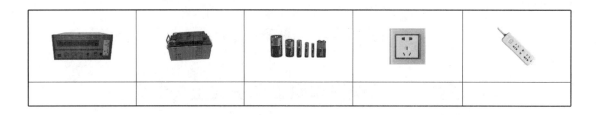

任务二　常用电工仪器仪表和电工工具

一、填空题

1. 常用电工仪器仪表包括________万用表、指针万用表、汽车专用万用表、________、毫伏表、兆欧表等。

2. 常用电工工具包括钢丝钳、________、________、________、螺丝刀、电工刀、测电笔、电烙铁等。

3. ________可以用来弯绞或钳夹导线线头、紧固或起松螺母、剪切导线或剖切软导线的绝缘层、铡切钢丝和铅丝等较硬的金属线材。

4. ________适合在狭窄的空间中使用，它的头部尖锐，可以用于弯曲或钳夹导线线头。

5. ________主要用于剪切金属薄片和线径较细的金属线，非常适合清除接线后多余的线头和飞刺。

6. ________的作用是用来剥离 $6mm^2$ 以下的塑料或橡皮电线的绝缘层。

7. 螺丝刀有不同的类型，如________形和________形，以及大小不同的规格。

8. ________主要用于切割电线绝缘层，使用时应将刃口朝外剖削，并注意避免伤害到手指。

9. ________是用来检测电线是否有电的工具，使用时需要将手指触及笔尾的________部分，并且使氖管小窗背光且朝向自己，以便观测氖管的亮暗程度。

10. 当带电体与大地之间的电位差超过________ V 时，电笔中的氖管就会发光。

11. ________是电烙铁钎焊的热源，有内热式和外热式两种。

二、判断题

（　　）1. 万用表、示波器都属于常用电工工具。

（　　）2. 钢丝钳手柄上必须套有绝缘管，钳头的轴销上应经常加机油润滑。

（　　）3. 剥线钳的钳头上有多个大小不同的切口，以适用于不同规格的导线。

（　　）4. 剥线钳使用时导线必须放在稍小于线芯直径的切口上切剥，以免损伤线芯。

（　　）5. 使用螺丝刀时，应根据螺钉的大小选择合适的型号。

（　　）6. 电工刀主要用于切割电线绝缘层，在进行剖削时，应使刀面与导线成较大的钝角，以免割伤导线。

（　　）7. 测电笔是用来检测电线是否有电的工具，当带电体与大地之间的电位差超过 80V 时，电笔中的氖管就会发光。

三、简答题

1. 简述电工仪器仪表有哪些。

2. 简述常用电工工具有哪些以及它们的功能是什么。

四、综合题

1. 写出下列常用电工仪表的名称。

			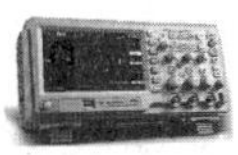	

2. 写出下列常用电工工具的名称。

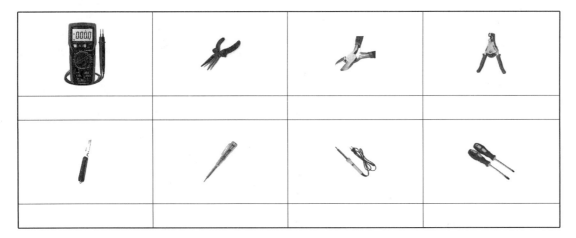

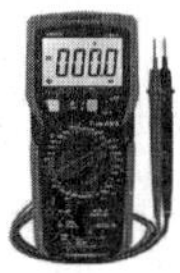			
		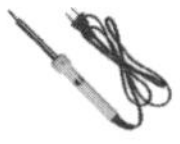	

3. 根据图片填写下列数字万用表面板组成部分的名称。

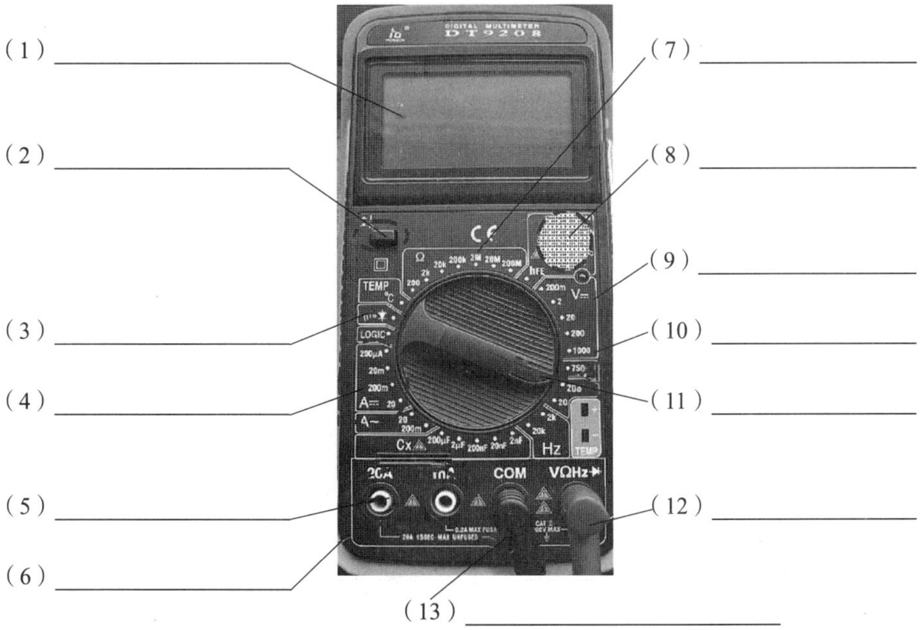

任务三　认识正弦交流电

一、填空题

1. 大小和方向都随时间按正弦规律做周期性变化的交流电称为________。

2. 在交流电路中，电压、电流的大小和方向都随时间做周期性变化，这样的电压、电流分别称为交变电压、交变电流，统称________。

3. 在某一时刻 t 的瞬时值，交流电流可用三角函数式表示为 $i(t)=I_{\mathrm{m}}\sin(\omega t+\phi_{i_0})$，上式中，$I_{\mathrm{m}}$ 为电流的________，ω 为________，ϕ_{i_0} 为________。

4. 交流电是由________产生的。

5. 正弦交流电的三要素是________、________、________。

6. 大小和方向随时间不按正弦规律变化的，称为________，常见的有三角波、________等。

7. 交流电的电流、电压、电动势在变化过程的任一瞬间，都有确定的大小和方向，称为交流电的________值，分别用小写字母 i、u、e 来表示。

8. 在直角坐标系中，用横坐标表示时间 t，纵坐标表示交流电的瞬时值，把某一时刻 t 和与之对应的 u 或 i 作为平面直角坐标系中的点，用光滑的曲线把这些点连接起来，就得到交流电 u 或 i 随时间变化的曲线，即________图。

9. 通过波形图可以直观地了解电压或电流随________变化规律。

10. 在电工技术中，有时并不需要知道交流电的瞬时值，而是规定一个能够表征其大小的特性值，这个值就是________。

11. 正弦交流电一般用字母________或符号________表示，其大小通常用________表示。

12. 测电笔又称________，是一种用来测试导线、开关、插座等电器是否________的工具。测电笔由氖泡、电阻、弹簧、笔身和笔尖等组成。

13. 用数字万用表交流电压________ V 挡测量交流电压。

14. 用测电笔检测电源的________线与________线是否带电。

15. 测电笔是检验线路和设备是否________的工具，使用时注意手指必须接触金属笔挂（钢笔式）或测电笔顶部的金属螺钉（旋具式），使电流由被测带电体经测电笔和人体与________构成回路。

16. 低压试电笔的测试范围为________ V 之间。

17. 正弦交流电在一个周期内所能达到的最大数值，称为交流电的________值，又称________、幅值或峰值，通常用带下标 m 的大写字母表示。

18. 用 I_{m}、U_{m}、E_{m} 分别表示________、________、________的最大值。

19. 最大值可以用来表示正弦交流电变化的________。

20. 在实际工作中通常用________值来表示交流电的大小。

21. 交流电的有效值是根据电流的________来规定的。

22. 正弦交流电的电流 i 的有效值 I 等于其振幅（最大值）I_{m} 的________倍。

23. 正弦交流电完成一次周期性变化所需要的时间，称为正弦交流电的________，常

用字母 T 表示，单位是________。

24. 正弦交流电在 1s 内完成周期性变化的次数，称为正弦交流电的________，通常用 f 表示，单位是________。

25. 正弦交流电变化的快慢，除了用周期和频率表示外，还可以用________表示。

26. 正弦交流电 1s 内所变化的角度（电角度）称为正弦交流电的________，用________表示，单位是________。

27. 周期与频率的关系是________，角频率与周期、频率的关系是________。

28. 我国工业和民用交流电源电压的有效值为________、频率为________，因而通常将这一交流电压简称为________。

29. ________反映的是正弦交流电起始时刻的状态。

二、判断题

（　　）1. 大小及方向随时间做周期性变化的电流叫作正弦交流电流。

（　　）2. 交流电是由交流发电机产生的。

（　　）3. 交流电周期的倒数叫作角频率。

（　　）4. 正弦交流电完成一次循环变化所用的时间叫作周期。

（　　）5. 大小和方向都随时间按规律做周期性变化的交流电称为正弦交流电。

（　　）6. ϕ 叫作交流电的角频率，单位为弧度（rad）。

（　　）7. ϕ_{i_0}、ϕ_{u_0}、ϕ_{e_0} 分别叫作电流、电压、电动势的初相位或初相，单位为弧度/秒（rad/s）或度（°）。

（　　）8. 振幅、周期、初相三个参数叫作正弦交流电的三要素。

（　　）9. 通过波形图可以直观地了解电压或电流随时间变化规律。

（　　）10. 正弦交流电一般用字母“AC”或符号“～”表示，其大小通常用瞬时值表示。

（　　）11. 测电笔是检验线路和设备是否带电的工具，使用时注意手指必须接触金属笔挂（钢笔式）或测电笔顶部的金属螺钉（旋具式），使电流由被测带电体经测电笔和人体与大地构成回路。

（　　）12. 交流电周期的倒数叫作角频率。

（　　）13. 正弦交流电完成一次循环变化所用的时间叫作周期。

（　　）14. 正弦交流电流 i 的有效值 I 等于其振幅（最大值）I_m 的 1.414 倍。

（　　）15. 在实际工作中通常用有效值来表示交流电的大小。

（　　）16. 把正弦交流电 1s 内所变化的角度（电角度）称为正弦交流电的频率。

三、选择题

1. 用万用表测得的交流电的数值为（　　）。

A. 最大值　　B. 有效值　　C. 振幅　　D. 瞬时值

2. 以下表示电动势振幅的字母符号是（　　）。

A. E　　B. U　　C. U_m　　D. E_m

3. 以下（　　）不是正弦交流电的三要素。

A. 振幅　　B. 角频率　　C. 初相　　D. 瞬时值

4. 以下（　　）是不能表征交流电变化快慢的物理量。

A. 周期　　B. 振幅　　C. 频率　　D. 角频率

5. 表征交流电交替变化的快慢的物理量是（　　）。

A. 周期　　B. 频率　　C. 角频率　　D. 最大值

6. 家用灯光电路中，按安全用电要求，开关S应接于（　　）端。

A. 零线　　B. 相线　　C. 接地线　　D. 中性线

7. 测电笔测1、3、4号点，电笔亮，测2号点电笔不亮，可能的故障点为（　　）。

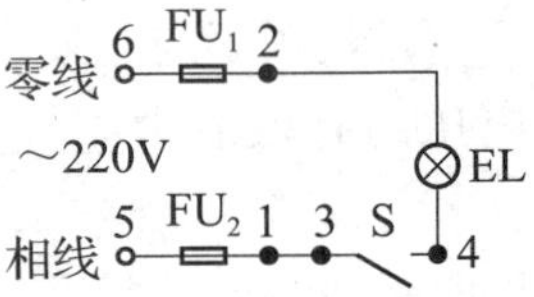

A. 白炽灯损坏　　B. 白炽灯与灯座之间接触不良

C. 2—4点之间连接线断开　　D. 以上都有可能

四、简答题

1. 交流电在某一时刻 t 的瞬时值可用三角函数式（解析式）来表示，请写出电流、电压、电动势的瞬时表达式，并写出表达式中各个符号的名称、代表的含义、单位。

2. 简述测电笔的使用方法。

五、综合题

1. 写出下列图片所示物品的名称。

图片1	名称	图片2	名称	图片3	名称

图片4	名称	图片5	名称	图片6	名称

图片7	名称	图片8	名称	图片9	名称
				 5kV低压专用	

2. 已知某正弦交流电压的解析式为 $u=311\sin(314t+60^\circ)$ V，求这个正弦交流电压的最大值、有效值、频率、周期、角频率和初相。

3. 写出下图所示的螺旋式熔断器组成部分的名称。

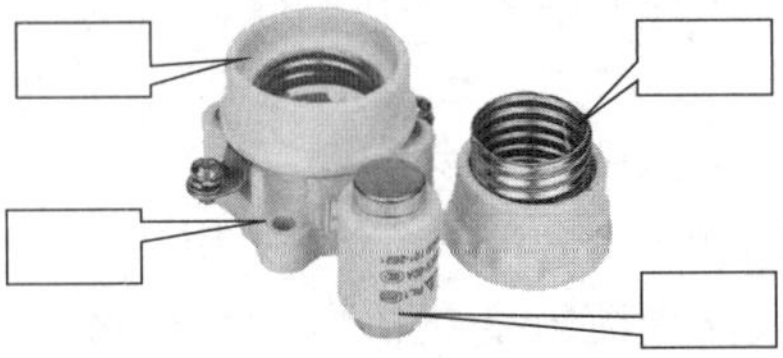

任务四 安全用电常识

一、填空题

1. 当通过人体的电流超过________A 时，便会引起心力衰竭、血液循环终止、大脑缺氧而导致死亡。

2. 通过人体的电流大小与作用到人体上的电压及人体________有关。

3. 人体触电时，决定人体伤害程度的主要因素是通过人体________的大小。

4. 通常人体的电阻为________欧至几万欧不等。

5. 为减少或避免触电事故的发生，通常采用的防范措施有________、电气设备的保护接地、________、装设漏电保护装置及采用各种安全保护用具。

6. 根据（GB/T 3805—2008）《特低电压（ELV）限值》规定，按操作人员、操作方式和操作环境，将安全电压等级分为________V、________V、________V、12V 和 6V。

7. 当人体的某一部位接触到带电的导体或触及绝缘损坏的用电设备时，人体便成为一个通电的导体，电流通过人体会造成伤害，这就是________。

8. 将正常情况下电气设备不带电的金属外壳或构架，用足够粗的导线与大地可靠地连接在一起称为________。

9. 常见的触电类型有单相触电、________触电和________触电。

10. 电气设备要根据________的要求正确安装，不可马虎。

11. 短路电流的大小足以使安装在线路上的________或其他过流保护装置动作，从而切断电源。

12. ________装置是用来防止人身触电和漏电引起事故的一种接地保护装置。

13. ________广泛应用于汽车低压配电系统和控制系统及用电设备中，作为短路和过电流保护，是应用最普遍的保护器件之一。

14. 电气火灾一旦发生，首先要切断________，进行扑救，并及时报警。

二、判断题

（　　）1. 遇到雷雨天，可在大树底下避雨。

（　　）2. 两相触电要比单相触电危险得多。

（　　）3. 电气设备的金属外壳必须接地，不准断开带电设备的外壳接地线。

（　　）4. 对于临时装设的电气设备，可以使金属外壳不接地。

（　　）5. 熔断器正常情况下，两端阻值为零，电位应相同。

（　　）6. 触电伤人的主要因素是人体电阻的大小。

（　　）7. 通常人体的电阻为 80Ω 至几千欧不等。

（　　）8. 电气设备的保护接零适用于中性点不接地的低压系统中。

（　　）9. 漏电保护装置的作用主要是防止由漏电引起的触电事故和单相触电事故。

（　　）10. 带电灭火时，可以使用水和泡沫灭火器。

三、选择题

1. 当通过人体的电流超过（　　）时，便会引起死亡。

A. 30mA　　　B. 50mA　　　C. 80mA　　　D. 100mA

2. 皮肤出汗，有导电液或导电尘埃时，人体电阻将（　　）。

A. 下降　　B. 不变　　C. 增大　　D. 不确定

3. 当人体触碰到掉落在地上的某根带电导线时，会发生（　　）。

A. 单相触电　　B. 两相触电　　C. 跨步电压触电　　D. 以上都不对

4. 当发现有人触电时，必须尽快（　　）。

A. 拨打 120 电话　　B. 做人工呼吸

C. 使触电者脱离电源　　D. 以上都不对

5. 关于电气火灾的防范与扑救，以下说法不正确的是（　　）。

A. 在制造和安装电气设备时，应减少易燃物

B. 电气火灾一旦发生，首先要切断电源，进行扑救，并及时报警

C. 带电灭火时，可使用泡沫灭火器

D. 一定要按防火要求设计和选用电气产品

6. 触电伤人的主要因素是（　　）。

A. 电流　　B. 电压　　C. 电阻　　D. 触电方式

7. 电气设备采用保护接地以后，若外壳因绝缘不好而带电，则工作人员碰到外壳就相当于人体和接地电阻（　　）。

A. 混联　　B. 串联　　C. 并联　　D. 以上都不对

四、简答题

1. 常见的触电类型有哪些？

2. 为减少或避免触电事故的发生，通常采用的防范措施有哪些？

3. 写出口对口人工呼吸法的具体步骤。

4. 写出使触电者尽快脱离电源的方法。

五、综合题

常见的触电方式有单相触电、两相触电、跨步电压触电和漏电触电。根据下列触电示意图，将触电方式的名称填入对应的空格内。

		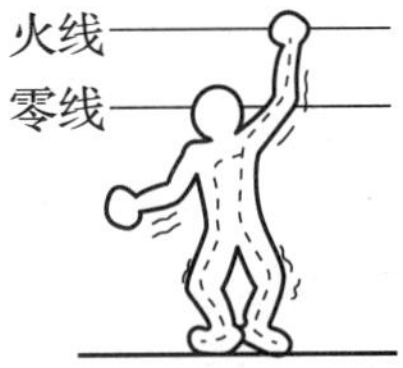		

项目二　汽车电路基础知识与基本测量

任务一　汽车电路与电路图的认知

一、填空题

1. 电路是________流过的路径。电路主要由电源、________、中间环节三部分组成。

2. 把其他能量转换成电能的电器叫________，如汽车________、汽车________等。

3. 负载常称为________，是消耗电能的装置，它把电能转换成其他形式的能量。汽车电路中的负载有________、________、________、________、________等。

4. 中间环节的作用是传输、控制、分配________，汽车电路中的中间环节有各类开关、________、________（也称保险丝）等。

5. ________是指电源未经负载而直接由导线接通，或者某一负载两端被导线直接接通。在汽车电路中，通常采用安装________来预防短路。

6. 电源和负载构成了闭合回路，此时电路中有电流通过，这是电路的________状态。

7. 电源和负载未构成闭合回路，此时电路中无电流通过，这是电路的________状态。

8. 电路中，________状态是最危险的，应尽量避免。

9. 负载在额定功率下的工作状态叫额定工作状态或________载；低于额定功率的工作状态叫作________载；高于额定功率的工作状态叫作________载或________载。由于________载很容易烧坏电气设备，所以一般情况下不允许在电路中出现。

10. 断路（开路）可分为________性断路和________性断路。________性断路是人们根据需要利用开关将处于通路状态的电路切断，使电路处于断路状态；而________性断路是一种突发性的、意想不到的断路状态，如电源与负载之间连线松脱、负载与车架的金属部分搭铁不良等。

11. 如右图所示，由于短路时回路中短路电阻近似为________，因此电路中的________比正常时大几十或几百倍。这样大的短路________通过电路将产生大量的热，使导线温度迅速升高，因而可能烧坏导线、损坏电源及其他设备，影响电路的正常工作，严重时会引起火灾，所以要尽量避免。可以在电路中________联一个________（FU），一旦电路中________过大，________将熔断，电路就变为________状态。

12. 汽车电路的特点是：________电源单线制，各电器相互________联，继电器和开关________联在电路中。

二、判断题

（　　）1. 汽车上的电源主要有汽车蓄电池和汽车发电机两种。汽车在未运转时，由发电机向有关的电气设备供电。

（　　）2. 电源是提供电能的装置，它把电能转换成其他形式的能量。

（　　）3. 负载常称为用电器，是产生电能的装置。

（　　）4. 中间环节是连接电源和负载所必需的部分，其作用是传输、控制、分配电能，如导线、开关及各种控制、保护装置等。

（　　）5. 起动机与蓄电池的连接线、蓄电池与搭铁线采用高压导线。

（　　）6. 低压导线适用于充电、仪表、照明、信号的连接导线。

（　　）7. 负载高于额定功率的工作状态叫作过载或超载。

（　　）8. 断路是指电源与负载未形成闭合回路。此时，电路中有一处或多处是断开的，没有电流通过，负载不工作。

（　　）9. 若控制开关处于断开状态，使电路断路为正常现象，属于控制性断路。

（　　）10. 电源短路是一种非常危险的状态，在电路中一定要避免。

三、选择题

1. 电路的中间环节起传输、控制和分配电能的作用，下列属于中间环节电气设备的是（　　）。

A. 蓄电池和发电机　　B. 刮水器电动机和起动机

C. 扬声器和灯泡　　D. 开关和熔断器

2. 汽车用蓄电池的电动势为（　　）。

A. 12V　　B. 24V

C. 36V　　D. 12V 或 24V

3. 熔丝在汽车电路中作为（　　）。

A. 电源　　B. 负载

C. 保护装置　　D. 开关

4. 在日常生活中，人们常说“开灯”“关灯”，其物理含义是（　　）。

A. 开灯是指闭合开关，关灯是指断开开关

B. 开灯、关灯均是指断开开关

C. 开灯、关灯均指闭合开关

D. 开灯、关灯均与开关无关

5. 关于电气火灾的防范与扑救，以下说法不正确的是（　　）。

A. 在制造和安装电气设备时，应减少易燃物

B. 电气火灾一旦发生，首先要切断电源，进行扑救，并及时报警

C. 带电灭火时，可使用泡沫灭火器

D. 一定要按防火要求设计和选用电气产品

6. 触电伤人的主要因素是（　　）。

A. 电流　　B. 电压

C. 电阻　　D. 触电方式

7. 电气设备采用保护接地以后，即使外壳因绝缘不好而带电，这时工作人员碰到外壳就相当于人体和接地电阻（　　）。

A. 混联　　B. 串联

C. 并联　　D. 以上都不对

四、简答题

1. 在汽车电路中，通常采用什么措施来预防短路？

2. 电路通常有几种状态？各种状态分别有什么特点？

五、综合题

1. 根据下表中元器件的给定内容填空。

名称	字母	图形符号	实物举例
电阻			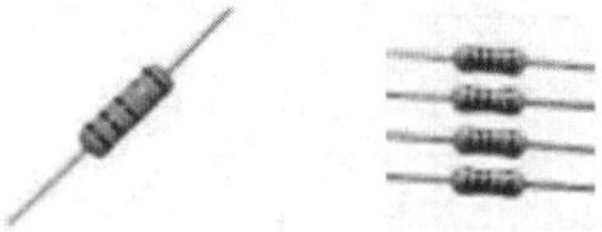
	RP		
电容			
电灯			
电源			
开关			
			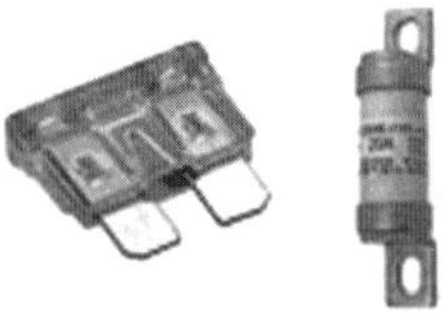
二极管		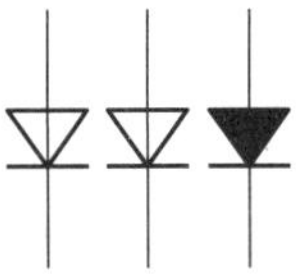	

续表

名称	字母	图形符号	实物举例
	VD		

继电器			
直流电动机	$\underline{\text{M}}$		

2. 写出下列图片所示物品的名称。

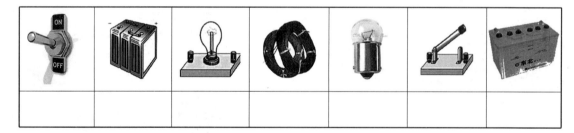

任务二　电阻及其测量

一、填空题

1. 电阻通常用字母________表示，它是材料的一种基本性质，与导体的________、________、________、________有关。

2. 电阻的主要职能就是____________________。

3. 金属导体电阻的大小由电阻定律确定，表达为________________，在________不变时，一定材料制成的导体的电阻跟它的________成正比，跟它的________成反比，即公式为________。

4. 电阻定律公式中，ρ 为________，单位为________；l 为________，单位为________；S 为________，单位为________。

5. 单位换算：3MΩ=________ kΩ=________ Ω。

6. 桑塔纳轿车空调中的鼓风机电路串联了三个电阻，通过鼓风机开关可以改变串联电阻的________，从而达到改变鼓风机________的目的。

7. 有两根同种材料的电阻丝，长度之比为 1∶2，横截面积之比为 2∶3，则它们的电阻之比为________。

8. 有一段电阻为 R、截面积相等的金属导线，若将其从中间对折合并成一根新的导线，其阻值变为________ R。

二、判断题

(　　) 1. 测量电阻时，被测电路不能有并联支路，以免影响测量精度。

(　　) 2. 当被测电阻在 1kΩ 以上时，需要数秒后方能稳定读数。

(　　) 3. 测量电阻时，被测电路应处于不带电的情况下进行测量。

(　　) 4. 普通导线阻值接近于零，应选用数字万用表测电阻最小量程。

(　　) 5. 常温下金属导体的电阻大小与截面积成正比。

(　　) 6. 电阻的电气符号为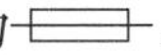。

(　　) 7. 用数字万用表测电阻时，被测值要最接近量程并小于等于量程。

三、选择题

1. 用数字万用表测量电阻，挡位调到 20kΩ 挡，显示器显示为 12.1，则实际电阻阻值为（　　）。

A. 12.1Ω　　B. 12.1kΩ　　C. 1.21kΩ　　D. 242kΩ

2. 一根导线的电阻为 R，均匀地将它拉长为原来的 3 倍成一条新的导线，其阻值变为（　　）。

A. R　　B. $3R$　　C. $6R$　　D. $9R$

3. 以下关于测电阻的说法，不正确的是（　　）。

A. 被测电阻不能有并联支路

B. 被测电阻应处于带电的情况下进行测量

C. 当被测电阻在 1MΩ 以上时，需数秒后方能稳定读数

D. 测量完毕，应将转换开关旋至空挡或者交流电压最大挡

4. 使用数字万用表测量电阻时，被测电阻应处于（　　）的状态，否则会影响测量精度，甚至损坏测量仪器。

A. 不带电，不能有并联支路　　B. 不带电，可以有并联支路

C. 可带电，可以有并联支路　　D. 可带电，不能有并联支路

四、简答题

1. 写出测量电阻的具体步骤。

2. 在测量电阻的过程中有哪些注意事项？

五、综合题

根据下面两张图，完成下列各题。

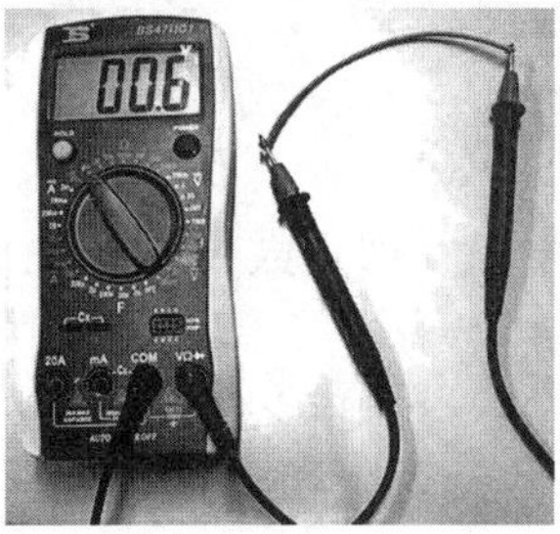

（左图）

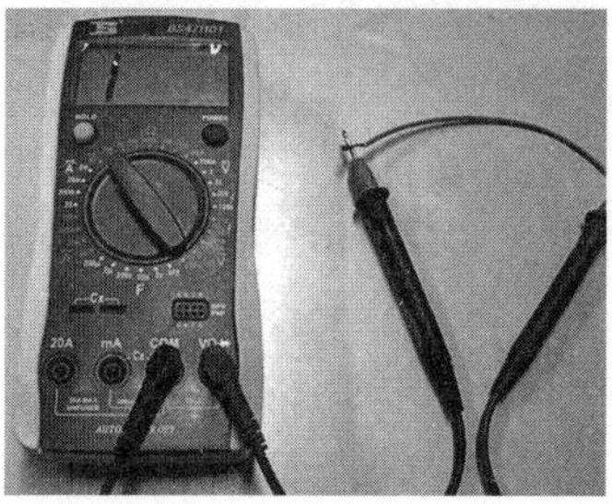

（右图）

（1）图中所用的万用表是________万用表，都选择了________挡。

（2）左图中的实际测量值为________，右图中的实际测量值为________。

（3）通过测量值可以发现，左图中的导线________，右图中的导线________。

任务三　电压、电位、电动势及其测量

一、填空题

1. 电荷定向移动形成电流，而________是使电路中电荷定向移动的原因。

2. 单位换算：0.5V=________ kV=________ μV。

3. 电场力将单位正电荷从某点移到________点（零电位点）所做的功叫作该点的________，常用带下标的符号________表示。其单位为________，通常用字母________表示。

4. 在电路中有着高电势能和低电势能之间的差别，这种差别叫________，也叫________。换句话说，在电路中，任意两点之间的________差，称为这两点的________。

5. 电位是________值，与参考点的选择________；电压则是________值，与参考点的选择________。

6. 通常用字母________表示电压，单位是________，用符号________表示。常用单位还有________、________、________。

7. 电压的正方向规定从________电位指向________电位，即电位________的方向。对于负载来说，电流的流进端为________电位端，电流的流出端为________电位端，因而负载中的电压方向和电流方向是________的。而对电源来说，电流的流进端为________电位端，电流的流出端为________电位端。

8. 在电源内部，电源力把正电荷从负极移到正极所做的________（W）与被移动的________（Q）的比值叫作电源的________，用符号________表示。

9. 电压的大小可用________表测量，测量时应注意仪表必须与被测电路________联。

10. 为求得电路中各点的电位值，必须选择一个________点，在实际电路中常以机壳或地为参考点，即把机壳或地的电位规定为________电位。它的符号为“________”（表示接地）和“________”（表示接机壳）。

11. 电动势的方向规定从电源________部的________极指向________极，即电位________的方向。电动势的方向与电压方向相________，是把其他形式的能量转换成

________能的能力。

二、判断题

(　　) 1. 测量电压时，被测电路应处于不带电的情况下进行测量，防止数字万用表损坏。

(　　) 2. 用数字万用表测直流电压，一般红表笔接正极，黑表笔接负极，若此时读数为负，则表示连接方向反了。

(　　) 3. 电位是绝对值，与参考点的选择有关；电压是相对值，与参考点的选择无关。

(　　) 4. 测量某负载两端电压时，电压表必须与被测电路串联。

(　　) 5. 电动势的方向规定从电源的正极指向负极。

(　　) 6. 当电路被断路时，电源两端既没有电流也没有电压。

(　　) 7. 当外电路断开时，用电压表直接测量电源两极电压，其数值等于电源电动势。

(　　) 8. 电源电动势的大小与外电路有关。

(　　) 9. 电位是电压差。

三、选择题

1. 电场力将单位正电荷从某点移到参考点所做的功叫作该点的(　　)。

A. 电位　　B. 电压　　C. 电动势　　D. 电功率

2. 任意两点之间的电位差称为这两点的(　　)。

A. 电位　　B. 电压　　C. 电动势　　D. 电功率

3. 用数字万用表测量一节干电池时，应将功能与量程选择开关置于(　　)。

A. 直流电流挡　　B. 直流电压挡　　C. 交流电流挡　　D. 交流电压挡

4. 若电路中两端电压原本为U的一负载被短路，则该负载两端电压为(　　)。

A. U　　B. 零　　C. 1V　　D. 12V

5. 用数字万用表测量汽车蓄电池电压时，下列做法错误的是(　　)。

A. 每次换挡都进行调零　　B. 选择直流电压挡

C. 红表笔插到“VΩHz”插孔中　　D. 黑表笔接蓄电池负极

6. 一般汽油发动机汽车所用蓄电池的电动势为(　　)。

A. 6V　　B. 12V　　C. 24V　　D. 36V

四、简答题

1. 写出电压与电位的异同点。

2. 写出汽车上测量蓄电池的步骤和注意事项。

五、综合题

根据图示内容填空。

(1) 如图所示，该万用表为________，图中功能与量程选择开关置于________挡位。

（2）测量时应将红表笔与电池的________极连接，黑表笔与电池的________极连接。

（3）图中电池的实际电压大小为________。

任务四　电流及其测量

一、填空题

1. 电流是________定向移动形成的。

2. 电流是指单位时间内通过导线某一截面的________量，每秒通过 1 库仑的电量就称为 1 ________。电流的国际单位是________，用字母________表示。除了它，电流常用的单位有________、________。

3. 单位换算：2kA=________ A=________ μA。

4. 规定________定向移动的方向为电流的方向。

5. 电流的大小可用电流表直接测量，测量时应注意：电流表必须与被测电路________联；使用前应根据被测电流的大小选择适当的________，在无法估计电流范围时，应选用较________的量程开始测量。

6. 在 2min 时间内，通过导体截面积的电荷量为 24C，则通过导体的电流大小为________ A。

7. 用数字万用表测量直流电流时，红表笔应插到“________”或“________”插孔内，黑表笔应插到“________”插孔内。测量时，将被测电路断开，留出两个测量接触点。将红表笔与电路________极相接（________点），如图所示。

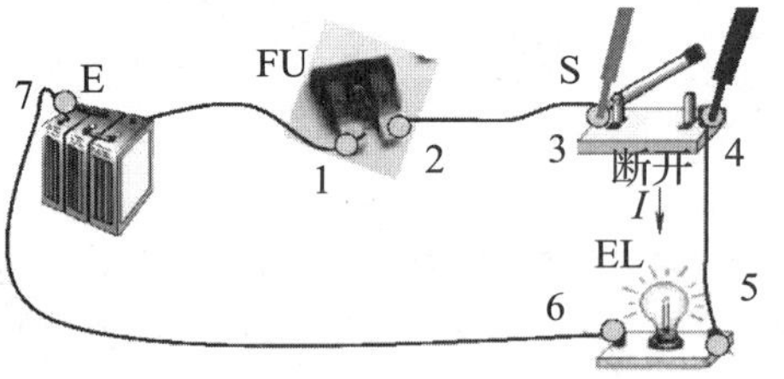

二、判断题

（　　）1. 自由电子在电场力作用下运动的方向，就是电流的方向。

（　　）2. 使用万用表测量较大电流后，应先撤万用表测试表笔再断开电源。

（　　）3. 用数字万用表测量直流电流时，红表笔应插到“20A”或“mA”插孔内。

（　　）4. 在金属导体中，电流是自由电子在外电场作用下有规则运动形成的；在电解液中，电流是由正负离子在电场作用下有规则运动形成的。

（　　）5. 在电源的内部，电流的方向是从电源正极流向负极。

（　　）6. 如果计算结果的电流为负值，则说明电流的真实方向与参考方向相反。

（　　）7. 电流既有大小又有方向，电流方向只表明电荷的定向移动方向。

（　　）8. 脉动直流电流，其电流的大小和方向都不随时间变化。

三、选择题

1. 1A 的电流 1min 内通过某导体横截面的电量是（　　）。

A. 1C　　B. 3 600C　　C. 60C　　D. 3.6C

2. 人体触电伤害的首要因素是（　　）。

A. 电压　　B. 电阻　　C. 电功率　　D. 电流

3. 使用万用表测直流电流时，以下说法不正确的是（　　）。

A. 仪表必须串联在被测电路中

B. 仪表的正接线柱接高电位端，负接线柱接低电位端

C. 电流从万用表的负端流进，正端流出

D. 仪表量程的选择应为被测值的 1.5～2 倍

4. 测量电流时，万用表表笔必须与被测电路（　　）。

A. 串联　　B. 并联　　C. 混联　　D. 都可以

四、简答题

1. 简述用万用表测量直流电流的注意事项。

2. 写出电路闭合时，电源内、外部的电流方向。

3. 简述电流的定义并写出其定义式。

4. 简述电流的三种类型。

五、综合题

1. 填写下列图片对应的操作步骤名称。

操作示意图			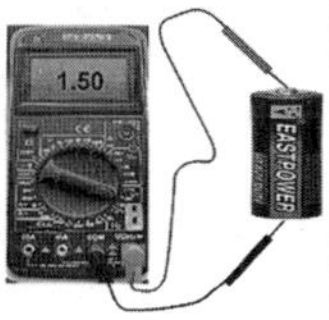	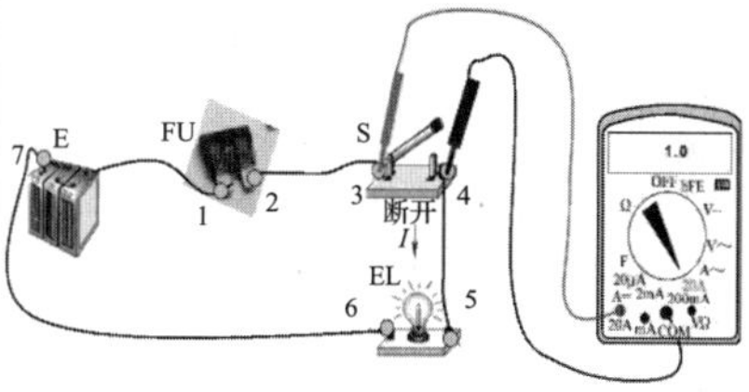
操作步骤名称				

2. 在 2min 时间内，通过某导体横截面的电量为 24C，则通过导体的电流为多少 A?

任务五　电能与电功率

一、填空题

1. 在物理学中，用________表示电能做功的快慢，用字母________表示，它的单位是________，符号是________，常用单位还有________。

2. 电流在单位时间内做的功叫作________，其公式为____________________；以上公式中，________为电流所做的功，单位为________；t 为做功所用的________，单位为________；P 为________，单位为________。

3. 1kW·h=________度。

4. 一间图书室在 220V 电源上并联四个 60W 的白炽灯和两个 100W 的吊扇，若每天开放使用 8 小时，则一个月（按 30 天算）耗电________度。

二、判断题

（　　）1. 功率大的用电器，需要的电压一定大。

（　　）2. “220V 100W”的白炽灯在226V下能正常工作。

（　　）3. “220V 60W”和“220V 40W”的白炽灯正常工作时，60W的灯比40W的灯亮。

三、选择题

1. 一台直流电动机，运行时消耗功率为2.8kW，每天运行6h，30天消耗（　　）度电。

A. 30　　B. 60　　C. 504　　D. 50

2. 某用电器有“12V 24W”的字样，若将该用电器接到6V的电压上，则它的功率为（　　）。

A. 3W　　B. 12W　　C. 8W　　D. 6W

3. 一度电可供“220V 40W”的灯泡正常发光的时间是（　　）。

A. 20小时　　B. 45小时　　C. 25小时　　D. 40小时

4. 一个“220V 1kW”的电炉，正常工作时电流约为（　　）。

A. 0.0045A　　B. 0.045A　　C. 0.45A　　D. 4.5A

5. 白炽灯A为“6V 12W”，白炽灯B为“9V 12W”，白炽灯C为“12V 12W”，它们都在各自的额定电压下工作，以下说法正确的是（　　）。

A. 三个白炽灯电阻相同　　B. 三个白炽灯电流相同

C. 白炽灯C最亮　　D. 三个白炽灯一样亮

6. 灯甲为“220V 40W”，灯乙为“36V 40W”，在它们各自的额定电压下工作，以下说法正确的是（　　）。

A. 甲灯较亮　　B. 两灯电阻相等

C. 两灯通过电流相等　　D. 两灯亮度一样

四、简答题

1. 简述电功率的定义并写出电功率的定义式。

2. 简述电能的定义并写出电能的定义式。

3. 简述电流的热效应和焦耳定律。

五、综合题

1. 一个标有“100Ω 1W”的电阻器，允许通过的最大电流是多少？

2. 小明家现有“220V 60W”白炽灯一盏，若平均每天使用3h，电价是0.56元/(kW·h)，每月（以30天计）应付多少电费？

3. 某电视机功率为30W，平均每天开机4h，若每度电费为人民币0.6元，则一年（以365天计）要缴纳多少电费？

4. 一个汽车修理车间有16盏照明用吊灯，平均每天工作约10h。现用80W的节能灯代替原来250W的白炽灯，则这些灯一个月将少消耗多少度电？如果当地工业电价为0.8元/度，则每月节约多少元钱？

5. 某电阻的阻值为10Ω，通过该电阻的电流为100mA，那么在30s的时间内，电流产生的热量是多少？

项目三　汽车常用元器件及其检测

任务一　汽车常用电阻元器件及其检测

一、填空题

1. 电阻器利用它自身消耗电能的特性，在电路中起________、________等作用。

2. 电位器是用于分________的可变________器，在裸露的电阻体上，紧压着一至两个可移________触点。触点的位置确定电阻体任一端与触点间的阻值。

3. 电位器按材料可分为________、________、________电位器。按输出与输入电压比与旋转角度的关系可分为________式电位器（呈线性关系）和________电位器（呈曲线关系）。

4. 电位器的主要参数为________、________、________。电位器广泛用于电子设备，在音响和接收机中作________控制用。

5. 电位器是一种可调的电子元器件。它由一个________体和一个________转动或________系统组成。

6. ________又称保险丝，其作用是保护电路（线路）及用电设备，可进行电流保护、电压保护、短路保护。

7. 保险丝常用于汽车电路过________保护。

8. 需按照保险丝盒盖上注明的________值更换保险丝，不要改用比________高的保险丝。

9. 如果不能找到具有相同电流负荷的保险丝，则可采用比原保险丝额定电流________的代替。

10. 用数字万用表检测开关，开关闭合时，阻值接近于________，应选择________量程；开关断开时，阻值为________，应选择________量程，读数显示为________。

11. 用数字万用表检测熔断器，阻值接近于________，应选择________量程。

二、判断题

（　　）1. 电阻器是电工中应用十分广泛的元器件。

（　　）2. 线绕电阻器属于可变电阻器。

（　　）3. 滑线电阻器属于可变电阻器。

（　　）4. 电位器是一种可调的电子元器件，是用于分流的可变电阻器，在裸露的电阻体上，紧压着一至两个可移动金属触点。

（　　）5. 电位器的种类繁多，广泛应用于汽车电气设备中做调整元器件，如在音响和接收机中作音量控制用。

（　　）6. 开关是指一个可以使电路开路、使电流中断或使其流到其他电路的电子元器件。

（　　）7. 需按照保险丝盒盖上注明的额定电流值更换保险丝，不要改用比额定电流高的保险丝。

（　　）8. 如果新保险丝又立刻熔断，则说明电路系统可能存在故障，应尽快检修。

（　　）9. 如果不能找到具有相同电流负荷的保险丝，则可采用比原保险丝额定电流高的代替。

（　　）10. 开关断开时，阻值为无穷大，应选择 200Ω，读数显示为超量程。

三、简答题

1. 写出汽车中更换保险丝的注意事项。

2. 简述什么是电位器，它的主要参数有哪些，电位器的应用场景有哪些。

3. 常用汽车电阻元器件测量注意事项有哪些？

四、综合题

1. 写出下列图片所示物品的名称和电气符号。

图片	名称	电气符号	图片	名称	电气符号
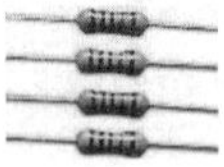					

2. 填写下列图片在进行的操作步骤名称。

（1）________________

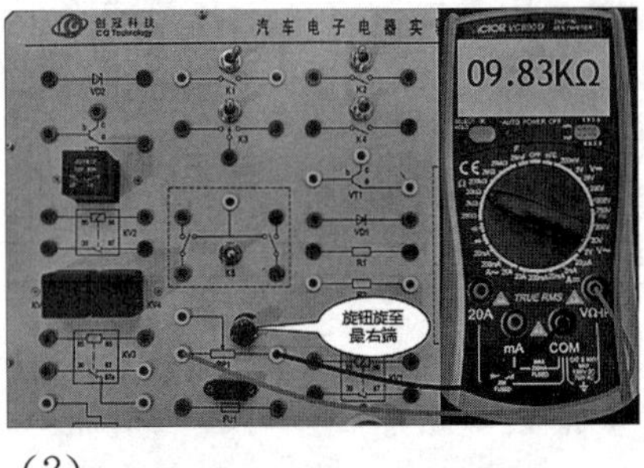

（2）________________

（3）________________

（4）________________

任务二　汽车继电器及其检测方法

一、填空题

1. ________继电器是输入、输出功能由________完成而无________的一种继电器。

2. 继电器按防护特征可以分为________、________、________和________。其中________继电器泄漏率较低。

3. ________继电器是将磁钢引入磁回路，继电器线圈断电后，继电器的衔铁仍能保持在线圈通电时的状态，具有两个稳定状态。

4. 电磁继电器按作用可分为________、________、________、________、________和________。

5. 若测得继电器电磁线圈的电阻值为无穷大，则说明该继电器的线圈已________。

6. ________继电器是当加上或除去输入信号时，输出部分需________或________到规定的时间才能________或________线路的继电器。

7. 继电器产品用途可以分为________、________、________和________。其中________继电器触头负载功率大，寿命长。________继电器要求安全性能好。________继电器切换负载功率大，抗冲、抗震性强。

8. 检测继电器好坏可以通过测________、________和________来判断。

9. 继电器按工作原理可分为电磁继电器、________、________、________、风速继电器、加速度继电器和其他类型的继电器。

10. 继电器工作正常时，其电磁线圈的电阻值一般为________。

二、判断题

(　　) 1. 电流为 0.2～2A 的继电器属于中功率继电器。

(　　) 2. 电磁继电器常开触头是通电常开。

(　　) 3. 修理继电器触头时，可以使用砂纸、锉刀来锉平触头烧伤处。

(　　) 4. 若测得继电器的线圈的电阻低于正常值许多，则线圈内部有短路故障。

(　　) 5. 在输入电路内电流的作用下，由机械部件的相对运动产生预定响应的一种继电器称为电磁继电器。

(　　) 6. 将触头和线圈等密封在塑料罩内的、泄漏率较高的继电器是塑封继电器。

(　　) 7. 在输入电路内电流的作用下，由机械部件的相对运动产生预定响应的继电器叫固态继电器。

(　　) 8. 当风的温度达到一定值时，接通或断开被控电路的继电器叫风速继电器。

(　　) 9. 机床继电器切换负载功率大，抗冲、抗震性强。

(　　) 10. 汽车雨刮器上的间歇继电器是时间继电器。

(　　) 11. 若测得继电器电磁线圈的电阻值为无穷大，则说明该继电器的线圈已断路或损坏。

(　　) 12. 继电器的吸合电流一般是工作电流的 2 倍。

三、选择题

1. 中功率继电器的触点负载电流为（　　）。

A. 0.2～2A　　B. 2～10A　　C. 10～20A　　D. 20～100A

2. 节能功率继电器的电流一般为（　　）。

A. 20～100A　　B. 50～150A　　C. 30～80A　　D. 10～70A

3. 性能良好的继电器，其电磁线圈的电阻值一般为（　　）。

A. 10～25Ω　　B. 25Ω～2kΩ　　C. 2～25kΩ　　D. 25～100kΩ

4. 若某继电器的吸合电流为 2A，则它的工作电流为（　　）。

A. 1A　　B. 2A　　C. 3A　　D. 4A

5. 电磁继电器是用来操纵高电压、强电流的开关，其主要作用是（　　）。

A. 节约用电　　B. 操作简单　　C. 安全方便　　D. 以上都是

6. 发动机的油泵继电器属于（　　）。

A. 电磁继电器　　B. 温度继电器　　C. 时间继电器　　D. 光感继电器

7. 继电器断电后，继电器的衔铁仍能保持在线圈通电时状态的继电器是（　　）。

A. 固态继电器　　B. 磁保持继电器

C. 时间继电器　　D. 极化继电器

8. 超小型继电器的最长边尺寸为（　　）。

A. 不大于 10mm　　B. 大于 10mm，不大于 25mm

C. 大于 50mm　　D. 大于 25mm，不大于 50mm

9. 节能功率继电器的电流为（　　）。

A. 0.2～2A　　B. 2～10A　　C. 10～20A　　D. 20～100A

10. 状态改变取决于输入激励量极性的继电器是（　　）。

A. 固态继电器　　B. 磁保持继电器　　C. 时间继电器　　D. 极化继电器

11. 一般汽车用继电器电磁线圈两端的触头为（　　）。

A. 30 和 87　　B. 30 和 86　　C. 85 和 86　　D. 86 和 87

12. 继电器未通电时，用万用表测量它的常开触头，正常情况下的电阻值为（　　）。

A. 0　　B. 25～2kΩ　　C. 2～25kΩ　　D. ∞

四、简答题

1. 简述继电器按作用原理、触头负载、产品用途的分类。

2. 简述继电器的检查方法。

五、综合题

写出下列操作所测继电器具体内容的名称。

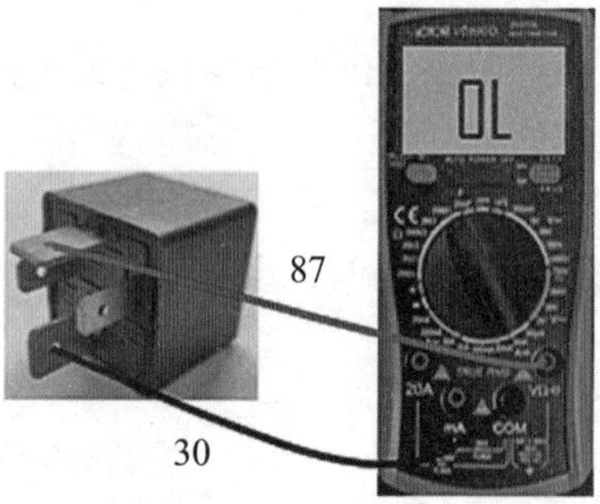

（1）＿＿＿＿＿＿＿＿

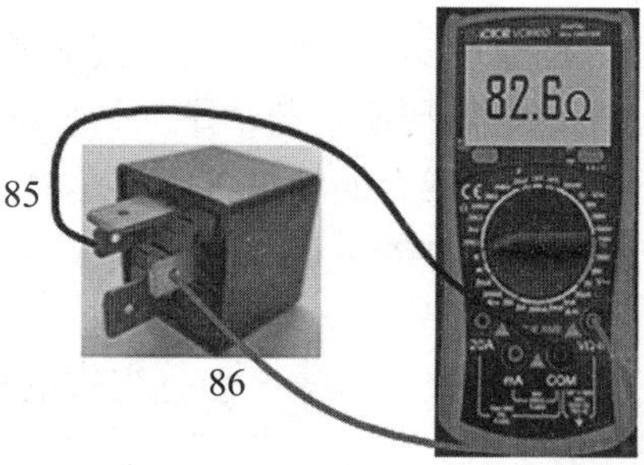

（2）＿＿＿＿＿＿＿＿

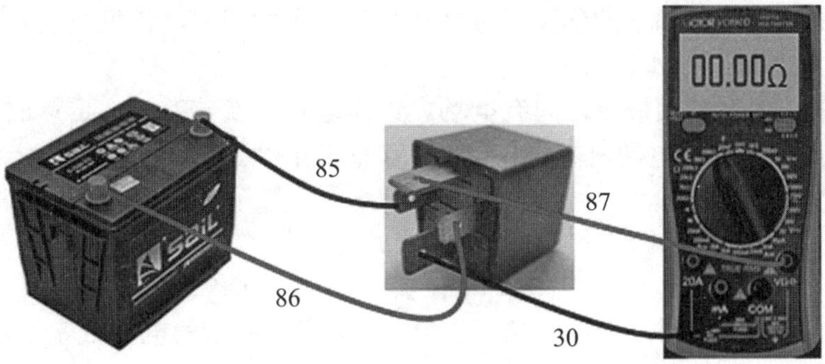

（3）____________

任务三 汽车电容器及其检测方法

一、填空题

1. 两个相互绝缘又靠得很近的金属片（导体），就组成了一个________。这两个金属片（导体）就是电容器的两个________，中间的绝缘材料称为电容器的________。

2. 最常见、最简单的电容器是________电容器，它由两块相互平行且靠得很近而又彼此绝缘的________组成。

3. 充电后的电容器失去电荷的过程称为________，如用一根导线把电容器的两极接通，两极上的电荷互相________，电容器就不带电了。

4. 极性电容器有记号的一端表示________极，长脚一端表示________极，如电解电容器。

5. 电容器是一种最为常用的________元器件，电容器的通用文字符号为“________”。

6. 电容器主要由________、________、________组成。

7. 电容器两电极是相互________的，它具有“________”的作用。

8. 电容器的参数主要有额定________、________和________，通常都标注在电容器的________上。

9. 电容器的________是指电容器外壳表面所标注的容量，它表征了电容器________的能力。

10. 电容器上标注着的“25V”，即为该电容器的________。

二、判断题

（　　）1. 测量电容时，电容必须放完电再进行测量。

（　　）2. 测量电容时，被测电容不能有并联支路。

（　　）3. 测量电容时，不能用手触碰被测电容引出的针脚，以免影响精度。

（　　）4. 测量电容时，应根据被测电容值，选择合适的电容量程挡位，被测电容无法估计时，应选择最小量程挡进行粗测，再变换量程进行测量。

（　　）5. 电解电容器有两个引脚，在使用中应注意正负极性。一般长引脚为负极，短引脚为正极。

（　　）6. 电容器的额定工作电压一般称为耐压，是指在规定的温度范围内，可以连续加在电容器上而不损坏电容器的有效电压值。

（　　）7. 电容器的实际容量和它的标称容量之间总有一定的误差，常见的有±5%、±10%和±20%，分别用 J、K 和 M 表示。

（　　）8. 充了电的电容器的两极板之间有电场，这样电容器就储存了一定量的电荷和电场能量，在直流电路中，充完电的电容器相当于一个交流电源。

三、选择题

1. 任何两个相互靠近又彼此绝缘的导体，都可以看成是一个（　　）。

A. 电阻器　　B. 电容器　　C. 电位器　　D. 电感器

2. 当电容器 C_1、C_2 两端所加电压相同，若 $C_1>C_2$，则它们所带的电荷量 q_1、q_2 的关系是（　　）。

A. $q_1=q_2$　　B. $q_1>q_2$　　C. $q_1<q_2$　　D. 无法判断

3. 电容器标称容量的允许误差通常用文字符号表示，G 和 K 分别表示允许误差为（　　）。

A. ±5%、±10%　　B. ±20%、±10%

C. ±20%、±5%　　D. ±5%、±20%

四、简答题

1. 简述数字万用表测量电容时的注意事项。

2. 简述电容器质量检测操作步骤。

五、综合题

1. 写出下图中电容器外壳上标注数字的含义，并在图中指出两个引脚代表的正负极性。

2. 填写下列图片在进行的操作名称。

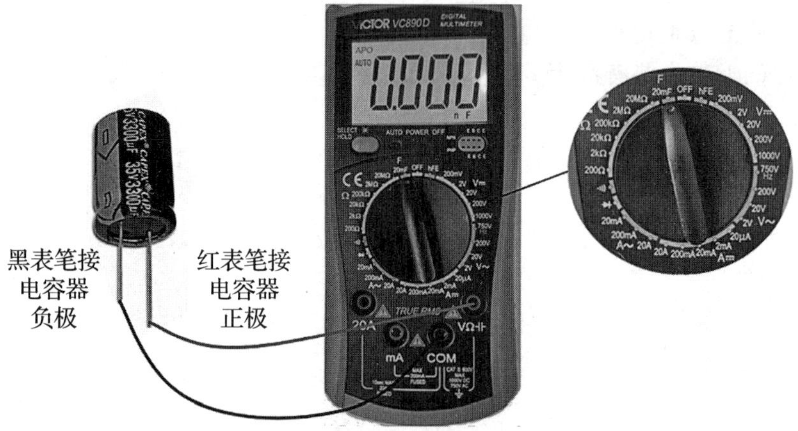

____

任务四　汽车晶体管及其检测方法

一、填空题

1. 常温下导电性能介于导体与绝缘体之间的材料，叫作________。它常用的材料有

________和________两种，该种物质具有________性、________性和________性。

2. 利用其________特性，我们在纯净的半导体（即________半导体）中掺入某种特定的元素就形成了________型半导体和________型半导体。

3. 我们把两种类型半导体经过特殊的工艺结合在一起就形成了一个________结，然后将这个结封装起来，引出________个电极，就构成了半导体二极管，也称________二极管。几乎在所有的________电路中，都要用到半导体二极管，它在许多电路中起着重要的作用，它是诞生最早的半导体器件之一，其应用也非常广泛。

4. 二极管最明显的性质就是________性，就是说电流只能从________极流向________极。

5. 二极管种类有很多，按照所用的半导体材料，可分为________二极管和________二极管，用字母表示分别为________管和________管。

6. 二极管按用途可以分为________二极管和________二极管。前者包括________二极管、开关二极管、________二极管和________二极管；而后者包括发光二极管、________二极管和________二极管。

7. 晶体管是半导体基本元器件之一，具有________作用和________作用，是电子电路的核心元器件。晶体管具有________个电极。二极管由________个 PN 结构成，而晶体管由________个 PN 结构成。

8. 晶体管具有________作用，其实质是晶体管能以________极________微小的变化量来控制________极________产生较大的变化量。

9. 晶体管按结构可分为________和________两种类型，均具有________个 PN 结，即________和________。

10. PNP 型晶体管发射区“发射”的是________，其移动方向与电流方向________，故发射极箭头向________，其电气符号为________。

11. 用万用表判断晶体管管型和电极时，测量出晶体管三个管脚中任意两个管脚正向、反向读数。若哪只管脚有两次导通，则这只管脚为________极，导通时 b 极接红表笔则为________管，反之，接通时接黑表笔为________管。

二、判断题

（　　）1. 把硅和锗两种半导体材料经过特殊的工艺结合在一起就构成了半导体二极管，也称晶体二极管。

（　　）2. 普通二极管包括稳压二极管、整流二极管和发光二极管。

（　　）3. 晶体管的基区很厚，而发射区很薄，杂质浓度低。

（　　）4. 利用半导体的热敏性，在纯净的本征半导体中加入某种特定元素形成 P 型和 N 型半导体。

（　　）5. 只要在二极管两端加正向电压，二极管就能导通。

（　　）6. 晶体三极管具有两个 PN 结，所以它具有单向导电性。

（　　）7. NPN 型晶体管发射区“发射”的是空穴，其移动方向与电流一致。

（　　）8. 晶体管并不是两个 PN 结的简单组合，不能用两个二极管代替，但是根据需要，可以将发射极和集电极对调使用。

三、选择题

1. 下列表示发光二极管图形符号的是（　　）。

A. 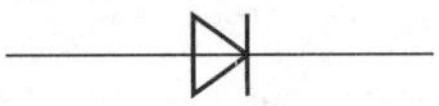　　B. 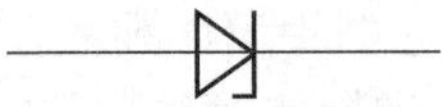

C. 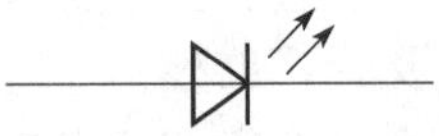　　D. 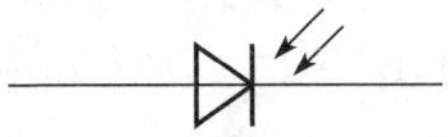

2. 以下不属于特殊二极管的是（　　）。

A. 变容二极管　　B. 光敏二极管

C. 整流二极管　　D. 发光二极管

3. 用数字万用表的红、黑表笔分别连接二极管的两端，测得两次数值，一次为导通，一次为截止，表示二极管（　　）。

A. 断路　　B. 击穿　　C. 短路　　D. 正常

4. 硅二极管的正向压降约为（　　）。

A. 0.2V　　B. 0.5V　　C. 0.3V　　D. 0.7V

5. NPN 型和 PNP 型晶体管的区别是（　　）。

A. 作用不同　　B. 掺入的杂质元素不同

C. 管脚排列方式不同　　D. 由两种不同的材料硅和锗制成

6. 晶体管放大的实质是（　　）。

A. 将小能量变成大能量　　B. 将低电压放大成高电压

C. 将小电流放大成大电流　　D. 用较小的电流控制较大的电流

7. 晶体三极管的（　　）作用是三极管最基本、最重要的特性。

A. 电流放大　　B. 电压放大

C. 功率放大　　D. 电压放大和电流放大

四、简答题

1. 什么是半导体？常见的半导体材料有哪些？

2. 简述二极管的定义、符号。

3. 简述二极管的分类。

4. 简述晶体管的作用、结构和类型。

五、综合题

1. 写出下面二极管的状态（导通还是截止）。

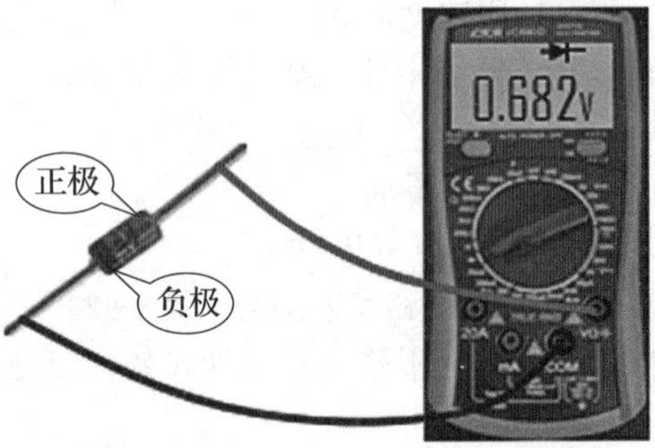

(1) ____________________

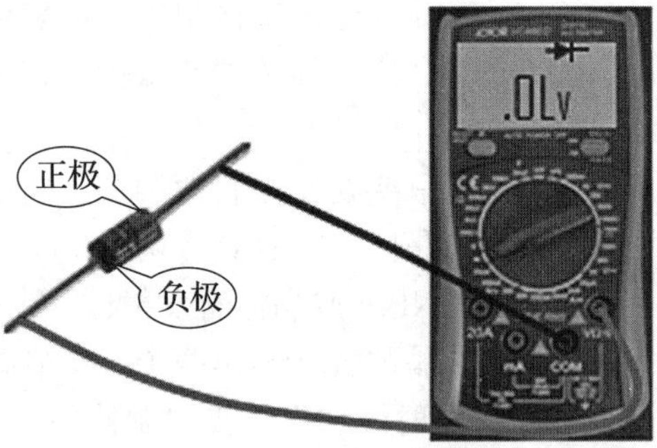

(2) ____________________

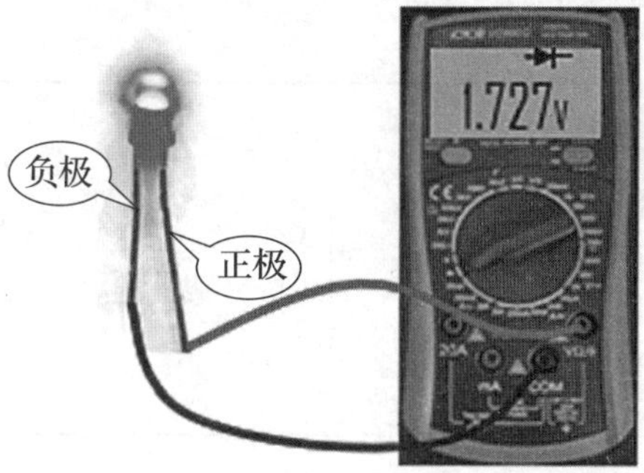

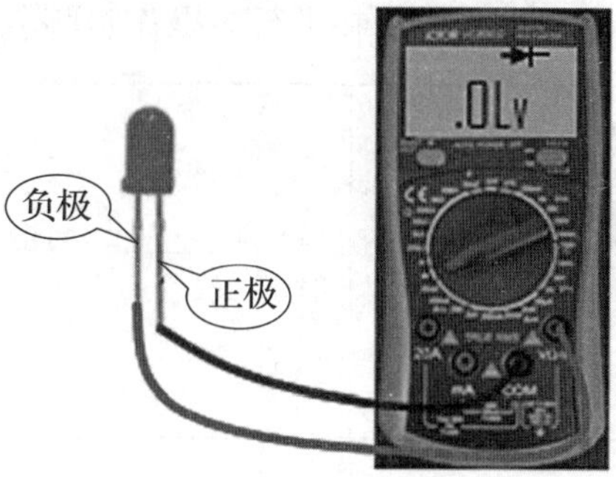

（3）__________________ （4）__________________

2. 右图是测试晶体管放大倍数，根据实训相关内容填空。

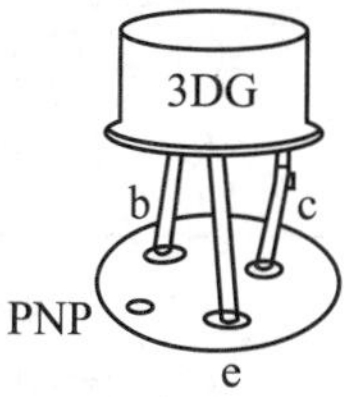

（1）如图所示，测出 b 极后，将晶体管随意插到插孔中去（b 极一定要准确），测一下 hFE 值，然后将管子倒过来再测一遍，测得的 hFE 值比较________的一次，各管脚插入的位置是正确的。

（2）测得 hFE 值比较大的一次的值就是这个晶体管的________。

3. 下图是判别晶体管的管型与各个电极，根据实训相关内容填空。

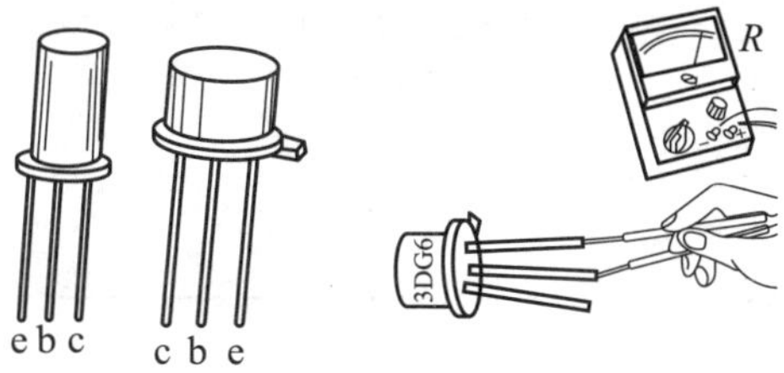

（1）将功能与量程选择开关置于 R×1kΩ 挡。

（2）测量出晶体管三个管脚中任意两个管脚正向、反向读数。

（3）若哪只管脚有两次导通，则这只管脚为________极，导通时，此电极接红表笔则为________型三极管。反之，接通时为黑表笔则为________型三极管。

4. 写出下列图片所示电气符号的名称。

				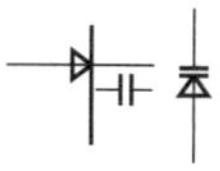

5. 填写下列图片在进行的操作步骤名称。

	（1）加________向电压时，二极管________		（2）加________向电压时，二极管________

6. 请标出下列两个二极管的正、负极。

（　　）极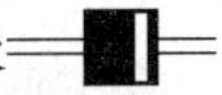（　　）极　　　　（　　）极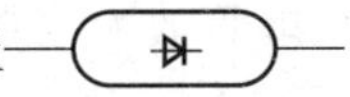（　　）极

7. 二极管的结构有三种，请写出下列各图属于哪一种类型。

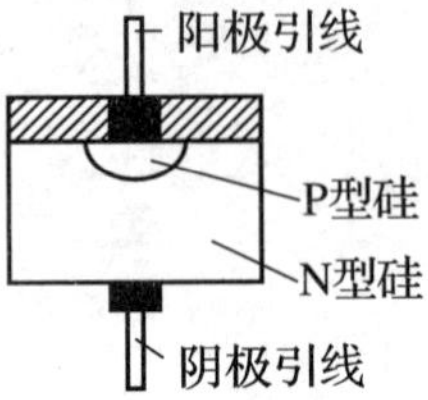	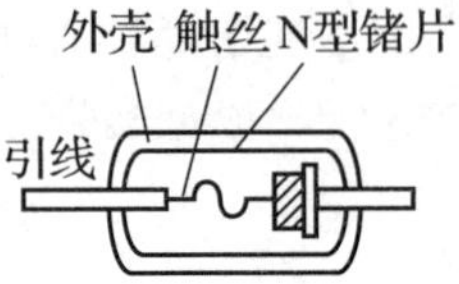	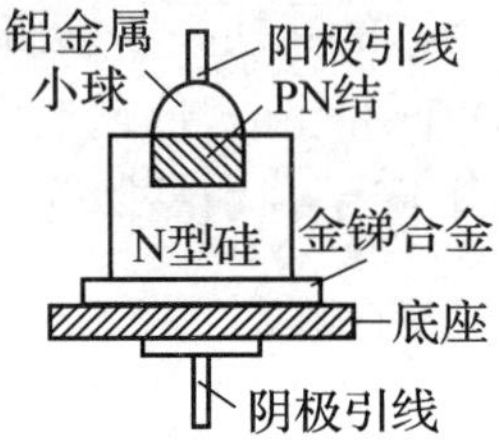

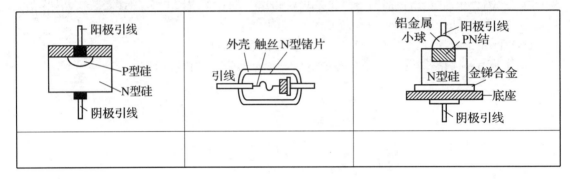

项目四　汽车直流电路

任务一　欧姆定律及汽车串联电路

一、填空题

1. 有一个电阻，两端加上 50mV 电压时，电流为 10mA；当两端加上 10mV 电压时，电流为________ mA。

2. 全电路由________和________两部分组成。

3. 欧姆定律包括________欧姆定律和________欧姆定律两个部分。

4. 电源的电动势等于端电压与________之和。

5. 当外电路断开时，用电压表直接测量电源两极电压，其数值等于________。

6. 当外电路短路时，$U=0$，$I=$________。

7. 当外电路通路时，$U=IR=E-U_r$，$I=$________。

8. 含有实际电源的闭合电路称为________电路。

9. 在一段电路中，通过电路的电流与这段电路两端的电压成正比，与这段电路的内阻成反比，这就是________电路的欧姆定律。

10. 在全电路中，通过电路的电流与电源电动势 E 成正比，与电路的总电阻（$R+r$）成反比，这就是________电路欧姆定律。

11. 李强同学想自制一个电热毯，让其在 220V 电压下工作。如果电热丝中通过的电流为 0.25A，则需要电阻线________ m（已知每米的电阻是 40Ω）。

12. 两个或两个以上电阻的首尾________所构成的无分支电路叫作串联电路。

13. 串联电路中，若 $R_1:R_2=2:5$，则通过两个电阻的电流之比是________。

14. 把 5 个 10Ω 的电阻串联起来，其等效电阻为________ Ω。

15. 一个 2Ω 电阻和一个 3Ω 电阻串联，已知 2Ω 电阻两端的电压是 4V，则通过 3Ω 电阻的电流是________ A。

16. 桑塔纳轿车空调中的鼓风机电路串联了三个电阻，通过鼓风机开关可以改变串联电阻的________，从而达到改变鼓风机转速的目的。

17. 当某一用电器的额定电压________电源电压时，可在电路上串联一个合适的电阻。

18. 有 n 个相同的电阻 R，若把其中 2 个电阻串联起来，其等效电阻为________；若把其中 3 个电阻串联起来，其等效电阻为________；若把 n 个电阻都串联起来，其等效电阻应为________。

19. 在串联电路中，若 $R_1:R_2=5:2$，则通过两个电阻的电流之比为________，电压之比为________。

20. 电阻 $R_1=2\Omega$，$R_2=3\Omega$，若把它们串联接入电路中，总电阻为________ Ω，R_1 和 R_2 两端电压之比 $U_1:U_2=$________。

二、判断题

（　　）1. 根据欧姆定律转换公式 $R=\frac{U}{I}$，可知电阻和电压成正比，和电流成反比。

（　　）2. 不含电源的一段电路中，通过电路的电流与这段电路两端的电压成正比，与这段电路的电阻成反比。

（　　）3. 电源电动势等于端电压与内阻压降之差。

（　　）4. 当外电路断开时，用电压表直接测量电源两极电压，其数值等于电源电动势。

（　　）5. 测量某负载两端电压时，电压表必须与被测电路串联。

（　　）6. 不含电源的一段电路中，通过电路的电流与这段电路两端的电压成正比，与这段电路的电阻成反比。

（　　）7. 电源电动势等于端电压与内阻压降之差。

（　　）8. 当外电路断开时，用电压表直接测量电源两极电压，其数值等于电源电动势。

（　　）9. 电路中的短路现象虽然不好，但是不必刻意去避免。

（　　）10. 把一个“12V 6W”的灯泡接入 6V 电路中，通过灯泡的电流为 2A。

（　　）11. 串联电路中只需要一个开关，且开关的位置对电路没有影响。

（　　）12. 两个或两个以上电阻的首尾连接在相同两点之间所构成的电路叫作串联电路。

（　　）13. 串联电路中各元器件之间工作是相互影响的。

（　　）14. 电池组中相邻两个电池正、负极相连，这是电池的串联。

（　　）15. 马路上的路灯看上去是排成一串的，所以它们的连接方法是串联。

（　　）16. 汽车的两个大灯总是同时亮、同时灭，因此这两个大灯是串联的。

（　　）17. 通过电阻的串联可以达到分压的目的，电阻越大，分压作用越显著。

三、选择题

1. 当负载短路时，电源内压降等于（　　）。

A. 0　　B. 电源电动势　　C. 端电压　　D. 都有可能

2. 一个白炽灯的灯丝电阻为 110Ω，接在电压为 220V 的家庭照明电路上，正常工作时通过灯丝的电流为（　　）。

A. 0.5A　　B. 1A　　C. 1.5A　　D. 2A

3. 一个电源分别接上 8Ω 和 2Ω 的电阻时，两个电阻消耗的电功率相等，则电源的内阻为（　　）。

A. 1Ω　　B. 2Ω　　C. 4Ω　　D. 8Ω

4. 电源的内阻为 1Ω，电源的端电压为 110V，电源提供的电流为 3A，则电源的电动势是（　　）。

A. 113V　　B. 111V　　C. 110V　　D. 112V

5. 已知 R_1 和 R_2 两个电阻串联，$R_1:R_2=4:3$，则这两个电阻的功率比是（　　）。

A. 4∶3　　B. 3∶4　　C. 1∶1　　D. 4∶1

6. 已知 $R_1=100\Omega$，$R_2=200\Omega$，$R_3=200\Omega$，如果将这三只灯泡串联，则总电阻

为（　　）。

A. 50Ω　　B. 100Ω　　C. 300Ω　　D. 500Ω

7. 一个 2Ω 电阻和一个 10Ω 电阻串联后接到一电源上，用万用表测得 2Ω 电阻两端的电压为 3V，则 10Ω 电阻两端的电压为（　　）。

A. 1.5V　　B. 3V　　C. 10V　　D. 15V

8. 串联电路中，若 $R_1:R_2=3:2$，则两个电阻上的电压之比是（　　）。

A. 3∶2　　B. 2∶3　　C. 1∶1　　D. 5∶1

9. 把 1 个“1.5V 2A”的灯泡，接到 3V 的电源上，要使灯泡正常发光，应（　　）联一个（　　）Ω 的电阻。

A. 并，0.75　　B. 串，0.75　　C. 并，1.5　　D. 串，1.5

10. 以下不属于串联电路特点的是（　　）。

A. 流过每个电阻的电流相等，并等于总电流

B. 电阻两端的总电压等于各电阻两端的电压之和

C. 电路的总电阻等于各电阻之和

D. 电阻串联后，总电阻减小，并且小于其中任何一个电阻

11. 有 3 个阻值均为 R 的电阻组成并联电路，若三个电阻均被短路，则该电路的总电阻为（　　）。

A. $3R$　　B. R　　C. $R/3$　　D. 0Ω

12. 由三只相同的灯泡组成的电路，如果其中一只灯泡突然熄灭，那么下列说法中正确的是（　　）。

A. 如果电路是串联电路，则另外两只灯泡一定正常发光

B. 如果电路是并联电路，则另外两只灯泡一定也熄灭

C. 如果电路是串联电路，则另外两只灯泡一定也熄灭

D. 如果电路是并联电路，则另外两只灯泡中有一只一定也熄灭

13. 两个电阻 R_1 和 R_2 串联，已知 $R_1:R_2=2:1$，则电阻上的电压之比是（　　）。

A. 1∶2　　B. 2∶1　　C. 3∶1　　D. 1∶1

14. 两个电阻串联，已知 $R_A=2R_B$，R_A 两端的电压为 4V，则 R_B 两端的电压为（　　）。

A. 2V　　B. 4V　　C. 6V　　D. 5V

15. 有两个电阻，$R_1=10\Omega$，$R_2=5\Omega$，若把它们串联接到电压为 12V 的电源上，则电阻两端的电压比、流过电阻的电流比及它们消耗的功率比分别是（　　）。

A. 2∶1，1∶1，2∶1　　B. 2∶1，2∶1，2∶1

C. 1∶1，1∶1，2∶1　　D. 1∶2，1∶1，2∶1

16. 某种节日彩灯正常发光时的电流为 0.5A，电阻为 20Ω，现将这样的彩灯若干只串联接在 220V 的电源上，为使彩灯正常发光，至少要（　　）。

A. 6 只　　B. 20 只

C. 22 只　　D. 10 只

17. 两只相同的灯泡串联在一起接在某一电源两端，每只灯泡两端的电压均为 U_1，若把这两只灯泡并联接在原来的电源上，每只灯泡两端的电压为 U_2，则（　　）。

A. $U_1:U_2=2:1$　　B. $U_1:U_2=1:4$

C. $U_1:U_2=1:2$　　D. $U_1:U_2=4:1$

18. 用较长的导线给一盏11Ω的电灯供电，导线的总电阻是1Ω，电源两端的电压是6V，则电灯两端的实际电压是（　　）。

A. 6V　　B. 5.5V　　C. 5V　　D. 6.5V

19. 标明“100Ω 4W”和“100Ω 25W”的两个电阻串联时，允许加的最大电压为（　　）。

A. 40V　　B. 70V　　C. 14V　　D. 210V

四、简答题

1. 简述部分电路欧姆定律。

2. 简述全电路欧姆定律。

3. 什么是串联电路?

4. 串联电路的电压、电流、电阻分别有什么特点?

5. 串联电路的应用有哪些?

五、综合题

1. 有一个电阻为8Ω的灯泡，正常工作时的电流为450mA。求：

(1) 要使灯泡正常工作，应给它串联还是并联一个阻值多大的电阻才能接到电压为4.5V的电源上?

(2) 要使灯泡正常工作，应给它串联还是并联一个阻值多大的电阻才能接到电流为1.35A的电路中?

2. 根据下列电路图，分别写出所有关于电压、电流、电阻计算的公式。

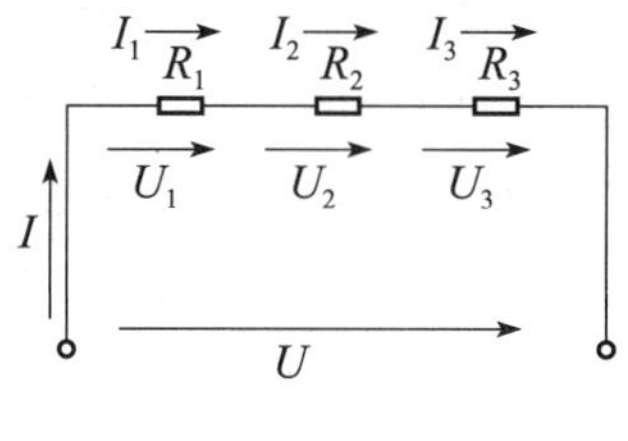

3. 串联电路线路连接。

(1) 根据下列电路图，连接实物电路。

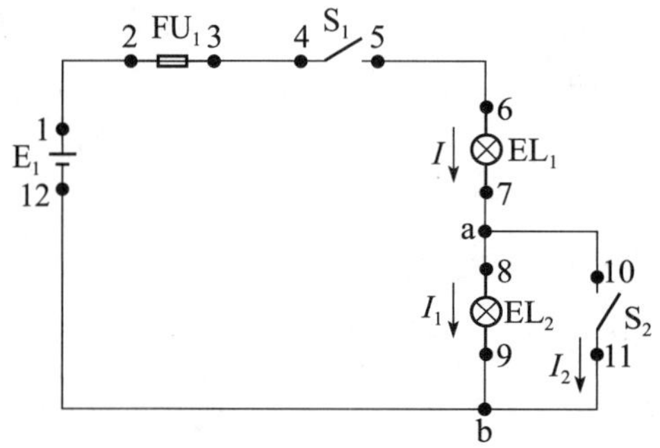

(2) 根据上图所示电路计算，并将数据填入下表。

已知：$E_1=12V$，$R_{EL_1}=R_{EL_2}=100Ω$。

数据记录分析表

测量内容	测量点	S_1 闭合		S_1 断开	
		S_2 断开	S_2 闭合	S_2 断开	S_2 闭合
电位/V	1				
	4				
	6				
	8				
	10				
	11				
电流/A	I				
	I_1				
	I_2				
电压/V	U_{E_1}				
	U_{EL_1}				
	U_{EL_2}				
	U_{S_2}				
工作状态	灯 EL_1				
	灯 EL_2				

任务二　汽车并联电路

一、填空题

1. 两个或两个以上电阻首尾接在相同两点之间所构成的电路叫作________电路。

2. 有两个电阻，把它们串联起来的总电阻为 10Ω，把它们并联起来的总电阻为 2.5Ω，则这两个电阻分别是________ Ω 和________ Ω。

3. 一间图书室在 220V 电源上并联四个 60W 的白炽灯和两个 100W 的吊扇，若每天开放使用 8h，则一个月（按 30 天算）耗电________度。

4. 灯泡 L_1、L_2 并联后接在电源两端，电源电压为 6V，L_1 的电阻为 12Ω，通过 L_2 的电流为 0.3A，则 L_2 的阻值为________ Ω，通过干路的电流为________ A。

5. 在并联电路中，若 $R_1:R_2=6:7$，则两个电阻两端的电压之比为________，电流之比为________。

6. 电阻 $R_1=2\Omega$，$R_2=3\Omega$，若把它们并联接入电路中，流过 R_1 和 R_2 的电流之比 $I_1:I_2=$________。

二、判断题

（　　）1. 并联电路中各元器件不可以独立工作，用电器之间的工作是互相影响的。

（　　）2. 测量时，电流表应并联在被测电路中，电压表应串联在被测电路中。

（　　）3. 通过电阻的并联可以达到分流的目的，电阻越大，分流作用越显著。

（　　）4. 电阻并联后，总电阻增大，并且小于其中任何一个电阻。

三、选择题

1. 两只额定值分别为“220V 60W”和“220V 40W”的白炽灯并联到 220V 电源上，（　　）。

A. “220V 60W”比较亮

B. “220V 40W”比较亮

C. 两只灯一样亮

D. 不确定哪只灯比较亮

2. 以下不属于并联电路特点的是（　　）。

A. 各电阻两端的电压相等

B. 总电流等于流过各电阻电流之和

C. 电路的总电阻的倒数等于各分电阻的倒数之和

D. 电阻并联后，总电阻增大，并且大于其中任何一个电阻

3. 并联电阻的等效电阻的倒数等于各支路电阻倒数之（　　）。

A. 积　　B. 商

C. 差　　D. 和

4. 标明“100Ω 16W”和“100Ω 25W”的两个电阻并联时，两端允许加的最大电压是（　　）。

A. 40V　　B. 50V

C. 65V　　D. 90V

5. 有三个电阻的阻值分别为 10Ω、20Ω 和 30Ω，若将它们并联起来，则其等效电阻（　　）。

A. 小于 10Ω　　B. 在 10Ω 与 20Ω 之间

C. 在 20Ω 与 30Ω 之间　　D. 为 50Ω

6. 两只相同的灯泡串联在一起接在某一电源两端，每只灯泡两端的电压均为 U_1，若把这两只灯泡并联起来接在原来的电源上，每只灯泡两端的电压为 U_2，则（　　）。

A. $U_1:U_2=2:1$　　B. $U_1:U_2=1:4$

C. $U_1:U_2=1:2$　　D. $U_1:U_2=4:1$

7. 当用万用表测电阻时，不小心将两手接触在电阻两端，此时测量值会（　　）。

A. 不变　　B. 偏大

C. 偏小　　D. 都有可能

四、简答题

1. 什么是并联电路？

2. 并联电路的电压、电流、电阻分别有什么特点？

3. 并联电路的应用有哪些？

五、综合题

1. 判断下列电路元器件的连接是串联还是并联。

（1）教室里的几盏日光灯是________的。

（2）手电筒里的两节干电池是________的。

（3）教室里的一只开关控制一盏电灯，开关和灯是________的。

（4）马路上排成一行的路灯是________的。

（5）节日里大楼周围一排排彩灯是________的。

2. 只有把房卡插入槽中，宾馆房间内的灯和插座才能有电。房卡的作用相当于一个________接在干路上。房间里的电灯、电视等电器是________联的。

3. 观察电路，如下图所示。

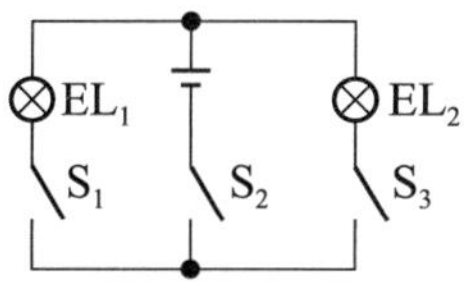

（1）灯泡 EL_1 和 EL_2 是________（填“串联”或“并联”）的。

（2）开关 S_1 控制________，开关 S_2 控制________，开关 S_3 控制________。

（3）当开关 S_1、S_2、S_3 都闭合时，灯泡 EL_1 的灯丝断了，灯泡 EL_1 ________，灯泡 EL_2 ________（选填“发光”或“不发光”）。

4. 下图所示为继电器控制的灯光电路。已知 $E_1=12V$，$R_{EL_1}=R_{EL_2}=R_{EL_3}=12\Omega$，$R_M=30\Omega$，$R_{KV}=60\Omega$，完成以下各题。

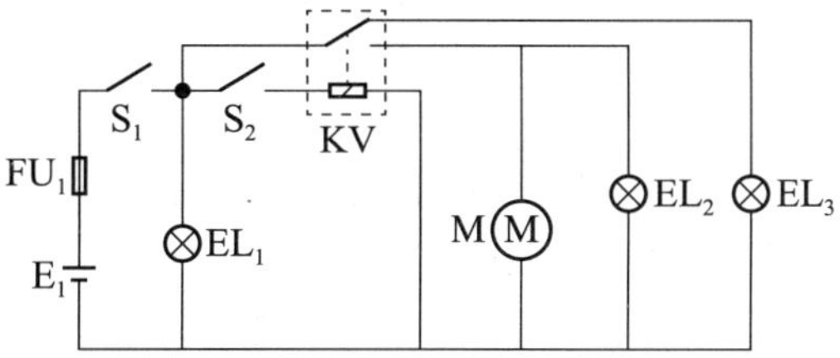

（1）当开关 S_1 闭合时，流过 FU_1 的电流为________ A，电路的总电阻为________ Ω。

（2）当开关 S_1、S_2 均闭合时，电路的总电阻为________ Ω（保留小数点后两位），电路的总电流为________ A。

5. 根据下图所示的电路计算，并将数据填入表格（已知：$E_1=12V$，$R_{EL_1}=R_{EL_2}=100\Omega$）。

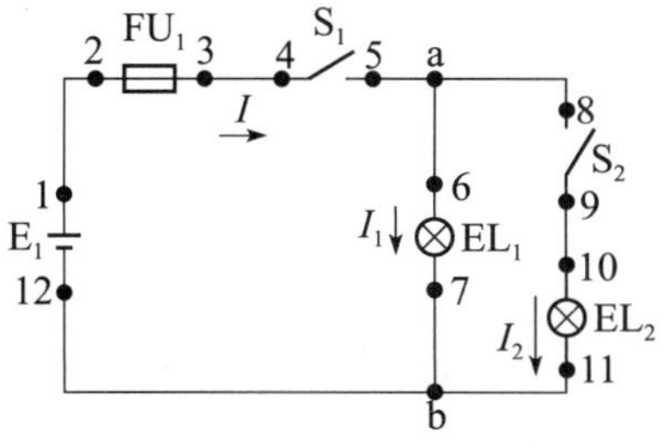

测量内容	测量点	S_1 闭合		S_1 断开	
		S_2 断开	S_2 闭合	S_2 断开	S_2 闭合
电位/V	1				
	3				
	5				
	6				
	7				
	8				
	9				
	11				
电流/mA	I				
	I_1				
	I_2				
电压/V	U_{EL_1} （U_{6-7}）				
	U_{EL_2} （U_{10-11}）				
工作状态	EL_1				
	EL_2				

任务三　汽车混联电路

一、填空题

1. 电路中既有电阻串联又有电阻并联的电路叫作电阻的________电路。

2. 分析混联电路，必须先搞清混联电路中各电阻之间的________关系，然后应用串联和并联电路的特点，分别求出串联和并联各部分的________电阻，最后求出电路的________电阻。

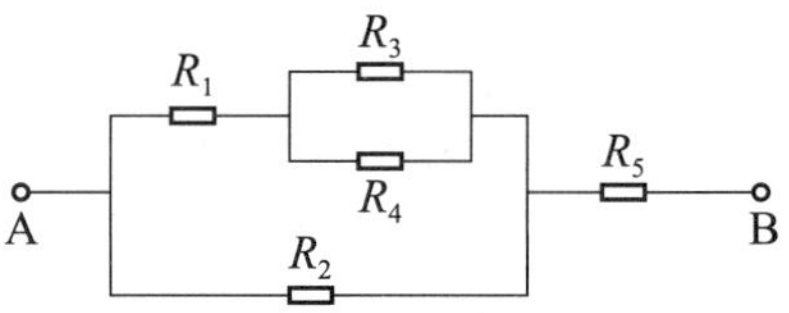

3. 如右图所示的电路，各电阻均为 6Ω，则 $R_{AB}=$________Ω。

二、选择题

1. 由开关、电源和两个小灯泡组成的电路，当开关断开时，L_1 不发光，L_2 发光；当开关闭合时，L_1 和 L_2 都发光。关于小灯泡与开关的连接情况，下列说法中正确的是（　　）。

A. L_1 和 L_2 并联，再与开关串联　　B. L_2 和开关串联，再与 L_1 并联

C. L_1 和开关并联，再与 L_2 串联　　D. L_1 和开关串联，再与 L_2 并联

2. 要使三只“110V 40W”的灯泡接入电源电压为 220V 的电路中都能正常工作，那么这些灯泡（　　）。

A. 全部串联　　B. 两只并联后与另一只串联
C. 两只串联后与另一只并联　　D. 每只灯泡串联合适电阻后再并联

3. 某同学想用一个开关同时控制两盏灯的发光和熄灭，下列电路设计方法中正确的是（　　）。
A. 只能将两盏灯并联　　B. 只能将两盏灯串联
C. 两盏灯可以是串联，也可以是并联　　D. 以上说法都不正确

4. 三个阻值相同的电阻 R，两个并联后再与另一个串联，其总电阻等于（　　）。
A. $0.5R$　　B. R　　C. $1.5R$　　D. $2.5R$

5. 一盏弧光灯正常工作时两端的电压为 40V，允许通过的电流为 10A，现要接入 220V 电路中正常工作，应采取的办法是（　　）。
A. 并联一个 4Ω 的电阻　　B. 串联一个 4Ω 的电阻
C. 并联一个 18Ω 的电阻　　D. 串联一个 18Ω 的电阻

三、计算题

1. 已知：$R_7=15\Omega$，$I_8=6A$，$U_9=120V$，$I=10A$，求：

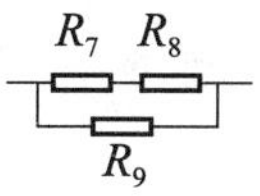

$U_7=$________，$U_8=$________，$I_7=$________，$I_9=$________，
$U=$________，$R=$________，$R_8=$________，$R_9=$________。

2. 已知：$R_1=3\Omega$，$R_3=6\Omega$，$U_2=36V$，$I=12A$，求：

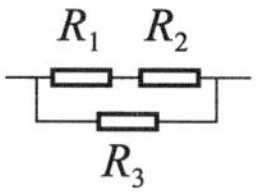

$U_1=$________，$U_3=$________，$I_1=$________，$I_2=$________，
$U=$________，$I_3=$________，$R=$________，$R_2=$________。

3. 已知：$R_4=10\Omega$，$R_5=18\Omega$，$U=220V$，$I=10A$，求：

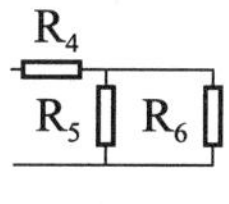

$U_4=$________，$U_6=$________，$U_5=$________，$R_6=$________，
$I_4=$________，$I_5=$________，$I_6=$________，$R=$________。

4. 已知：$R_7=8\Omega$，$R_9=6\Omega$，$U=36V$，$I_8=1A$，求：

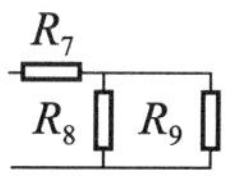

$U_7=$________，$U_8=$________，$I_7=$________，$I_9=$________，
$U_9=$________，$R=$________，$R_8=$________，$I=$________。

四、简答题

1. 什么是混联电路？

2. 如何分析混联电路？

五、综合题

1. 如图所示的电路中，已知电源电动势为 10V，内电阻为 1Ω，外电路有三个电阻，R_1 为 2Ω，R_2 为 3Ω，R_3 为 6Ω。求：(1) 通过各电阻的电流；(2) 外电路中各个电阻的电压降和电源内部的电压降。

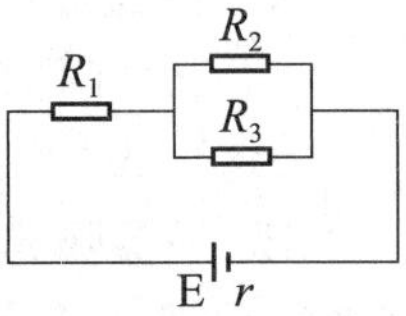

2. 根据下图所示的电路计算，并将数据填入表格。

已知：$E_1=12V$，$R_{EL_1}=R_{EL_2}=300Ω$，$R_{EL_3}=R_{EL_4}=300Ω$。

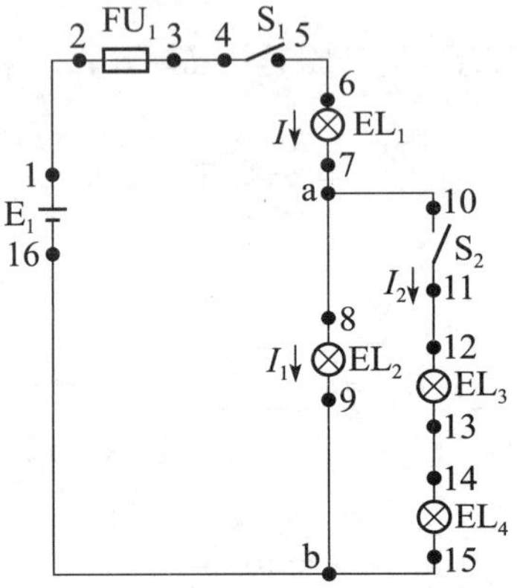

测量内容	测量点	S_1 闭合		S_1 断开	
		S_2 断开	S_2 闭合	S_2 断开	S_2 闭合
电位/V	3				
	5				
	10				
	12				
	14				
电流/mA	I				
	I_1				
	I_2				
电压/V	U_{EL_1} (6−7)				
	U_{EL_2} (8−9)				
	U_{EL_3} (12−13)				

续表

测量内容	测量点	S_1 闭合		S_1 断开	
		S_2 断开	S_2 闭合	S_2 断开	S_2 闭合
工作状态	EL_1				
	EL_2				
	EL_3				
	EL_4				

3. 根据下图所示的电路，画出以下几种情况的等效电路图，并计算要求的值。

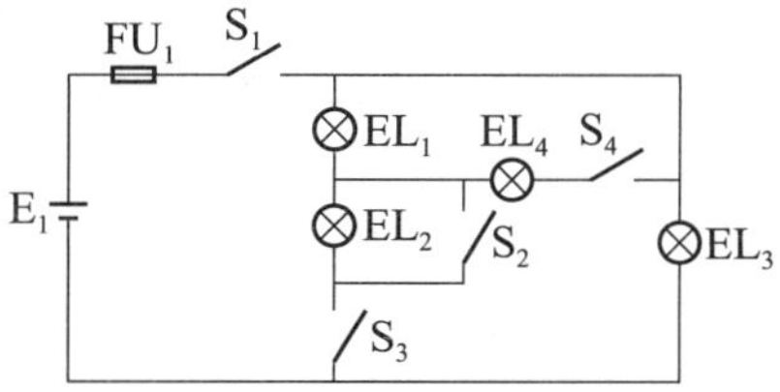

（1）当 S_1 闭合时，画出等效电路图，求各灯泡上的电流和电压值、电路总电阻、总电流。

（2）当 S_1、S_2、S_3 闭合时，画出等效电路图，求各灯泡上的电流和电压值、电路总电阻、总电流。

（3）当 S_1、S_3 闭合时，画出等效电路图，求各灯泡上的电流和电压值、电路总电阻、总电流。

（4）当 S_1、S_3、S_4 闭合时，画出等效电路图，求各灯泡上的电流和电压值、电路总电阻、总电流。

（5）当开关全闭合时，画出等效电路图，求各灯泡上的电流和电压值、电路总电阻、总电流。

项目五　汽车电子电路

任务一　汽车二极管电路

一、填空题

1. 正向特性在电子电路中，将二极管的正极接在________电位端，负极接在________电位端，二极管就会导通，这种连接方式，称为________。

2. 当加在二极管两端的正向电压很________时，流过二极管的________电流十分微弱，二极管仍然不能________。只有当正向电压达到某一数值（这一数值称为“________电压”，锗管约为________V，硅管约为________V），二极管才能导通。

3. 二极管导通后，二极管两端的电压基本上保持不变（锗管约为________V，硅管约为________V），称为二极管的“________”。

4. 在电子电路中，二极管的正极接在低电位端，负极接在高电位端，此时二极管中几乎没有电流流过，此时二极管处于________状态，这种连接方式，称为________。

5. 当二极管两端的反向电压增大到某一数值时，反向电流会急剧________，二极管将失去单向导电特性，这种状态称为二极管的________。

6. 二极管的导电特性可分为________和________。

7. 二极管处于反向偏置时，仍然会有微弱的反向电流流过二极管，称为________。

二、判断题

（　　）1. 在二极管电路中，电流只能从二极管的正极流入，负极流出。

（　　）2. 二极管的正极接在高电位端，负极接在低电位端，这种连接方式，称为反向偏置。

（　　）3. 导通后的二极管两端的电压基本上保持不变。

（　　）4. 二极管击穿后的反向电阻应该为无穷大。

（　　）5. 二极管的文字符号表示为 VT。

（　　）6. 硅二极管的门槛电压为 0.3V。

三、选择题

1. 当二极管正向电压达到某一数值时，二极管才能导通，这一数值称为二极管的（　　）。

A. 正向电压　　B. 正向压降　　C. 门槛电压　　D. 偏置电压

2. 锗二极管的死区电压约为（　　）。

A. 0.2V　　B. 0.5V　　C. 0.3V　　D. 0.7V

3. 当硅二极管加上 0.3V 正向电压时，该二极管相当于（　　）。

A. 小电阻电路　　B. 阻值很大的电阻

C. 内部短路　　D. 内部断路

4. 当温度升高时，二极管的正向压降将（　　）。

A. 增大　　B. 减小　　C. 不变　　D. 不一定

5. 导通后二极管两端的电压称为二极管的（　　）。

A. 正向电压　　　　　　　　　B. 正向压降

C. 门槛电压　　　　　　　　　D. 偏置电压

6. 硅二极管的正向压降约为（　　）。

A. 0.2V　　　　B. 0.5V　　　　C. 0.3V　　　　D. 0.7V

四、简答题

简述二极管的特性。

五、综合题

1.（1）根据下图所示的电路图，在汽车电工电子实验箱上元器件布置图的基础上绘制电路的接线图（注意：连线不可穿越元器件）。

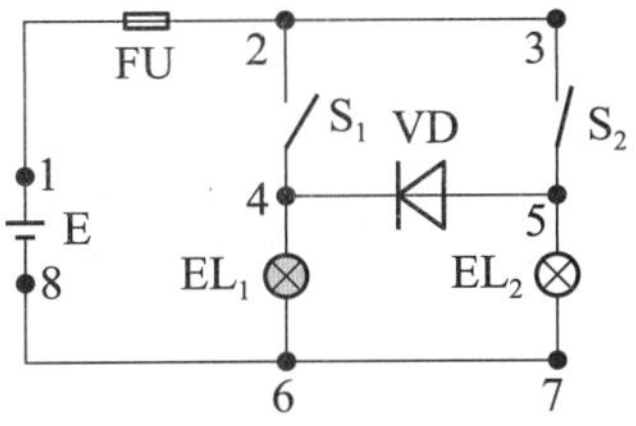

电路图

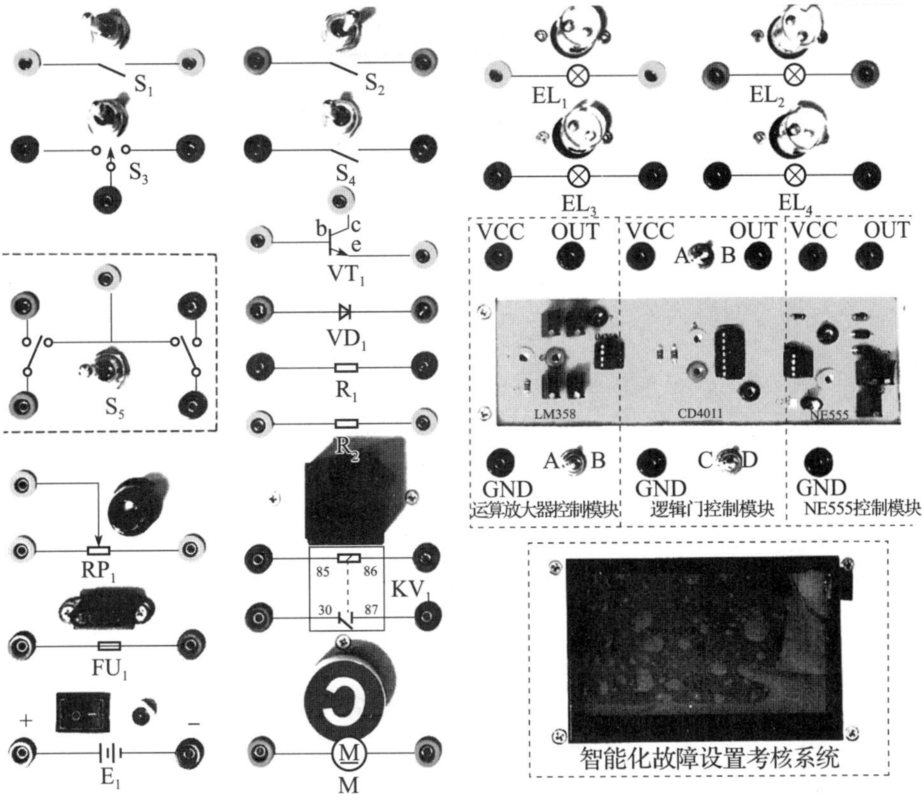

汽车电工电子实验箱上元器件布置图

（2）完成电路计算分析，填写下表，已知：$E=12V$，$R_1=6\Omega$，$R_2=12\Omega$，$U_{VD}=0.6V$。

电路测试数据表

测量项目	电路中各点电位/V				电流/A		电压/V			各灯工作状态
开关 S_2 闭合，开关 S_1 断开	1	3	4	5	I_{EL_1}	I_{EL_2}	U_{EL_1}	U_{EL_2}	U_{VD}	
开关 S_1、S_2 都闭合	1	3	4	5	I_{EL_1}	I_{EL_2}	U_{EL_1}	U_{EL_2}	U_{VD}	

（3）根据对电路阅读理解，回答下列问题，填写电路问题分析记录表和电路检测分析记录表。

电路问题分析记录表

问题	电路故障原因分析
开关 S_2 闭合、S_1 断开，灯 EL_2 亮、EL_1 不亮	

电路检测分析记录表

检查项目	电路产生现象及解释
开关 S_1 闭合、S_2 断开后，万用表测得 5 点电位为 11.3V，灯 EL_1 和 EL_2 都亮，请问这种情况正常吗？请解释原因。	

2. 根据电路图，分析作答（条件：$E=12V$，$R_{EL_1}=12\Omega$，$R_{EL_2}=6\Omega$，$U_{VD}=0.5V$）。

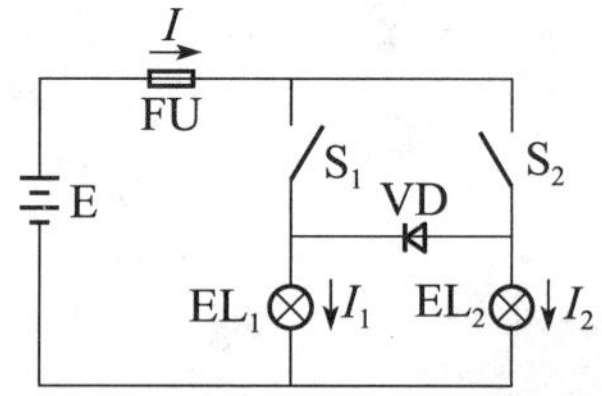

（1）开关 S_1 闭合，开关 S_2 断开，分析灯泡情况并计算电流 I。

（2）开关 S_1 断开，开关 S_2 闭合，分析灯泡情况并计算电流 I。

（3）开关 S_1、S_2 闭合，分析灯泡情况并计算电流 I。

任务二　汽车三极管电路

一、填空题

1. 当加在晶体管________结的电压大于 PN 结的导通电压时，且基极电流增大到一定程度时，集电极电流不再随着基极电流的增大而增大，而是处于某一定值附近不怎么变化，这时晶体管失去________作用，集电极与发射极之间的电压很小，________极和________极之间相当于开关的导通状态。

2. 当加在晶体管________结的电压小于 PN 结的导通电压时，基极电流为________，集电极电流和发射极电流都为________，晶体管这时失去了________作用，集电极和发射极之间相当于开关的断开状态。

3. 晶体管三种工作状态分别为________、________和________。

4. 当加在晶体管发射结的电压________ PN 结的导通电压，并处于某一恰当的值时，晶体管的发射结________偏置，集电结________偏置，这时基极电流对集电极电流起着控制作用，使晶体管具有电流放大作用，其电流放大倍数________。

5. 工作在截止状态和饱和状态的晶体管可以当作________器件。

二、判断题

(　　) 1. 晶体管放大作用的本质是能将小电流放大成大电流。

(　　) 2. 若发现缺少晶体管时，可使用一个二极管再使用电烙铁焊接一个 P 型或者 N 型半导体来制成所需的晶体管。

(　　) 3. 无论是哪种晶体管，当处于放大状态时，b 极电位总是高于 e 极电位，c 极电位总是高于 b 极电位。

(　　) 4. 晶体三极管按结构分，可分为硅型三极管和锗型三极管。

(　　) 5. 晶体管按消耗功率不同，可分为小功率管、中功率管和大功率管。

(　　) 6. 晶体管的输入特性有一个“死区”，在“死区”内，U_{be} 虽已大于零，但 I_b 几乎仍为零。

(　　) 7. 特性曲线反映出恒流源的特点，即晶体管可看作基极电流控制的受控恒流源。

三、选择题

1. 用万用表的电阻挡测得晶体管任意两管脚间的电阻均很小，说明该管（　　）。

A. 两个 PN 结均开路　　B. 两个 PN 结均击穿

C. 发射结击穿，集电极结正常　　D. 集电极结击穿，发射结正常

2. 当晶体管的发射结和集电结都反偏时，晶体管的集电极电流将（　　）。

A. 增大　　B. 减小　　C. 反向　　D. 几乎为零

3. 用直流电压表测量 NPN 型三极管中各极电位分别是 $V_b=4.7V$，$V_c=4.3V$，$V_e=4V$，则该晶体三极管的工作状态是（　　）。

A. 截止状态　　B. 饱和状态　　C. 放大状态　　D. 击穿状态

4. 晶体三极管处于饱和状态时，它的集电极电流将（　　）。

A. 随基极电流的增大而增大

B. 随基极电流的增大而减小

C. 与基极电流的变化无关，取决于 U_{cc} 和 R_c

D. 为零

5. 若晶体三极管工作在截止状态，则要求（　　）。

A. 发射结正偏，集电结正偏　　B. 发射结正偏，集电结反偏

C. 发射结反偏，集电结正偏　　D. 发射结反偏，集电结反偏

6. 用直流电压表测得放大电路中某晶体管电极 1、2、3 的电位各为 $V_1=2V$，$V_2=$

6V，V_3＝2.7V，则（　　）。

A. 1 为 e，2 为 b，3 为 c　　B. 1 为 e，3 为 b，2 为 c

C. 2 为 e，1 为 b，3 为 c　　D. 3 为 e，1 为 b，2 为 c

7. 放大电路的三种组态（　　）。

A. 都有电压放大作用　　B. 都有电流放大作用

C. 都有功率放大作用　　D. 共射极电路有功率放大作用

四、简答题

简述三极管的特性。

五、综合题

1. 三极管工作在放大状态，万用表测得三极管的三只管脚的对地电位如图所示，试判断各管子的管脚、管型和半导体材料。

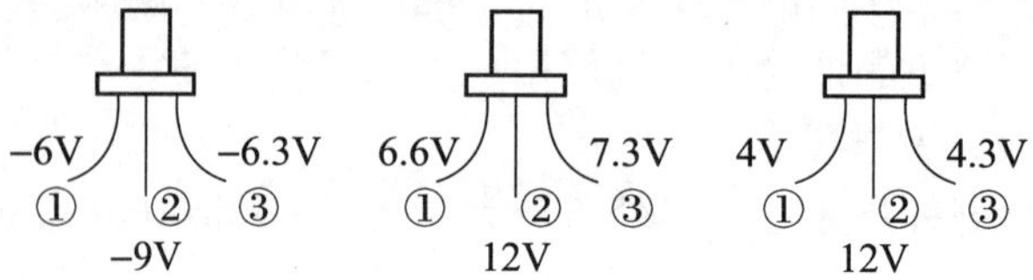

________　________　________

2. 设三极管是硅管，根据三极管的对地电位，试判断各三极管处于何种工作状态。

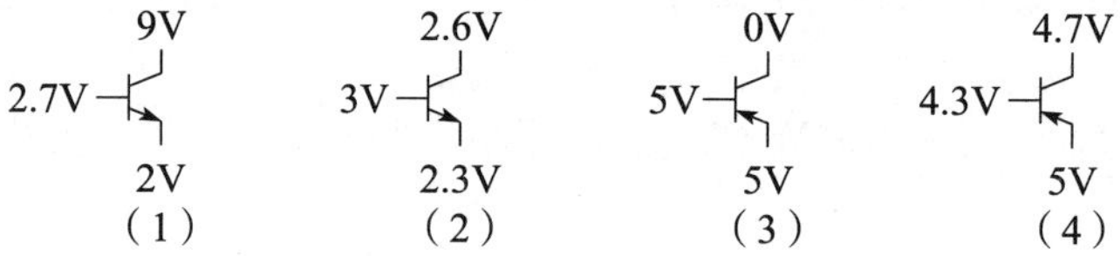

________　________　________　________

任务三　手工焊接技术

一、填空题

1. 电烙铁按结构可分为________式电烙铁和________式电烙铁。

2. 外热式电烙铁一般由________、________、外壳、手柄、插头等部分组成。烙铁心安装在烙铁头的________部，用________性好的铜为基体的________材料制成。烙铁头的长短可以调整（烙铁头越短，其温度就越________），且有凿式、________形、圆面形、________形和半圆沟形等不同的形状，以适应不同焊接面的需要。

3. 内热式电烙铁由连接杆、手柄、________、烙铁心、________（也称铜头）五个部分组成。烙铁心安装在烙铁头的________部（发热快，热效率高达________%以上）。________采用镍铬电阻丝绕在瓷管上制成，20W 电烙铁的电阻一般为________Ω 左右，35W 电烙铁的电阻一般为________Ω 左右。

4. 一般来说电烙铁的功率越大，热量越________，烙铁头的温度越________。

5. 焊接集成电路、________、________电路一般选用 20W 内热式电烙铁。

6. 使用的电烙铁功率过________，容易烫坏元器件（一般二极管、晶体管结点温度超过________℃时就会烧坏）或使印制导线从基板上脱落。

7. 使用的电烙铁功率太________，焊锡不能充分熔化，助焊剂不能挥发出来，焊点不光滑、不牢固，易产生________。焊接时间过________，也会烧坏元器件，一般每个焊点在________～________ s 内完成。

8. 电烙铁不宜________时间通电而不使用，这样容易使烙铁心加速氧化而烧断，缩短其寿命，同时也会使烙铁头因长时间加热而________，甚至被“________”而不再“________”。

9. 其他常用的烙铁有：①________烙铁，一种用液化气、甲烷等可燃气体燃烧加热烙铁头的烙铁；②________电烙铁，烙铁头内装有磁铁式的温度控制器来控制通电时间，达到恒温的目的；③________电烙铁，将活塞式吸锡器与电烙铁融于一体的拆焊工具。

10. 选择电烙铁功率的原则有：焊接集成电路、晶体管及其他受热易损的元器件时，考虑选用________ W 内热式电烙铁或________ W 外热式电烙铁；焊接较粗导线及同轴电缆时，考虑选用________ W 内热式电烙铁或________ W 外热式电烙铁；焊接较大元器件时，如金属底盘接地焊片，应选________ W 以上的电烙铁。

11. 电烙铁的握法有：①________法，是用五指把电烙铁的手柄握在掌内；②________法，适用于较________的电烙铁，弯形烙铁头的一般也用此法；③________法，用握笔的方法握电烙铁，此法适用于________功率电烙铁，焊接散热量________的被焊件，如焊接收音机、电视机的印制电路板等。

12. 掌握好电烙铁的________和焊接________，选择适当的烙铁头和焊点的________位置，才可能得到良好的焊点。

13. 锡焊三步操作法：对于热容量________的焊件，如印制电路板上较细导线的连接，可以简化为三步操作：________、________、________。

14. 元器件安装焊接顺序依次为________、________、________、________、集成电路、大功率管，其他元器件焊接顺序为________。

15. 电容器焊接要将电容器按________装入规定位置，并注意有极性电容器，其“+”极与“−”极不能接错，电容器上的标记方向要易看、可见。先装________电容器、________电容器、________电容器，最后装________电容器。

二、判断题

（　　）1. 内热式电烙铁比外热式电烙铁发热快、热效率高。

（　　）2. 外热式电烙铁的烙铁头越长，其温度就越高。

（　　）3. 在焊接过程中，应先移开电烙铁，再移开焊丝。

（　　）4. 焊接同轴电缆时，应选用 100W 以上的电烙铁。

（　　）5. 使用大功率电烙铁焊接散热量大的被焊件时，应使用正握法。

（　　）6. 电烙铁不宜长时间通电而不使用，这样容易使烙铁心加速氧化而烧断，缩短其寿命，同时也会使烙铁头因长时间加热而氧化，甚至被“烧死”而不再“吃锡”。

三、选择题

1. 外热式电烙铁的烙铁心安装在（　　）。

A. 烙铁头的外部　B. 烙铁头的内部　C. 烙铁心的外部　D. 烙铁心的内部

2. 内热式电烙铁热效率高达（　　）。

A. 70%　　B. 75%　　C. 85%　　D. 95%

3. 每个焊点一般在（　　）内完成。

A. 1～2s　　B. 1.5～3s　　C. 2～4s　　D. 1.5～4s

4. 焊接集成电路、晶体管及其他受热易损的元器件时，考虑选用（　　）电烙铁。

A. 20W 内热式或 25W 外热式　　B. 50W 内热式或 45～75W 外热式

C. 100W 以上　　D. 恒温式

5. 当焊丝熔化一定量后，立即向左上方（　　）移开焊丝。

A. 30°　　B. 45°　　C. 60°　　D. 90°

6. 元器件的焊接顺序为（　　）。

A. 先小后大　　B. 先大后小　　C. 先高后低　　D. 先低后高

四、简答题

1. 汽车维修用试灯的焊接步骤有哪些？
2. 电烙铁可分成哪几类？
3. 简述外热式电烙铁的组成及烙铁头的形状。
4. 简述内热式电烙铁的组成，烙铁芯的电阻是多少。
5. 电烙铁的功率大小不适当，会有怎样的后果？

五、综合题

1. 根据下列图片填写元器件或工具的名称。

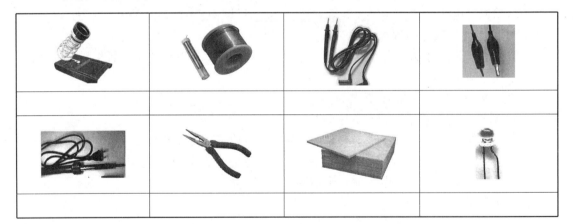

		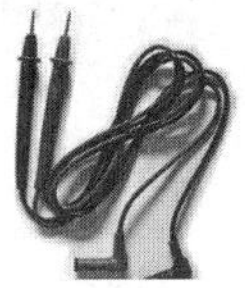	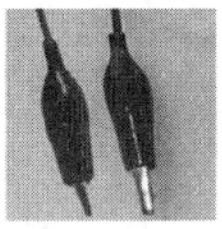

2. 写出下列表格中各个步骤的名称，并按操作先后顺序将对应的字母排序。

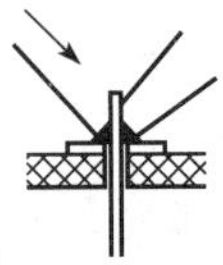 a	 b	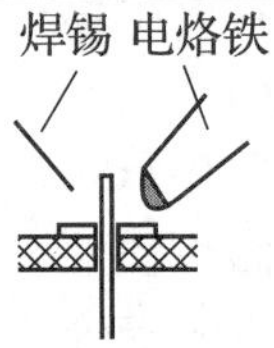 c	 d	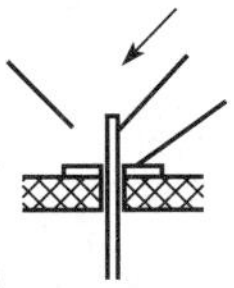 e

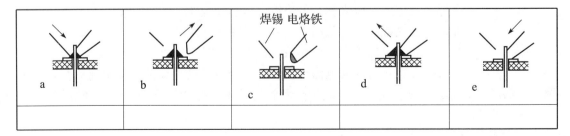

按操作先后顺序，图片对应字母的正确排序为________________。

项目六　磁场与电磁感应

任务一　磁场与电磁感应认知

一、填空题

1. 物体具有吸引铁、钴、镍等物质的性质叫________，具有磁性的物体叫________。

2. 磁体的各部分磁性强弱不同，磁性最强的区域叫磁体________。任何磁体都有________个磁极，一个叫磁体________极（又称 S 极），另一个叫磁体________极（又称 N 极）。

3. 同名磁极相互________，异名磁极相互________。

4. 使原来没有磁性的物体获得磁性的过程叫作________。

5. 通电导线周围有磁场，即________的周围有磁场，电流的磁场使放在导线周围的磁针发生________，磁场的方向跟电流的方向有关，这种现象叫作电流的________。

6. 奥斯特实验发现了电流的磁效应，首次揭示了________的联系。

7. 磁体或电流周围空间存在一种特殊物质，磁体与________之间、磁体与________之间、通电导体与________通电导体之间的相互作用，是通过磁场发生的。

8. 磁场对放入其中的磁体、通电导体或运动电荷有________的作用。

9. 磁感线在磁体的________部是从北极（N 极）出来，进入南极（S 极），在磁体的________部则是由南极回到北极，形成一条________的曲线。

10. 磁感线的疏密程度表示磁场的________。

11. 磁感线上每一点的________方向为该点的磁场方向。

12. 右手握住导线，让伸直的大拇指所指的方向与________方向一致，弯曲的四指所指的方向就是________环绕的方向，也叫右手定则。

13. 环形电流宏观上其实就是只有________匝的通电螺线管，通电螺线管则是由许多匝环形电流________联而成的。因此，通电螺线管的磁场也就是这些环形电流磁场的________。

14. 将 1m 长的导线垂直于磁场方向放入磁场中，并通以 1A 的电流，如果受到的磁场力为 1N，则导线所处磁场的磁感应强度为________。

15. 普通永磁体磁极附近的磁感应强度一般为________ T，电动机和变压器铁心中心的磁感应强度为________ T，地面附近磁场的磁感应强度只有________ T。

16. 设在磁感应强度为 B 的均匀磁场中，有一个与磁场方向垂直的平面，面积为 S，则把 B 与 S 的乘积定义为穿过这个平面的________，简称________，其公式为________。

17. 磁通的单位是________，简称________。

18. 不同的媒介质对磁场的影响不同，影响的程度与媒介质的________性能有关。

19. 人们把任一物质的磁导率与真空的磁导率的比值定义为________，用 μ_r 表示，即________。

二、判断题

（　　）1. 磁场与电场一样，都是场物质，都是不存在的。

（　　）2. 丹麦物理学家奥斯特发现，沿南北方向放置的导线通电后，其下方与导线平行的小磁针会发生偏转。

（　　）3. 物体具有吸引铁、钴、镍等物质的性质叫磁性。

（　　）4. 通电导体周围不存在磁场。

（　　）5. 磁感线密集的地方磁场弱，稀疏的地方磁场强。

（　　）6. 磁感线是为了形象地研究磁场而在磁场中假想出来的一组有方向的曲线，并不是客观存在于磁场中的真实曲线。

（　　）7. 磁感线在空间不相交、不相切，但可以中断。

（　　）8. 没有磁感线的地方，并不表示就没有磁场存在，通过磁场中的任一点总能而且只能画出一条磁感线。

（　　）9. 通电直导体周围的磁感线是以导体上各点为圆心的同心圆，实际上电流磁场为平面图形。

（　　）10. 直线电流的磁场有磁极。

（　　）11. 磁场的强弱与距导体的距离有关，离导体越近，磁场越强；离导体越远，磁场越弱。

（　　）12. 用右手握住螺线管，让弯曲的四指所指的方向跟电流方向一致，大拇指所指的方向就是螺线管中心轴线上的磁感线的方向（大拇指指向螺线管北极）。

（　　）13. 通电螺线管的磁场内部近似为匀强磁场且比外部强，方向由S极指向N极，外部类似条形磁铁，由N极指向S极。

（　　）14. 磁场越强，磁感应强度越小；磁场越弱，磁感应强度越大。

（　　）15. 当面积一定时，通过该面积的磁感线越多，磁通越小，磁场越强。

（　　）16. 变压器、电动机、电磁铁等就是通过尽可能地减小漏磁通，增强一定铁心截面下的磁场强度来提高其工作效率的。

（　　）17. 相对磁导率只是一个比值。它表明在其他条件相同的情况下，媒介质中的磁感应强度是真空中磁感应强度的多少倍。

三、选择题

1. 为了定量地描述磁场在某一范围内的分布及变化情况，引入（　　）这一物理量。

A. 磁感应强度　　B. 磁感线　　C. 磁通量　　D. 磁导率

2. 在磁场中画一些有方向的曲线，曲线上每一点的切线方向都跟该点的磁场方向相同，这样的曲线称为（　　）。

A. 磁感应强度　　B. 磁感线

C. 磁通量　　D. 磁导率

3. 磁场的强弱用（　　）表示。

A. 磁感应强度　　B. 磁感线　　C. 磁通量　　D. 磁导率

四、简答题

简述用右手定则确定通电长直导体和通电螺线管磁场方向的方法。

五、综合题

1. 在磁感应强度为0.5T的匀强磁场中，有一个与磁场方向垂直的平面，面积为0.002m^2，求穿过这个平面的磁通量。

2. 判断下图中电流产生的磁场的方向。

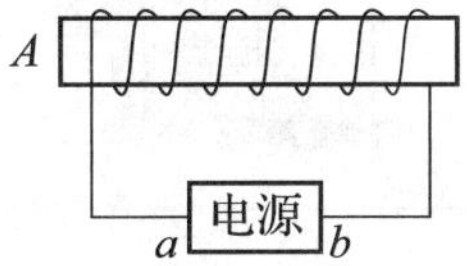

任务二　汽车继电器电路

一、填空题

1. 电磁继电器是一种典型的________元器件，它是通过________作用，在没有电气接触的情况下，将一个电路中的信号传递给另一个电路。

2. 继电器具有________（又称输入回路）和________（又称输出回路），通常应用于________自动控制电路中。

3. 继电器实际上是用较小的________、________的电压去控制________的电流、________的电压的一种________。

4. 继电器在电路中起着________、________、________等作用。

5. 最常见的继电器是________继电器。

6. 电磁继电器的结构一般由________、________、弹簧、________等组成，其中，触点是实现电路开闭的关键部分，而________则是用来传递电磁力的重要元器件。

7. 汽车点火线圈是利用________原理制成的。

8. 电磁继电器的作用是：当开关闭合时，电磁铁产生________向下吸动________，动触头向下运动与静触头接触，把负载电路接通，有________的电路为低压电路，有________的电路为高压电路。

二、判断题

（　　）1. 继电器线圈未通电时处于断开状态的静触点，称为“常闭触点”。

（　　）2. 车用继电器主要起自动调节、安全保护和转换电路等作用。

（　　）3. 电磁继电器电路可以实现以小电流控制大电流。

（　　）4. 测量继电器常闭触点与动点之间的电阻，其阻值应为 0。

三、选择题

1. 下面关于电磁继电器的说法，不正确的一项是（　　）。

A. 使用电磁继电器可以直接控制电路的通断

B. 操作时控制的是低电压、弱电流的通断

C. 电磁继电器是利用电磁铁控制工作电路的一种开关

D. 电磁继电器是自动控制电路的重要部件

2. 汽车上常用的继电器是（　　）。

A. 磁保持继电器　B. 交流电磁继电器　C. 直流电磁继电器　D. 节能功率继电器

四、简答题

1. 根据继电器的结构图，将图示序号对应的零件名称填入空格中。

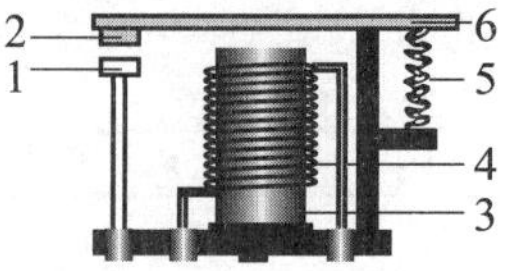

图示序号	1	2	3	4	5	6
零件名称						

2. 如图所示，简单说明电磁继电器的工作过程。

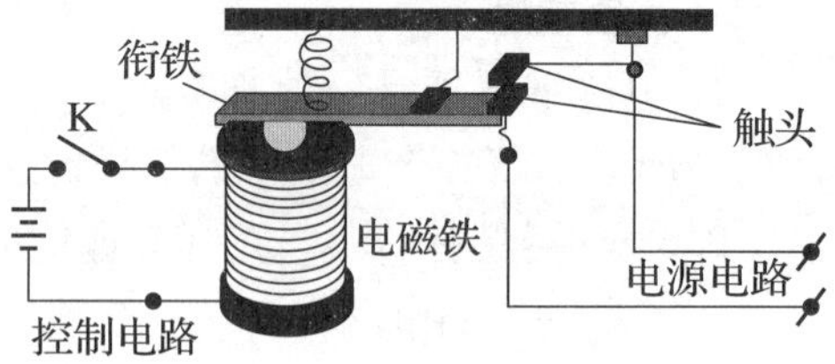

五、综合题

1. 按以下实物图画出电路图，并分析 S 闭合、断开时电路的工作状态。

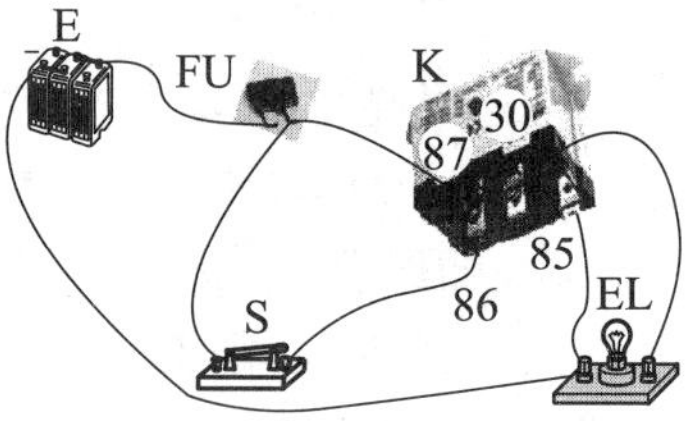

2. 下图所示为某轿车前照灯（EL_1 为左前，EL_2 为右前）的电路图，已知蓄电池电压 $E=12V$，$FU_1=10A$，前照灯灯泡的电阻都为 8Ω，$R_K=4Ω$。

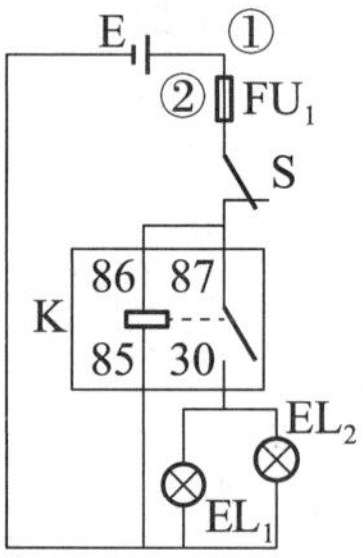

（1）根据电路图连接实物电路，注意连线不能交叉。

（2）当开关 S 闭合，继电器 K 线圈搭铁线断开时，两灯是否亮？EL_1 __________，EL_2 __________（填“亮”或“不亮”）。此时，K_{87} 点电位为__________ V，K_{30} 点电位为__________ V。

(3) 当开关S闭合，电路正常工作时，请画出等效电路图。

任务三　直流电动机电路

一、填空题

1. 直流电动机按用途不同分为________和________两种类型。

2. 根据励磁方式不同，直流电动机可分为________直流电动机、并励直流电动机、________直流电动机、________直流电动机和永磁式直流电动机。

3. 一般情况，直流电动机主要励磁方式为并励式、复励式和________；直流发电机主要励磁方式为并励式、复励式和________。

4. 直流电动机的结构由________、________、________、________四大部分组成。

5. 通电导体的受力方向用________定则确定。

6. 电流通过导体，在导体周围会产生磁场，若将它放进另一个永久磁铁的磁场中，显然也会受到作用力，这个力称为________力。

7. 一个垂直于磁场的通电直导体在磁场中受到的磁场力 F 的大小由________决定。

8. 汽车上用到的直流电动机有很多，主要有________、________、________、________等。

9. 当导体做切割磁感线运动或者线圈中的磁通发生变化时，在导体或线圈中都会产生________。

10. 当导体、导体运动方向和磁感线方向三者互相垂直时，导体中的感应电动势为________。

11. 发电机就是应用导线切割磁感线产生的________原理发电的。

二、判断题

(　　) 1. 交流发电机是根据电磁感应原理制成的。

(　　) 2. 定子的功用是产生正弦磁场。

(　　) 3. 复励直流电动机有多个并励或者多个串励励磁绕组。

(　　) 4. 直流发电机在电路中用字母“G”表示。

(　　) 5. 直流电动机运行时转动的部分称为转子，其主要作用是产生电磁转矩和感应电动势。

(　　) 6. 直流电动机的转子由转轴、电枢铁心、电枢绕组、换向器和风扇等组成。

三、选择题

1. 在下列电器中，应用直流电动机工作的是(　　)。

A. 吹风机　　B. 电饭煲

C. 电热水器　　D. 电视机

2. 直流电动机励磁绕组不与电枢连接，励磁电流由独立的电源供给的电动机称为(　　)电动机。

A. 他励　　B. 串励　　C. 并励　　D. 复励

3. 下列选项中，不属于直流电动机定子组成部分的是(　　)。

A. 主磁极　　B. 换向极　　C. 电枢绕组　　D. 电刷装置

4. 下列不属于直流电动机的主要励磁方式的是（　　）。

A. 他励　　B. 并励　　C. 串励　　D. 复励

四、简答题

1. 写出交流发电机的组成。

2. 简述应用左手定则判断通电直导体在磁场内所受电磁力方向的方法。

3. 利用磁场对电流的作用，人们制成了电动机。试结合下图所示直流电动机原理图分析直流电动机的工作原理。

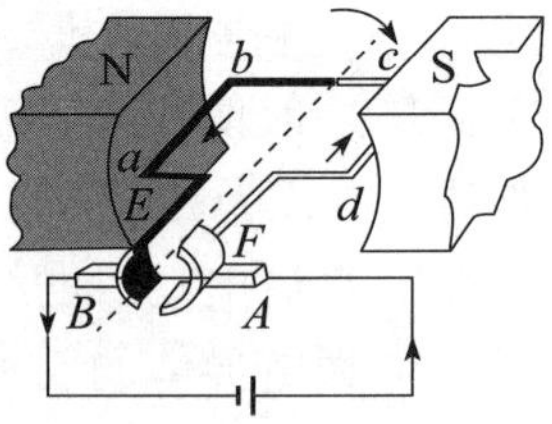